名城文化系列丛书

五龙汇阊

苏州名城保护集团
《五龙汇阊》编纂委员会　编著

苏州新闻出版集团
古吴轩出版社

图书在版编目（CIP）数据

五龙汇阊 / 苏州名城保护集团《五龙汇阊》编纂委员会编著. -- 苏州 ： 古吴轩出版社，2025. 6. --（名城文化系列丛书）. -- ISBN 978-7-5546-2676-4

Ⅰ. K295.34

中国国家版本馆 CIP 数据核字第 20255AU716 号

责任编辑：戴玉婷
见习编辑：黄超群
装帧设计：韩桂丽　杨　洁
责任校对：张雨蕊
责任照排：白　杨

书　　　名：五龙汇阊
编　　著：苏州名城保护集团《五龙汇阊》编纂委员会
出版发行：苏州新闻出版集团
　　　　　古吴轩出版社
　　　　　地址：苏州市八达街118号苏州新闻大厦30F
　　　　　电话：0512-65233679　　　邮编：215123
出 版 人：王乐飞
印　　刷：苏州日报印刷中心有限公司
开　　本：787mm×1092mm　1/16
印　　张：16.5
字　　数：263千字
版　　次：2025年6月第1版
印　　次：2025年6月第1次印刷
书　　号：ISBN 978-7-5546-2676-4
定　　价：160.00元

如有印装质量问题，请与印刷厂联系。0512-65640825

LU-MU-CHEN 3 KM.
陵墓鎮

Wu-hsien (Soochow)
Station

京滬鐵路
SHANGHAI-NANKING RAILWAY

Yün Ho (Grand Canal)
運河

P'ing
(ga

P'ING-M

Hotel

HUA-WU-TA-CHIEH
花塢大街

TUNG-TA-
CHIEH

關門
Ch'ong Men
(gate)

Post office

TUNG-CHUNG-SHIN-TA-CHIEH

東大街

上塘街
SHANG T'ANG CHIEH

Hotel

TIAO CH'IAO
(BRIDGE)
吊橋

Wall

HSI-CHUNG-SHIN-
TA-CHIEH
西中市大街

東中市大街

CHUNG-CHEN-LU
中正路

HSI-CHING-CH'IAO 5 KM.
西涇橋

南新橋
NAN-HSIN CH'IAO (BRIDGE)

Police station

Mounds

Police station

CHING-TE-LU
景德路

序

"吴趋自有始，请从阊门起。"西晋文学家陆机在《吴趋行》中，以阊门为起点，开启了吴地历史的宏大叙事。千百年来，阊门这片文化的热土见证了苏州的兴衰荣辱，也见证了中华文明的生生不息。阊门之繁华，始于水，兴于水。"五龙汇阊"中的"龙"，指的便是纵横交错的水道。五条水道如巨龙般汇聚于此，带来了南来北往的商贾，也带来了四面八方的物产。明清之际，阊门一跃成为苏州最为繁盛之商业街区，店铺林立，车水马龙，俨然一幅"红尘中一二等富贵风流之地"的盛世图景。这里，泰伯庙香火绵延，诉说着吴地先贤的至德传奇；西街药铺林立，传承着千年医者的仁心仁术；移民后裔寻根问祖，延续着血脉相连的家国情怀；商贾云集，绘就了市井繁华的盛世图景；文人墨客吟诗作赋，留下了传唱千古的锦绣华章。

时至今日，阊门历史文化街区作为苏州古城的重要组成部分，依然保留着大量的历史遗迹和传统风貌。本书聚焦阊门历史文化街区的范围，以西中市、阊门西街为主线，详述了包括中市大街南侧的15号街坊，北侧的7、8、9号街坊，以及阊门吊桥、探桥附近的历史。这些历史街区都是涵养阊门地区商业和社会文化的重要组成部分，一同构成了阊门地区独特的地域文化脉络。本书旨在通过对阊门历史文化的梳理和解读，展现阊门历史文化街区的前世今生，探寻一座城市的文化基因，唤醒人们对历史街区的保护意识，激发人们对古城未来的无限想象。阊门的每一块砖石、每一条街巷都镌刻着历史的印记，诉说着文化的传承。

值得一提的是，苏州名城保护集团倾力打造的泰伯庙—阊门西街文化区项目以阊门西街为轴线，东侧地块景观提升工程已于2024年9月竣工并将开街，西侧地块正开展前期工作，着力打造医养融合示范街区，目前已成功引进各类上市公司和特色商户，以构建完整中医药产业生态链，传承弘扬中医药文化精髓。

保护阊门历史文化街区，不仅是对一座城门、一片街巷的守护，更是对吴文化、江南文化根脉的延续。阊门片区作为苏州古城的重要组成部分,其独特的文化底蕴和历史价值,为我们提供了挖掘、研究和传承的宝贵资源。得天独厚的水运交通优势,不仅造就了阊门的商业繁荣,也孕育了独特的商市文化。阊门内外,商肆林立,名人辈出,为苏州这座历史文化名城增添了浓墨重彩的一笔。通过对阊门文化的深入挖掘与保护,我们不仅能更好地理解苏州古城的历史脉络,也能为传承与涵养江南文化注入新的活力。展望未来,阊门历史文化街区的保护与更新,必将成为古城复兴的重要篇章。阊门的故事,将继续书写;江南的文化,将永远流传。

清末版画中的阊门(日本神户市立博物馆藏)

目　录

泰伯庙周边鸟瞰（孙士杰摄）

《至德志》载泰伯庙清帝御笔题字

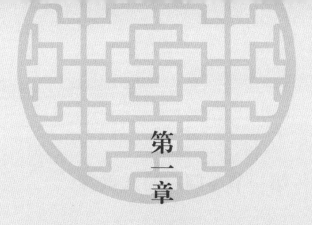

第一章

沧海桑田：阊门历史
文化街区的历史变迁

第一节　阊门的九重奏

昌门¹别　［明］陆深

把臂昌门别，还期两月中。

不负孔北海，宁负孙江东。

英雄托身非无地，但恨相逢少知己。

臣念槛车恩，君忘射钩耻，满篚当归空复尔。

　　这是明代诗人陆深的一首诗，诗中所描绘的场景相传是三国时期一个脍炙人口的故事：孙策与太史慈把臂而别。然而，许多人不知道这个故事的发生地就在阊门。神亭岭大战后，孙策对太史慈以礼相待，终于感化了太史慈。太史慈主动提出前去招降刘繇残部。孙策手下文武百官多认为太史慈必将一去不返，然而孙策则确信太史慈是信义之士，定会信守承诺。后来，太史慈果然带着一千多刘繇旧部来降。《三国志·吴书·太史慈传》载："慈当与繇俱奔豫章，而遁于芜湖，亡入山中，称丹杨太守。是时，策已平定宣城以东，惟泾以西六县未服。慈因进住泾县，立屯府，大为山越所附。策躬自攻讨，遂见囚执。策即解缚，捉其手曰：'宁识神亭时邪？若卿尔时得我云何？'慈曰：'未可量也。'策大笑曰：'今日之事，当与卿共之。'即署门下督，还吴授兵，拜折冲中郎将。后刘繇亡于豫章，士众万余人未有所附，策命慈往抚安焉。左右皆曰：'慈必北去不还。'策曰：'子义舍我，当复与谁？'饯送昌门，把腕别曰：'何时能还？'答曰：'不过六十日。'果如期而反。"与《三国志》相比，小说《三国演义》只是做了两处改动，一处是将约期从六十天改为一天，而另一处则是将太史慈带回来的旧

---

1. 即阊门，古籍中多写作"昌门"。

部一万多人减少到一千多人。

在"小霸王"孙策之前，阊门的故事可以追溯到春秋时期，伍子胥建阖闾大城，彼时阊门便是苏州城最初的八门之一。《吴越春秋》载："立阊门者，以象天门，通阊阖风也。"阊门也被称为"阊阖门"。此说源自《淮南子·天文训》："凉风至四十五日，阊阖风至。"这里面的"阊阖风"即西风，而阊门所在的位置就在苏州城的西门。《吴越春秋》亦载，伍子胥曾说："凡欲安君治民、兴霸成王，从近制远者，必先立城郭，设守备，实仓廪，治兵库。斯则其术也。"由此可知，伍子胥认为称霸的第一步是修建城郭。后来吴王阖闾率大军由此门出城征伐楚国，为了表明一定要打败楚国的决心，又将阊门称作"破楚门"。《吴地记》载："阊门，亦号破楚门，吴伐楚，大军从此门出。"战国时，吴属楚，复名为"阊门"。宋《吴郡志》则载："《吴越春秋》曰：'城立昌门者，象天通阊阖风也。'《南史》及传记中或书作'昌门'，盖字之讹。"《越绝书》亦作"昌门"。

阊门自古为水陆通衢之处，商市繁盛。阊门在苏城诸门中最为雄伟，因此文人墨客多有题咏，比如晋代陆机《吴趋行》中便有"吴趋自有始，请从阊门起"之句。阖闾元年（前514），伍子胥筑吴都，阊门是八门中的一门。历史上，阊门经历了伍子胥肇建，晋、唐至宋的繁盛，南宋初年城门的毁坏和重建，元代城门的重修，明清城门的重修，太平天国战乱城门被毁，民国时瓮城拆除、陆门改建，20世纪50年代水、陆城门相继拆除，2004年后相继重建水、陆城门这9次较为重大的历史变迁，可视为阊门在流动的历史变迁中经历了"九重奏"。唐陆广微《吴地记》载："孔子登山，望东吴阊门叹曰：'吴门有白气如练。'"阊门在宋代以前曾有一段繁盛时期。南宋范成大《吴郡志》载："《文选》注引《吴地记》：昌门者，阖闾所作，名曰'阊阖门'，高楼阁道。按陆机所赋，此门在晋时楼阁之盛如此。本朝承平时，门上亦有楼三间甚宏敞，苏舜钦尝题诗于上，今废。"唐代，阊门地区曾一度繁华，诗人白居易在《登阊门闲望》中描绘："阊门四望郁苍苍，始觉州雄土俗强。十万夫家供课税，五千子弟半封疆。"可见唐代承袭了晋以降的繁盛面貌。到了唐玄宗天宝末年，诗人张继写下了"试上吴门窥郡郭，清明几处有新烟"，由此可见战乱对阊门地区的破坏。据清同治《苏州府志》，到了南宋建炎年间，阊门被废，而据《吴郡图经续记》，建炎兵燹前，城门上曾有李阳冰篆额，清同治《苏州府志》亦引述此说。直到南宋宝祐二年（1254）知府赵汝历又复建。而到了元代，阊门又迎来了一次大修。元初居住在桃花坞庆云里（今官库巷）的吴县人徐大焯所撰的《烬余录·平江记事》中载："至元修，曰'金昌门'，作亭门内名'金昌亭'。然吴人呼'阊门'已久，不能遽改，名之如故，亭亦圮焉。"明代，苏州逐渐成为全国的经济文化中心，阊门则成为当时全国的丝绸、棉布贸易中心，因而阊门地区商肆林立，空前繁盛。明代唐寅在《阊门即事》中写道："世间乐土是吴中，中有阊门更擅雄。翠袖三千楼上下，黄金百万水西东。五更市买何曾绝，四远方言总不同。若使画师描作画，画师应道画难工。"清初，阊门曾经历短暂的战乱。清初文人顾公燮《吴城日记》载：顺治二年（1645）六月初三，清军入城后，烧杀不停。顾公燮曾于当日至阊门外，见吊桥以西钩玉巷、南濠街（今南浩街）、南城下，直到新开河桥一带，败瓦颓垣，市廛烧尽。不久阊门重建，门楼题有"气通阊阖"额。从清乾隆《姑苏繁华图》上可见，清中期的阊门筑有瓮城，陆门西临吊桥，东接阊门大街（今西中市）。而水门则西临聚龙桥，东接水关桥。阊门为东西走向，水陆并列，陆门城台上原有重檐歇山造两层三开间楼阁，而其外有元至正十六年（1356）吴王张士诚加筑的城，称瓮城或月城。阊门瓮城规制与其他诸门不同，辟有三间，西门上钓桥越运河而达城外闹市，南门通南码头，北门经探桥而至北码头，探桥东近水城门，其水入城即第一横河。

到了清末，阊门地区又遭遇一场浩劫。在太平军东进时，溃败的清军将领马德昭在逃窜时纵兵点火，从浒墅关直到阊门，绵延二十多里，四野焦土，一片废墟。经历这场咸同兵燹，阊门瓮城被毁，后来便改建成小月城，月城内仅有八户小店。民国报人包天笑在《钏影楼回忆录》曾这样回忆："太平之战以后，父亲已是十三四岁了，所有家业，已荡然无存，米行早已抢光、烧光了，同族中的人，死亡的死亡了，失踪的失踪了，阊门外花步里的故宅，夷为一片瓦砾之场了。"阊门又一次被毁坏则发生在民国时期。1927年，小月城被拆建成阊门广场，广场正中设一标准钟塔。1935年，东、西中市大街拓宽时，陆

20世纪30年代日人手绘苏州城鸟瞰图中的阊门周边景象

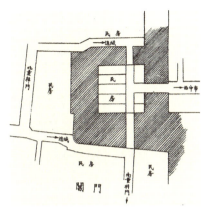

民国阊门城图（苏州市档案馆原藏　苏州城墙博物馆陈列）

门改建为一大二小三个拱门并列的新式城门，并于1936年竣工。城门的式样与现存的金门相仿。到了1958年，阊门陆门在大炼钢铁的时候被拆毁，城砖被用去盖小高炉。再到了1966年以后，附近城墙及水门拱券陆续被拆除，直到近年才复建陆门和水门。历经2500多年的岁月更迭后，如今从阊门西出，过北码头，五龙汇阊，再至山塘胜境和虎丘，呈现的仍旧是一派繁华景象。

所谓"五龙汇阊"，指的是上塘河、山塘河、中市河、南北护城河分别从五个方向而来，在阊门汇聚，这也是阊门地区独特的水系构成。现在我们所能见到的阊门城垣是元代至正十一年（1351）重建、明清时期重修的遗存。现存阊门水门有金刚墙、瓮城墙基等遗迹。水门东西向，纵深12米，南北两岸以青石顺砌，高出水面约20米。瓮城墙基则以青石与花岗石间杂堆砌而成，自钓桥东堍下南北引桥台阶即可见。此外，陆门遗址的南侧则尚存砖石城墙一段。

第二节　金门的开辟与湮塞

苏州民间有个"五老开金门"的故事，也就是苏州士绅李根源、张一麐、张家瑞、费树蔚、沈瓞民五老，策划筹资，向当时市政府提议开辟金门的佳话。而从旧刊文献上看，金门在历史上共计经历三次开辟，其中最后一次则是完全新辟重建。

金门的第一次开辟是1924年，而筹建则在1922年开始，当时开辟的原因是疏通车辆之便。1924年12月5日《新闻报》第8版便有一则《疏通车辆请开金门》的旧闻记载。民国文人程瞻

1924年12月5日《新闻报》第8版关于疏通车辆请开金门的记载

新辟城门亦壮哉取名曾否费敲推
金为兵象成奇谶迷信由来拨不开
苏州城门六曰阊曰胥曰盘曰葑曰娄曰齐
最近又辟两城门一曰平门一曰金门
建筑将竣而江浙战事遽尔实现咬文嚼字之老先生至此遂说现成话曰以金为名大非佳兆欧阳子秋声赋云
夫秋兵象也于行为金其时又适为秋四方兵起奚足怪乎闻此说者咸为之嗟叹弗已
比来谣诼日纷纷巷尾街头播

1924年《红玫瑰》第12期《最近苏州竹枝词》

1926年1月22日《新闻报》第9版关于筹办开放金门的记载

庐在1924年《红玫瑰》第12期《最近苏州竹枝词》中曾谈道："新辟城门亦壮哉，取名曾否费敲推。金为兵象成奇谶，迷信由来拨不开。"诗下附注："苏州城门凡六，曰阊、曰胥、曰盘、曰葑、曰娄、曰齐。最近又辟两城门，一曰平门，一曰金门。建筑将竣，而江浙战事，遽尔实现，咬文嚼字之老先生，至此遂说现成话曰：以金为名，大非佳兆。欧阳子《秋声赋》云：夫秋，兵象也，于行为金。今新辟之城门曰金，其时又适为秋。四方兵起，奚足怪乎？闻此说者，咸为之嗟叹弗已。"由此可见，第一次开辟金门则是在江浙战事（齐卢战争）时仓促实现的。上文注释中所谈到的"今新辟之城门曰金，其时又适为秋。四方兵起，奚足怪乎？"这一观点说起来是迷信，但因为开辟后赶上了战事不吉利，金门即被封闭。1925年1月15日《时报》第6版上对此有所记载："此间金门辟后即肇江浙之战，苏沪间客车至停四五十日之久，该门旋即堵塞。"当时仅用沙袋堵了门洞。但在江浙之战后，金门又被重开，1925年1月11日《时报》第3版上便刊登有新辟金门开放的报道，这也是金门的第二次开辟。但很快这一年又发生了浙奉大战，金门因为战乱再次被封闭。这次不仅仅是用沙袋，甚至用砖头把门洞彻底砌起来了。这就是所谓"两启而两召战祸"的说法，一些仍存旧思想的遗老认为此有银金主萧杀之气。1926年《太平洋画报》第1期上载录黄转陶《记苏州两奇士》，其中谈道："苏州金门，因战封闭，堵以沙袋，有银金主萧杀之气，故门两启而两召战祸。"

其实金门的开辟是必要的，解决了交通拥塞的问题，因而后来在拓宽景德路时，辟南新街，建南新桥。出城的路有了，自然要配套进城的路。虽然已经辟了新闻门，但出城后还得拐个弯再上南新桥，故在1929年，在时任苏州市市长陆权的支持下，筹建金门被正式提上议程，这便是金门的第三次开辟。只是这个城门与原来相比是完全新建的了。1930年8月27日《上海日报》第2版载："最近鉴于以前市工务局所订纠正新阊门计划，故在新阊门之北近，另辟一金门，以便于与城外南

南星桥远望金门旧影

新桥成一直线。此非特于交通便利，即如苏州之市面，亦可因此振奋，形式上亦极为美观。现正积极进行，且已预订本月底，可以完工。由著名之沈载兴营造厂，包工办理。"1931年1月1日，新辟的金门落成。重辟的城门前后装古铜灯四盏，城门则按照规划与南新桥对齐，而去景德路则需绕弯。当时由吴县县长黄蕴深夫人吴品仙莅临现场开启金门，于此同时又封闭了新阊门。金门新落成后，当时挂了一副对联："胜地辟金门，吴下笙歌喧岁首；欢声腾茂苑，桥边灯火耀城隅。"新辟的金门城门系为罗马式，由一大二小三座拱门并列而成，上端雉堞仿欧洲古城堡建筑风格，系罗马纳司克式。城墙高10.2米，门洞纵深5.8米；中门高7.2米，宽7.4米，为车行道；两边门高3.7米，宽

嘆服　　地愕蓋沈所指墓即仲老祖先之墓也乃大地勢特佳其子孫必騰達仲老聞之爲錯舟而至鄉間至一墓沈指謂仲老曰此墓十年焉事爲張仲老所聞請沈相墓地屬此門太正得能稍偏西則順平可期百六議仍闢金門者乃請於沈以戢風水沈謂殺之氣故門兩啓而兩召戢禍氤初平有州金門因戰封閉塞以沙袋有銀金主麑沈又擅相地陰陽之術所談皆中旨要蘇

黄转陶《记苏州两奇士》中的记载

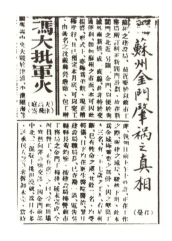

1930年8月27日《上海日报》第2版关于金门肇祸的记载

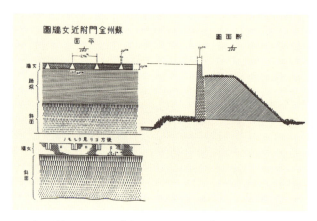

1940年石割长治所测绘的《苏州金门附近女墙图》

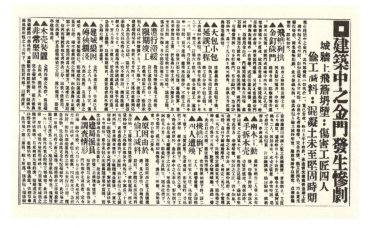

1947年7月11日《和平日报》第4版关于在金门口创设抗战遗族学校的记载

2.5米，为人行道。中门拱券为花岗石纵联分节并列砌筑。两边门以清水砖发拱。墙体以清水砖一侧一丁式砌筑，2.5米以下则用花岗石勒脚。墙由下而上略有收分。当时金门拱门在砌筑时用了原先苏州西城、吉利二桥从拱桥改平桥后多出来的老料。这在1930年8月22日《苏州明报》第3版上有详细的记载："建筑材料，石墩用金山石，门圈用西城桥与吉利桥旧石圈。"据当时的报道，金门重建时还发生了惨剧（安全事故），其事故原因包括分包不合规、偷工减

1930年8月22日《苏州明报》第3版关于修建金门发生安全事故的记载

1922年，苏州市董事潘盛年、蒋炳章、顾则范所立南新桥碑

料等，导致飞檐坍堕，4名工匠受伤。"金门"二字由当时吴县县长王引才所题写，而此二字本来就含有财富集中之意，源自旧时五行酉位属金之说。金门地处阊门外商业闹市区，濒临大运河，为各类船舶和仓库集中之所。抗日战争时期，侵占苏州的日军曾在金门口设宪兵队据点，其建筑物至今犹存。1947年，金门曾再次维修。而这一年，也在金门口设立了抗战遗族学校。1991年，金门被列为苏州市第三批文物保护单位。

金门旧影（载于《潮流》1933年第1卷第3期，蒋积荣摄）

第三节　新闻门与南、北童梓门的开辟与湮塞

在金闾之间，还曾有短暂开辟新闻门、南童梓门、北童梓门的历史。下面介绍一下这三个城门的故事。

新闻门开辟于1926年，1926年1月27日《苏州明报》上刊载了重辟金门改向和开放金门已确定日期的报道，在原来城门南首开辟出门洞，并封堵旧城洞。而《金闾区志》（东南大学2005年版）将新闻门与旧金门混同，认为新闻门的开辟时间为1921年[1]。但该书大事年表则记载新闻门的开辟时间为1926年[2]，可见其说法之抵牾。1929年2月，新闻门再次改建，其宽度可通行汽车和马车。而据1929年8月21日《苏州明报》，此前新落成的新闻门改建后也曾一度改称"金门"。1926年1月27日《苏州明报》载，金门易地开辟之初并未改名新闻门，到了1929年8月时已改名。1930年8月12日《时报》第6版则载："苏州新闻门开辟已有数年，建筑工程因陋就简，去岁市府已着手人改建，更名为'金门'，将于本月内竣工。"当时景德路改造后，新闻门地区成为孔

1926年1月27日《苏州明报》
第2版上关于开放金门已确定日期但未改名的记载

1930年3月22日《大光明》
第3版上关于新闻门改名的记载

1929年8月21日《苏州明报》第3版关于另辟金门的记载

1.《金闾区志》编纂委员会：《金闾区志》，东南大学出版社，2005，P36。
2. 同上，P878。

□开放金门易名改方向

金门行将开放，饬匠修理城垣设警卫所，及地方诸士绅、已志昨报，兹悉金门方向不利，因致一经开放，即起戟事，故现由工巡捐局更改方向，将起城圈，酌应藏阁之城圈，即复原有之，故现定朔足期告竣，于旧历本月二十日实行开辟完工，不见佳，现改稍为新闻门云。

□新闻门之改建

苏州市长、公安局长梅士英、整顿市政，不遗余力，经已计划确定，先行改建新闻门内之黄鹂坊桥、及改造新闻门、拓宽自新闻门至新门之路，俾苏城溶阗之平门、新闻门二门，约可通行汽车马车，至观前之路，订立合同，俾新门入城、一面则舆汽车公司，刻已早泰市核准，一出一入，上半年大约可以完竣，划已计划两门，以核准兴建两门，完全仿效平门、改建之，至于新闻门之改建，实现其计划、并悉虎邱马路之第二期工程，将改兵工厂雁工云。

□咏物童建之新闻门（咏物诗）

苏州北门之八城门，惟城北有山门…（以下略）

1926年1月23日《苏州明报》第2版上关于易地开辟后金门易名改方向的记载　　1929年2月24日《时事新报（上海）》第8版关于新闻门改建的记载　　1929年6月28日《红福尔摩斯》第2版上关于新闻门的记载

1929年10月2日《福尔摩斯》第2版上关于新闻门拟堵塞的记载　　1930年《苏州城厢图》上的南童梓门（同子门）和新闻门　　20世纪00年代苏州地图上所描绘的阊门与南、北童梓门的方位关系

道，交通甚为不便。到了1931年1月1日，金门再次易地到原址，重辟落成，而在同年的1月5日，在金门举行了通车典礼，新闻门亦同时被湮塞封闭。《金阊区志》则载："新闻门的位置，在今金门南60米长船湾航运公司内，直对城内恤孤局。遗址现在仍可见残迹。航运公司食堂东南的杂物库，就是利用城门洞改的，拱门还清晰可见，城基是青石、黄石、花岗石直横混砌，地面上还可见三层。文物调查时，测得城门深5米，宽4米，高5.3米。"苏州文史专家施晓平先生查阅史料并考证认为："此门位于阅读苏州主题酒店内，因被新苏航运有限公司改造为食堂时吊了顶，所以只露出了一小部分，而且贴了瓷砖，看不到原貌。"[1]由此可见，坊

---

1. 施晓平：《苏州城门城墙那些事》，古吴轩出版社，2015，P39。

北童梓门旁同庆公栈附近旧影

新阊门旧影（徐刚毅提供）

1931年8月2日《苏州明报》第3版上关于从北童梓门辟马路直通四摆渡的记载

1933年4月19日《苏州明报》第3版关于请修阊门南童梓门段城墙的记载

间关于新阊门原址在景德路551—585号小区的说法纯属乌龙。那里留存的砖券矮门并非新阊门，据说为新中国成立后修筑的防空洞遗迹。

明清时期，阊门是带有瓮城的水陆城门。瓮城为长方形，瓮城内则另有套城，并设有南、北两个童梓门。瓮城早年毁于咸同兵燹。南童梓门通今南新路，北童梓门通北码头。该城门位置在原协和坊口向北

约8公尺处，遥对南新路。南新路原为沿城大街，因开辟金门后改此名。阊门水城门则在内城门北，跨下塘街河，新中国成立初尚有木栅门，20世纪50年代拆除，仅存水城门基础。水城门外的石级梁桥聚龙桥，70年代初改成了水闸，后来又复建水城门。民国《吴县志》作"南潼子门"。1923年11月21日，南新桥通车后，南童梓门因有碍车辆通行，遂被拆除。1925年，曾修复坍塌的南童梓门段附近城墙。1933年，南童梓门段城墙年久失修，颇呈险象，又逢雨季，故在当年的《苏州明报》上又刊登了呼吁修复城墙的报道。北童梓门南起阊胥路，北经探桥，南塊东折至阊门口。该城门位置在

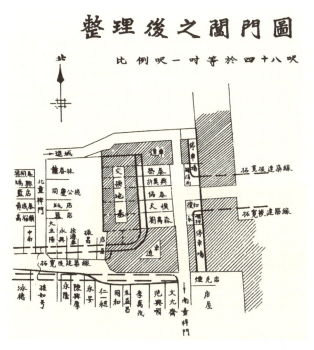

《整理后之阊门图》（载录于1927年《苏州市政筹备处半年汇刊》）

《阊门城图（太平天国之前）》（承继坤绘）

《阊门城图（太平天国时期改建后）》（承继坤绘）

《阊门城图（1928年改建后）》（承继坤绘）

阊胥路182号向东15米处[1]。民国范广宪《吴门坊巷待辅吟》、王謇《宋平江城坊考》均作"北潼子门"。1931年8月2日《苏州明报》第3版曾刊载了繁荣中市大街的计划，即从北童梓门开辟马路直通四摆渡口，便于商货运输。马路建成后，再考虑与车站间贯通桥梁。两旁人行道则仿造法租界，建三层楼面。《金阊区志》载："探桥，俗名坍桥。位于北童梓门，即水城门西，跨中市河。相传古代守城军队在此侦探敌情，故名。明洪武年间修月城时建，清嘉庆二十年（1815）重修。原为石拱桥，1966年改建为水泥平桥，跨度4.8米，宽5米，长

---

1. 杨金坤《阊门、新阊门、金门》记载："出城者，须左转弯出南童梓门，再右转弯，经月城后街（今协和坊）到吊桥；或须右转弯出北童梓门，再左转弯，走北童梓街，上探桥，向西走小弄，上聚龙桥，沿城墙根才得上吊桥。"［载《金阊文史资料》（第一辑）］

7.7米。"北童梓门后来也消失了,曾经留下一条小弄堂,其转角处经探桥与北码头相接,而南、北童梓门曾连通两所小学堂,北面为广运小学,南面是南新路小学,民国时旧称勤益小学,如今已成为老阊门人的共同回忆。《金阊文史资料》(第一辑)上曾刊载阊门的几幅变迁手绘图,其中有太平天国前、太平天国时期改造后,以及1928年改建后三个不同时段的阊门城图,当时由范世雄供稿,承继坤整理绘制于1989年12月。此图虽是草绘,但历史意义不凡。

阊门探桥旧影(美国哈佛大学档案馆藏)

第四节 人文空间的历史变迁

南宋《平江图》中阊门、泰伯庙周边的情况

明王鏊《姑苏志》中所描绘的阊门周边的情况

从南宋的《平江图》中，可以清晰看出南宋时期的阊门是水陆城门，在当时，阊门东侧泰伯庙区域是一处由至德坊与至德庙（泰伯庙）构成的文化区域，即吴泰伯后裔奉祀先祖的公共空间，而当时至德庙东侧有柳毅桥，至德庙前是庙桥。据清代吴鼎科《至德志》，汉永兴二年（154），最初的至德庙，由当时太守糜豹建在阊门外的雁荡村，而在五代后梁乾化四年（914），由吴越钱氏移建到今址。至德坊的对面从东往西分别是吴趋坊、望云馆和土地庙。柳毅桥往东的区域当时主要是以崇真宫为核心的道教文化圈。如今崇真宫早已不存，但宫门前的崇真宫桥尚在，属苏州市控制保护建筑。泰伯庙西侧后面的区域在《平江图》上呈现的则是荒芜的景象。在明代王鏊《姑苏志》上亦刊刻了苏州府城的地图，其中至德庙、至德坊，以及南边的吴趋坊依旧存在。若以成书的年代来计算，《吴郡志》有南宋绍定二年（1229）刻本，而《姑苏志》则成书于明正德元年（1506），由此可见近300年间，这个区域未有多大的改变。而如今泰伯庙区域原先占用的菜场已搬离，泰伯庙抓住了古城保护的机遇，恢复了旧貌。民国时期，泰伯庙内曾设泰伯小学，然校名几经变迁。学者徐维新在《金阊道上》中曾谈道："早在1913年时，设在泰伯庙的小学称市立北区第四初等小学校。彼时市立初等小学校编制多为单级，市立北区第四初等小学校编制已为复式，有男生七十二人，女生四人，学生数亦位于中上。1927年，设在泰伯庙的小学称市立十九小学……

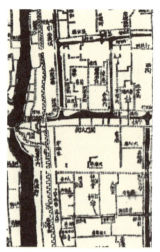

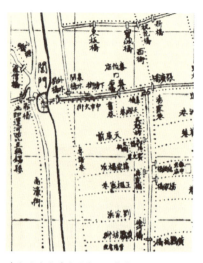

清乾隆《姑苏城图》中阊门周边区域的情况

清同治《姑苏城图》中阊门周边区域的情况

清光绪中期《苏州城厢图》中阊门周边区域的情况

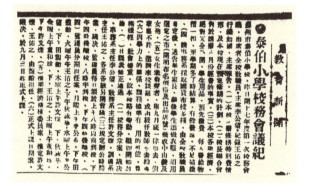

1928年8月28日《苏州明报》第3版关于泰伯小学校务会议的记载

何时始称泰伯小学，未见资料……1950年代后期，泰伯小学还在泰伯庙内。"[1]其实在1927年时，已经称为泰伯小学[2]。

与南宋《平江图》相比，明《姑苏志》上所呈现的新事物是泰伯庙西侧标注的西仓、泰伯庙北侧标注的北仓。西仓后来演变成了浒溪仓，如今那一带所呈现的则是颇具清末民初风情的居住区。附近的仓桥浜亦因西仓在此而得名。清末民初，仓桥浜内停泊着许多花船。故有诗曰："花映楼台日照城，今朝摩笛昨弹筝。吴儿不解兴亡事，偏向仓桥侧帽行。"仓桥浜一带如今依旧留存着枕河人家，叠石为基，错落有致。清乾隆时期，阊门一带形成了密集的街巷脉络。在清乾隆年间的《姑苏城图》中可见阊门大街、仓桥弄（即仓桥浜）、浒溪仓弄（即浒溪仓）、官宰弄、（五）泾庙弄、水关桥等。而

1. 徐维新：《金阊道上》，上海文艺出版社，2022，P151。
2. 《苏州明报》（1927年9月20日第4版）载录。

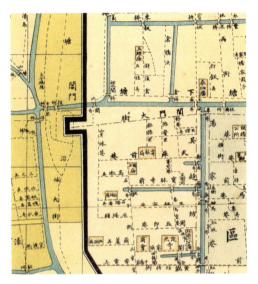

在清同治年间的《姑苏城图》上则可看见泰伯庙的北面有一个高墩。从清光绪中期的《苏州城厢图》上看，阊门附近区域与乾隆年间的格局基本一致，变化不大。到了民国时期，从1914年《新测苏州城厢明细全图》中可知，阊门及周边区域依旧延续了先前格局，图上可见阊门、探桥、水关桥、仓桥、阊门大街、五泾庙等地标，在阊门大街北侧则是五泾弄、浒溪仓、仓桥浜的格局。周五郎巷与刘家浜之间原有一条婆娘弄，西面

1914年《新测苏州城厢明细全图》中阊门周边区域的情况

与马堂弄（大马堂）相接，如今已难寻其迹。同样湮灭的还有周王庙弄东侧、文衙弄西侧的十郎巷。

　　在阊门大街的南侧到黄鹂坊桥的区域，街巷脉络也趋于密集，与现今的街巷走向基本一致。值得注意的是，王枢密巷如今已改称五爱巷。"枢密"是古代职官名。此巷因在宋代曾居住过王姓枢密使而得名，但后来被误传为五枢密巷，至20世

1938年《最新苏州地图》中阊门周边区域的情况

1943年《最新苏州游览地图》中阊门周边区域的情况

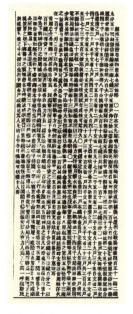

1926年11月20日《苏州明报》
第3版关于大马堂观音阁的
报道

谢家福《苏州王枢密巷城西
借本公所节略》

60年代又改为五爱巷，后其旧巷名未再恢复。清末，此巷内曾开设乾吉板栈[1]、全盛栈[2]（茶庄）、金仁寿堂[3]。民国时，此巷曾开办新群小学[4]，其支巷大马堂内曾有一座观音阁。清光绪壬午（1882）冬日，望炊楼主人谢家福曾撰有《苏州王枢密巷城西借本公所节略》，刊载于1882年12月22日《申报》第4版。此公所为桃坞赈局所辖。此巷西口原有一家盛康泰号，经营顾绣、喜庆用品等。在西口今42号则是一座二层民国风格的洋房，左右两厢。此宅曾是洪氏典当行，楼上为典当仓库，而旧时楼下则可见戴着西瓜帽、身着长衫的算账先生。洪氏典当行的对面今石塔横街49-1号以前并无房舍，是很大的一个花园，属于潘家。边上今49号则是宝树堂谢宅。潘、谢两家界碑犹存，可得印证。五爱巷45号也是一大户人家，曾有钟姓老妪居此，据说这座老宅曾是女方的陪嫁，故可见当年钟家的富裕。今36号亦是挂牌的控制保护建筑。据附近居民所言，此宅在早年即由汪家从潘家手中盘下，现在的老居民对此宅有印象的均为汪姓人。还有一个大户人家在今36号，即平阳衍庆堂陈宅，宅前有义井。今36、38号旧时皆为陈家的义庄。陈家后代中有著名中医陈丹华。据其侄介绍，当时陈丹华居今38号宅院内。陈丹华的老丈人朱昕元也是开业医生，曾在景德路272号筹资开设灵芝堂，后灵芝堂由其子朱耀祖接续，陈丹华和被聘请的华允若则为坐堂医生[5]。苏州中医研究专家马一平先生介绍，陈丹华曾供职于江苏省中医院，系1995年江苏省卫生厅、省中

1.《申报》（1886年9月29日）载录。
2. 同上。
3.《申报》（1891年7月27日）载录。
4.《苏州明报》（1936年8月26日）载录。
5. 华润龄：《吴门医派》，苏州大学出版社，2004，P192。

医药管理局增补的七名省名中医之一。在陈宅的对面（朝北）则有陈怡云的别墅，今五爱巷41、43号，亦是一大户人家。26号则是一金姓大户人家。此外，巷内还曾有源隆祥绸庄[1]、周永茂水木作[2]、线业公会事务所（旧门牌16号）[3]、竞成铁机丝织厂及天一铁机丝织厂（旧门牌17号原俞宅内）[4]等。五爱巷今15号曾居有范仲淹第28世孙范广铺。旧时，五爱巷与周五郎巷之间有多个院落相通，比如五爱巷41、43、47号皆通周五郎巷。周五郎巷旧时有金银业同业公会。

五爱巷西侧的石塔横街1号（旧门牌）曾是内科胡西贤的诊所[5]，20号（旧门牌）则住有一位私塾先生潘德源[6]。石塔横街西侧有石塔弄，与专诸巷相接。15号街坊还有一条南北向的舒巷，南起天库前，北至西中市。清乾隆《吴县志》载："书巷，阊门内至德桥南之右转南。"又载："韩忠献祠在至德桥南书巷，祀宋司徒兼侍中判相州魏国公韩琦，创置无考。明万历二年巡按御史邵陛始行县设祭。"民国《吴县志》作"书巷"，《苏州城厢图》标作"舒巷"。此巷内22号原有一家名叫永昌正记的典当行，老板叫吴保昌。

专诸巷古名钻龟巷，源于古代钻燋龟甲，以卜吉凶。后因巷子里多珠宝业、玉雕业、水晶业商人，而被称作"穿珠巷"。然而在明末崇祯年间，此巷便已被命名为专诸巷，且此巷名一直赓续至清季。比如在明崇祯《吴县志》、清康熙《吴县志》、清乾隆《吴县志》上皆有"专诸巷"之名，但之前的俗称民间依旧沿用，故在旧地图上标识不一。清同治年间《姑苏城图》、清光绪中期《苏州城厢图》皆标为"专诸巷"。

宝林寺前还有一处地名"十间廊屋"，传为旧时宝林寺的内廊屋，有十间之多，寺毁后，廊屋遗构犹存，故名。其中十间廊屋40号曾是尼姑庵。在20世纪90年代，其民居（7-1号）墙角仍然保存清代花岗石碑，其中碑文记载："蒙宪厅验明伪契，涂销在案，奉谕此项基地仍照宝林寺碑图为凭。"十间廊屋曾住有一位车玉器的技师，名为

---

1. 华润龄：《吴门医派》，苏州大学出版社，2004，P192。
2.《苏州明报》（1932年7月23日）载录。
3.《苏州明报》（1930年5月19日）载录。
4.《苏州明报》（1929年3月30日）载录。
5.《苏州明报》（1947年4月2日）载录。
6.《苏州明报》（1947年1月15日）载录。

福寿，当时的习艺所添辟车玉工场，招聘技师，福寿即在获聘之列[1]。

旧时，宝林寺前一带较为出名的有曾在锦源公内开办的老祥泰绣庄[2]、阊门西街曹家开办的养正学校[3]，中医倪慎安的诊所也曾一度迁至宝林寺前[4]。宝林寺前33号为世德堂朱宅，系民国时期皮货业老板朱庭芳的宅子，现居有其孙辈。朱宅东侧为薛宅，西侧38号为胡修业堂，50号亦是大户人家，再往西56号则是咏勤公所，公所内曾开办达材中学，如今原公所界碑已然埋没大半截。民国时期的宝林寺前还有隐贫会较为有名，从阊门西街曹宅迁至宝林寺前，当时钱业穗源堆栈老板杨达淦、士绅费仲深、曹元恒（智涵）、曹崧乔（岳字辈）和其次子曹应歧（凤字辈），都曾参与过隐贫会的工作[5]。该会的职能主要有四个方面：一是维持失业民众酌给月贴，二是调剂小贩营生免利借本，三是辅助寒士子弟入校学费，四是临时辅助丧葬、医药、川费等。此外，宝林寺前43号（旧门牌）曾为董坚志编译事务所[6]。董坚志是民国时期著名的学生

1927年2月15日《苏州明报》 第2版中关于隐贫会的报道　　1937年5月14日《苏州明报》第5版上关于曹崧乔次子曹应歧在宝林寺前隐贫会内行医的报道　　宝林寺明界碑

1.《苏州明报》（1926年2月17日）载录。

2.《苏州明报》（1935年4月15日）载录。

3.《苏州明报》（1927年2月18日）载录。

4.《苏州明报》（1936年6月1日）载录。

5.《苏州明报》（1937年5月14日）载录。

6.《苏州明报》（1934年5月4日）载录。

阊门旧影

读本编纂人，曾编过《初级模范作文》《现代作文材料活用法》等。

迴龙阁，处于刘家浜西段与黄鹂坊桥弄[1]之间，旧时城隍老爷在此卸装，收拾仪杖，故名。民国文人包天笑曾在《钏影楼回忆录》中谈到他的私塾师陈少甫（名恩梓）便住在迴龙阁："祖母就托了她的第一女婿，就是我的姑丈尤巽甫先生。巽甫姑丈又托了他的堂兄鼎孚先生，也是我的表姑丈，介绍了一位陈少甫先生（名恩梓），这算是我家与赖家合请的。陈先生朝出暮归，好在他的家，离馆极近，他住在迴龙阁，就在刘家浜南面的一条街，不过是咫尺之间。当时订明，赖家供一餐午饭，我家供一顿晚点，夜饭是陈先生回家吃了。"[2]

赛儿巷位于艺圃东侧，西段与文衙弄相接，东侧达吴趋坊。此巷内曾设商务总会[3]。文衙弄内旧时曾设绸缎业同业公会。弄内6号曾为弘农杨氏家族的产业，后转手仲氏，系二层六开间加东厢房，外墙青红砖混砌，显出菱形几何式样，中有砖雕抛枋束腰，西洋纹饰较精，门前立有"弘农产界"界石。另据1927年3月14日《申报》第7版，赛儿巷内曾有女学堂："爱国女学苏校，因赛儿巷校舍不敷应用，现已议定迁移长春巷前英华学校原址为校舍，并新添美术音乐两科，现招考原有之中学科体育科插班生及音乐美卫新生云云。"[4]赛儿巷内亦办过医校："博文公学开成立会，到会者为柏乐文、惠更生两西医及第二师军医长宗月、福音医院院长等数十人。经多数推举，徐问礼为正会长，宗月、俞仲英为副会长……"[5]

艺圃的南侧则有平安弄，其中4号为胡修堂，此弄西侧与南北走向的十间廊屋相

---

1. 景德路中间原先存在一段黄鹂坊桥弄，因为成为郡珠申路的一部分，就截去了最后的一个路字，变成郡珠申路中的一个地名黄鹂坊。［黄恽：《景德路的来历》，欲寻陈迹（微信公众号），2024-12-18。］
2. 包天笑：《钏影楼回忆录》，上海三联书店，2014，P6。
3. 《申报》（1906年8月13日）载录。
4. 《申报》（1927年3月14日）载录。
5. 《申报》（1920年1月8日）载录。

接，东侧则淹没于民居中。宝林寺前西段的北侧有支弄——宝林弄，如今面貌已大改，仅弄内18号前尚存古井一口。此外，石塔头的南侧街道变迁较多，比如1914年《新测苏州城厢明细全图》上的葫芦弄、香常弄，如今已然湮灭。对比1938年和1943年苏州的城厢地图，街巷的脉络基本一致，未发生显著变化。从历史上看，阊门地区最大的变迁仍旧发生在阊门本身，特别是经历太平天国战乱之后，阊门的瓮城被毁，整个城池的格局发生了显著的变化。比如1924年，东、西中市大街拓宽时，陆门被改建为三个拱门并列的新式城门，与现存的金门相似。这在前面几节中已有专题介绍，此不再赘述。

阊门历史文化片区西中市街景（由西往东远眺）（孙士杰摄）

20世纪80年代金门周边

第二章

藏龙卧虎：金阊的文化
遗存与主题游径

第一节　泰伯庙与泰伯

泰伯庙祭祀空间的形塑与奉祀

泰伯庙的祭祀空间

泰伯庙，即太伯庙，也称至德庙，在苏、锡两地皆有较为悠久的历史。从西吴陆昀摹的《至德庙图》上可以大致看出泰伯庙（至德庙）祭祀空间的构建。泰伯庙前有"三让高踪"的三柱石牌坊，牌坊后过

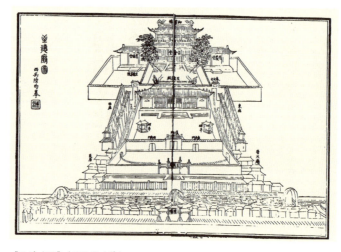

《至德庙图》（西吴陆昀摹）

桥正对泰伯庙大门口，可见延陵吴氏后人、江苏巡抚吴元炳所书"至德坊"三字的门坊，大门东侧有香火庙，西侧在当时已散为民居。过了庙门是第二进仪门，仪门设有东、西角门。过了仪门是一个公共的祭祀空间，两旁各有一碑亭，正前方是至德殿，东西两侧为庑房。过了至德殿又是一个庭院，正中为宗会堂，即宗族聚集议事之所，其后为御书楼，供奉泰伯及后裔历代褒崇、诰敕等文书档案。庭院西侧为至德书院，其后为育德堂。庭院东侧为恩庆堂，前有奉祀宅，即吴姓家族历代的奉祀生居住之所。

走上神坛的泰伯

　　苏州泰伯庙于东汉永兴二年（154）由郡守糜豹建于阊门外雁荡村[1]，五代后梁乾化四年（914）吴越王钱镠为避兵乱徙于今所。而无锡梅里的泰伯庙也是在东汉永兴二年，由吴郡太守糜豹在泰伯故宅立庙。据北宋《太平寰宇记》，无锡鸿山、梅里皆有泰伯庙，如今无锡仅存梅里一处庙宇。梅里的泰伯庙"至德名邦"石坊、棂星门、至德殿皆为明弘治十三年（1500）重建。"至德名邦"因孔子尊泰伯为"至德"而来。这个石坊现为江苏省不可移动文物，也曾是梅村高级

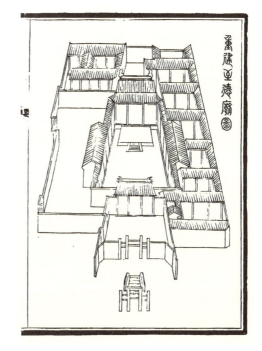

《重建至德庙图》

中学的校门，见证了一届届梅中学子从这里扬帆启航。由此可见，在明代，梅里的泰伯奉祀已经进入了儒化的阶段。而苏州的泰伯庙奉祀历经五代迁址后至明末，始终不是很显著。清代，江苏巡抚吴存礼在《重修至德庙碑记》中谈道："庙在阊门内，徙自吴越钱氏时，故汉唐丰碑缺焉。宋元以降，镌起零落，或传疑少实。尝摭而考之，泰伯、仲雍，旧为一庙，在姑苏台，而季子别有庙。庙废于明洪武间，俱有证引，不诬也。"到了清代，苏州泰伯庙逐渐成为江南泰伯奉祀中心，与清帝南巡有很大的关联。清康熙四十四年（1705），康熙帝第五次南巡，驻跸苏州行宫，御赐苏州泰伯庙"至德无名"四字。到了清乾隆十六年（1751），乾隆帝第一次南巡，驻跸苏州行宫，又钦赐了匾额"三让高踪"，后来又写了御祭文。

---

1. 民国《吴县志》作"雁宕村"。据考今址为干将路与广济南路交叉口西侧［施晓平：《阊门之外雁荡村》，《苏州日报》（2016年8月12日）］。

《至德志》所载泰伯历代褒崇谥封一览

谥封名	时代	褒崇泰伯的君主
吴伯	西周	周武王姬发
三让王	晋太宁元年（323）	晋明帝司马绍
至德侯	宋元符三年（1100）	宋哲宗赵煦
至德王	宋崇宁元年（1102）	宋徽宗赵佶
吴泰伯之神	明洪武二年（1369）	明太祖朱元璋

《至德志》所载历代宠锡苏州泰伯祠庙一览

时代	部分大致记载	封祀地点
汉永兴二年（154）	敕明陵侯荀淑撰文树碑，命给二十户以充洒扫。吴郡守糜豹请另加三十户，春秋享祀。	阊门外雁宕村
晋太宁元年（323）	诏祀泰伯，用王者礼乐，具王者冕服。	
晋咸和三年（328）	命镇东将军、吴郡太守虞潭兼主庙祀。敕给事中颍川庾阐撰文。	
晋咸康元年（335）	虞潭立碑庙中。	
南朝宋永初元年（420）	敕祀泰伯以太牢。降御赞，勒石于庙庭。	
唐贞观十三年（639）	遣礼部尚书兼御史韩太冲祀泰伯以太牢，赐金香炉、花瓶、香盒及祭奠金器皿一坛。	
唐贞观十五年（641）	赐泰伯六十四世孙、驸马都尉吴世伟吴、长、无锡等县苗田千顷，永充庙祀。遣著作郎章显祀泰伯以太牢，兼赐金帛、祭文。太子检校魏徵撰碑，立于庙殿阶之左。	
唐开元二十年（732）	赐嘉、湖二州湖泊田三百八十六顷，永充庙祀。	
宋太平兴国二年（977）	敕命平江军州、朝散大夫、太子左中允梁周翰祀泰伯以太牢，兼赐金帛、祝文。	阊门内下塘
宋景祐四年（1037）	遣龙图阁直学士孔道辅祭吴泰伯，兼赐金帛、祝文。	
宋元祐七年（1092）	诏吴泰伯庙以"至德"为额，遣官致祭。	
元元贞元年（1295）	命祭三让王于姑苏至德庙，兼赐金帛。	
元至治二年（1322）	遣银青光禄大夫、御史中丞察罕帖木儿祭三让王吴泰伯。	
明洪武二年（1369）	御制祭文，遣官致祭。	
清康熙四十四年（1705）	南巡，驻跸苏州行宫，御书"至德无名"匾额，钦赐庙中，敬谨供奉。	
清乾隆十六年（1751）	二月二十一日，第一次南巡。遣散秩大臣乌米泰致祭，并赐谕祭文一道。二月二十五日，驻跸苏州行宫，御书"三让高踪"匾额，钦赐庙中，敬谨供奉。	
清乾隆二十二年（1757）	第二次南巡，遣工部侍郎钱维城致祭，并赐谕祭文一道。	
清乾隆二十七年（1762）	第三次南巡，遣吏部侍郎程岩致祭。	
清乾隆三十年（1765）	第四次南巡，遣内阁学士兼礼部侍郎张若澄致祭。	
清乾隆四十五年（1780）	第五次南巡，遣都察院左副都御史王昶致祭。	
清乾隆四十九年（1784）	第六次南巡，遣礼部右侍郎兼管太常寺乐部事德明致祭。	

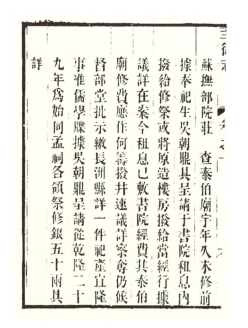

《至德志》上所载吴朝鼎《借基造房拨给岁修始末》

苏州泰伯庙的地位在官方的扶持下显著提升，而泰伯的形象也经历了儒化的过程。泰伯祭祀空间的形塑固然是出于对教化的考量，但泰伯后裔们也加强了宗族伦理的建构。特别是在清乾隆年间，苏州出现了由吴氏一百四世吴鼎科编纂的泰伯专志《至德志》。状元彭启丰在这本书的序中谈道："吴氏于苏州为巨族，枝叶蕃衍，皆溯源于让王。按其谱系，入庙而观鼎彝，敬宗收族之心，固有油然不能已已者。"苏州府知府韩锡胙则在清乾隆四十年（1775）的《修至德庙碑》中谈及：

"而为其子孙者，瞻怀祠宇之倾颓，集群策群力，以挽回于废坠之后，归其假于官而侵于民者，扩庑树坊，俾祀事几筵之无缺。此固世家子孙士大夫之孝也。朝鼎始乾隆丙子倡复庙地，用力最为勤苦。维时吴氏裔孙树议者，曰贵州布政使士端；草创修建大略者，曰亦发，曰士俊，曰孝曾，曰翀，曰鼎科，曰元潮，曰曰哲。其系出吴氏，久居四方，还仕于吴。作当道主持者，曰刑部侍郎、前江苏按察使、山东进士坛，曰奉天府治中、前吴县知县、全椒明经钺，例宜并书。"

据《至德志·宗支蕃衍志》，从吴氏第九十六世、庠生吴履润开始，吴履润这一支就是主持泰伯庙的奉祀宗支，之后传到了吴履润次子吴之卿的手中，代代相传，到了第一百四世吴朝鼎时，这一支人丁兴旺。《至德志》卷十记载了《劝建义学归还本庙始末》，当时泰伯庙的奉祀生为吴朝鼎的父亲吴承烈。其中谈到清中期泰伯庙大殿后楼楼下及东厅三间曾为春秋丁祭时会合宗族之所，而后楼西厅四间曾是会文考课之所。清乾隆八年，苏州府知府爱新觉罗·雅尔哈善劝绅士捐输，创建六门义学，并且劝借泰伯庙内东厅三间开办义学。起初雅尔哈善在城中心皇废基和阊、盘、胥、娄、齐、葑六门置七所社学。后来盘、胥、娄、葑、齐及道南学舍俱废，改为市房出租，供平江书院之用。而阊门的义学则归还了泰伯庙收管。《劝建义学归还本庙始末》中谈到，归还东厅三间后，吴氏家族举行了公议："今族众公议。东厅为蒙塾，教训童蒙。西厅为至德书院，考课将成子弟。另立规条，并刊备考。"吴朝鼎任奉祀生时，曾在《至德志》卷十的《借基造房拨给岁修始末》一章中谈及奏请将书院的租息拨给修祭等事项："详宪奉苏抚部院庄，查泰伯庙宇年久未修，前据奉祀生吴朝鼎具呈请，于书院租息内拨给修祭，或将原造楼房拨给，当经行据议详在案。今租息已敷书院经费，其泰伯庙修费应作何筹拨，并速议详察夺，仍候督部堂批示。缴长洲县详一件祀产宜隆事，准儒学牒，据吴朝鼎呈请，从乾隆二十九年为始，同孟祠各领祭修银五十两。"吴朝鼎后裔也担任了奉祀生。那么当时泰伯庙奉祀的具体情形是如何的呢？在《至德志》上有一篇《苏州府遵饬详请抚宪核定章程》，其中谈到清光绪二年（1876）泰伯庙奉祀的细节："缘吴邑北利二图向建至德祖庙，供奉神位三座，东西两庑及仪门外香火祠内，供奉火烈神像，春秋致祭。军兴庙毁，克复后粗葺低屋一间，供奉神位三座。"另据清光绪二年（1876）3月27日《申报》第3版《修泰伯庙再述》，泰伯庙前的照壁原在刘家浜，有直街从东市通入，后此处已久为民居。当时泰伯庙重建已初具规模，正在建造至德坊，但有一家月中桂茶室侵占土地二尺许，妨碍了牌坊的建造，因而官府命令就近有妨碍庙址者拆还。

1876年3月27日《申报》第3版上刊载的《修泰伯庙再述》

《至德志》上所载录的泰伯庙主奉祀的吴氏家族谱系（吴履润—吴朝鼎支）

奉祀生	世系辈分	家族关系
吴履润	第九十六世	独子为吴良献
吴良献	第九十七世	生二子，次子为吴之卿
吴之卿	第九十八世	独子为吴士勋
吴士勋	第九十九世	生二子，次子为吴辕

续表

奉祀生	世系辈分	家族关系
吴辕	第一百世	独子为吴蓬
吴蓬	第一百一世	独子为吴纪
吴纪	第一百二世	独子为吴承烈
吴承烈	第一百三世	独子为吴朝鼎
吴朝鼎	第一百四世	前后两房共生八子

漫谈泰伯

"太伯"还是"泰伯"？

　　一直以来关于"太伯"与"泰伯"的争论莫衷一是，因为大部分古籍文献中写作"太伯"，那为什么现在我们一般都称作"泰伯"呢？这里面其实是有一些道理的。西汉司马迁《史记·吴太伯世家》载："吴太伯，太伯弟仲雍，皆周太王之子，而王季历之兄也。季历贤，而有圣子昌，太王欲立季历以及昌，于是太伯、仲雍二人乃奔荆蛮，文身断发，示不可用，以避季历。季历果立，是为王季，而昌为文王。太伯之奔荆蛮，自号勾吴。荆蛮义之，从而归之千余家，立为吴太伯。"而《史记》之后的许多正史也都写作"太伯"。宋绍定《吴郡志》载："太伯，古公长子。韦昭云：武王革商，追封为侯伯，故曰太伯。范宁曰：太者，善大之称。伯者，长也。案此恐只是伯之旧名，韦说似迁。仲雍，太伯弟，与其兄同奔吴。"那么后来为何又称为"泰伯"呢？长期以来，存在"泰""太"两字通假的说法，但也有学者对此提出了质疑。比如苏州学者、吴中区政协文化文史委研究员李建荣就曾以《论语》为例，鲜明地指出："《论语》中有'太庙''太宰''太师'等词语，也出现了带有'泰'字的句子，如'季氏旅于泰山''亡而为有，虚而为盈，约而为泰，难乎有恒矣''拜下，礼也；今拜乎上，泰也''君子泰而不骄，小人骄而不泰'等，很明显，《论语》中的'太'和'泰'，不是通假字，两者各有其义，不可一概而论。"[1]那么这该如何解释呢？其实我们还是要回到历代文献中去寻找答案。《左传》中认为："泰者，大也。"《礼记注疏》亦载："泰，大中之大也。"

---

1. 李建荣：《奔吴的是太伯还是泰伯》，方志苏州（微信公众号）2019-12-27。

其实现在许多知名的学者，我们也常常称他们为"大先生"，这个"大"字并非寻常人可获之殊荣。而在古代，按照《左传》所载，其实"泰"与"大"在字义上是通假的。此外，《诗经·大雅·皇矣》亦载："帝作邦作对，自大（太）伯王季。"由此可知，"大"与"太"亦通假。因此，虽然"泰"与"太"字义不通，但因为"泰"与"大"、"大"与"太"在字义上皆互通，因而从字义演化中也能说通。还有一种观点，也源自上文，其实就是后人对泰伯所立功业的表彰，故可理解为泰伯在离开岐山周原之前，人们普遍尊称他为"太伯"。而当泰伯在吴山避让及江南创国后，功勋卓著，彪炳千秋，故而被后人供奉，并尊称为"泰伯"。

"泰伯奔吴"只是传说吗？

　　长期以来，关于泰伯奔吴，学界总存在两种观点，既有赞同的，也有反对的，各执其说，似乎谁也说服不了谁。究其观点抵牾的根源，其实有如下三点：第一，是当时尚未找到比《尚书》成书更早的史料来佐证，反对者通常是直接推翻司马迁《史记》所述的史实。比较激进的有清代学者崔述和民国学者卫聚贤，特别是崔述在《丰镐考信录》上曾表示："大抵《史记》之言，皆难取信。"这未免言过其实。《左传》曾载："（鲁哀公十二年）夏五月，昭夫人孟子卒。昭公娶于吴，故不书姓。死不赴，故不称夫人。不反哭，故不言葬小君。孔子与吊，适季氏。季氏不絻，放绖而拜。"当时宗族同姓之间是不能婚配的，触犯礼教，故从侧面而言，吴国在民间是被广泛承认的姬姓国。《左传》中计有八处泰伯奔吴或吴为姬姓的记载。根据史学家顾颉刚《太伯至荆蛮为周人经营南土之始》的说法："疑吴始立国于江汉，其后迁于鄱阳湖滨，最后乃迁至无锡、苏州也。"[1]可见这种迁徙是分阶段性的。虽然学界对于具体的迁徙路线说法不一，但这场漫长迁徙的最终落脚点是江南。第二，否认泰伯奔吴的学者实质上是质疑在泰伯的时代江南流域比如苏州是否有高度发展的文明。而随着近年来考古发现的深入，表明早在新石器时代，吴地就有了高度发展的文明。比如2013年3月5日被列为第七批全国重点文物保护单位的苏州张家港市东山村遗址，在2024年发现

1. 顾颉刚：《苏州史志笔记》，江苏古籍出版社，1987，P14—15。

了崧泽文化晚期的大墓M125。该墓的发现，填补了环太湖流域崧泽文化晚期大墓的空白，为聚落的发展演变及社会发展程度的认识新增了重要资料[1]。同属江南流域的良渚文化，近年来经过考古发现证实已超越部落和部落联盟阶段，进入了国家形态，这也印证了中华5000年的文明不仅存在于黄河流域，在江南流域也同样源远流长。因而到了勾吴（即吴国）的时代，有了来自远古的深厚文明积淀，勾吴文明的程度自然较高。2024年11月22日，国家文物局在浙江举行了"考古中国"重大项目进展发布会，其中有一节题为《"古国时代"代表：江苏东山村和寺墩遗址》的报道："位于苏州张家港市的东山村遗址正在进行考古发掘工作，目前，已揭示出崧泽文化高等级墓地、大型房址、红烧土祭祀广场等重要遗迹，显示出社会已进入古国阶段，对深化'古国时代'认识、长江下游地区文明化进程及中华文明起源和形成具有非常重要的意义和价值。"[2]最近，苏州塘北遗址也有了重大的考古突破："塘北遗址发现的马桥文化、'后马桥文化'、西周、春秋时期遗存，比较完整地呈现了太湖东部地区青铜时代的文化发展序列，填补了这一时期的序列空白；其中'后马桥文化'时期，与'泰伯奔吴'时代相当，为探索吴、越文化的起源与形成，深化吴、越两国早期的历史发展脉络研究等提供了新的实证。"[3]第三，则是先前学界对"吴为周后说"的误读。苏州学者吴恩培曾对陈桥驿《吴越文化论丛》进行了辩证，大致意思是认为"吴为周后说"中的"吴"，是指勾吴的王室成员，并非包含泰伯南奔前就生活在江南的国民。泰伯、仲雍与西周部落的血缘联系，无法涵盖勾吴全体国民。况且，至今也没有任何记载可以说明勾吴全体国民系"周太王之后"[4]。

关于"泰伯三让"的历史考察

在殷商末期，周部落首领周太王古公亶父有三个出色的儿子：泰伯、仲雍、季历。季历的妻子太任诞下了一子名昌，他出生的那天，据说天生异象，有王者之气，故而深

1. 《江苏东山村遗址发现崧泽文化晚期高等级大型墓葬　进一步深化对"古国时代"的认识》，中国文物报（微信公众号）2024-11-25。
2. 《良渚遗址群家底基本摸清！"考古中国"最新进展发布》，央视一套（微信公众号）2024-11-23。
3. 《苏州考古重大发现》，姑苏晚报（微信公众号）2024-11-28。
4. 吴恩培：《泰伯与吴文化》，古吴轩出版社，2007，P55。

得古公亶父的喜爱，古公亶父甚至私下认为周部落的兴盛要依赖于昌。然而，根据当时王位嫡长子继承的传统，昌自然无法继承王位，因此古公亶父也陷入了矛盾之中。长子泰伯看出了父亲的心思，作为孝子，也乐于谦让，因而为了避免兄弟间的争斗，泰伯和弟弟仲雍商议之后，借着为父亲采药治病的名义，离开岐山下周族的发源地周原，开始了新的生活，最后迁到了江南荆蛮之地。这便是坊间盛传的泰伯奔吴的故事。古公亶父去世后，泰伯和仲雍皆在外地。故季历顺利继承了王位，这是泰伯第一次让位。其实泰伯奔吴不仅是一次家族的地理大迁徙，更是文化上的交融与传承。泰伯、仲雍不仅将中原地区先

司马迁《史记》[清乾隆四年(1739)武英殿校刻本]上的记载

进的文教知识和农耕技术带到江南，也融入当地的风俗，很快得到了当地人民的拥戴。他们的这种卓越才能和牺牲精神，为后来勾吴建国和江南地区的发展奠定了坚实基础。对于泰伯的第二、三次让位，史书在泰伯是否返回奔丧、推辞王位的原因等细节的记载上有差异。但总体而言，泰伯三让的史实真实性不容置疑。

对于泰伯三让的史籍异文对照表

史料记载	出处
"太王薨而季历立，一让也。季历薨而文王立，二让也。文王薨而武王立，遂有天下，三让也。"	［西汉］司马迁：《史记·吴太伯世家》
"太王有疾，太伯因适吴、越采药，太王薨而不返，季历为丧主，一让也；季历赴之，不来奔丧，二让也；免丧之后，遂断发文身，三让也。"	［南朝宋］范晔：《后汉书·孝和孝殇帝纪》
"古公卒，太伯、仲雍归，赴丧毕，还荆蛮。国民君而事之，自号为勾吴……古公病，将卒，令季历让国于太伯，而三让不受，故云'太伯三以天下让'。"	［东汉］赵晔：《吴越春秋·吴太伯传第一》

泰伯的一生，三让储君之位，一举建立勾吴国，可谓"三退一进"，是明事理、顾大局的体现。因而后世普遍认为泰伯不仅知进退，而且德行圆满，故称其为"至德"典范。《论语·泰伯》中盛赞泰伯"可谓至德也矣"，而太史公司马迁则把泰伯列为"世家"之首。如果我们从泰伯的人生轨迹来探讨，可以将泰伯精神文化的深层内涵归纳为以下的四点：礼让仁孝、清廉守信、躬耕为民、开拓进取。

泰伯家族后裔在吴地的族衍与历史名人

泰伯后裔在吴地大致有几支比较显赫的族衍。吴越争霸，越灭吴后，泰伯的后裔大多分散到外地，直到东汉永兴二年（154），郡守糜豹在阊门外建庙奉祀泰伯之后，其后裔才逐渐回迁至先辈的吴中故土。最早回迁的是南阳吴氏后裔，被汉光武帝刘秀封为大将军、舞阳侯的吴汉一支，具体为吴汉的曾孙、吴如胜的次子吴允承，当时他被封为奉祀侯，迁回了吴郡。但吴允承的后代在西晋灭东吴的战乱中遇害，所谓吴郡吴氏这一支的富贵鼎盛一时俱尽[1]。后来晋明帝为了笼络人心，派人寻访到泰伯正宗后裔吴皋孟，将其封为昭衍公。而吴皋孟长子吴佶的妻子恰好是晋成帝母亲明穆皇后的妹妹。凭借这种皇亲国戚的身份，吴佶官至中书令、进封渤海公，吴氏家族再次崛起，其后裔中衍生出山阴吴氏一脉[2]。

再谈谈在吴地较有影响力的几支吴姓。第一支是洞庭吴氏，系出季札[3]长孙濮婪之后，而季札是泰伯弟仲雍的第二十世孙，因泰伯庙同祀仲雍和季札（延陵季子），故洞庭吴氏可视为泰伯家族堂支后裔。苏州东山文史专家杨维忠在《季札后裔的东山之衍》中便谈道："苏州东山镇吴巷村口，有一座荒芜的小山丘，高不过二十米，占地约三百平方米，长满了茂密的茅草，秋黄春绿，岁岁枯荣。此山丘名濮公墩，村人讹称鹁鸪墩……据史料记载，濮公墩得名与春秋时濮婪有关。濮婪为季札长孙，吴国被灭后，他率族隐居太湖之武山（今东山吴巷村一带），耕读传家，商贾致富，保存了吴国贵族季札一支的正统血脉，繁衍生息，裔孙兴旺。如今濮公裔孙散居苏州、上海、浙江

---

1. 张学群等编著：《苏州名门望族》，广陵书社，2006，P127—128。
2. 同上，P128。
3. 季札，吴王寿梦第四子，吴太伯弟仲雍之二十世孙，吴王诸樊、余祭、余眜之弟。

等全国各地,在国外也多有分布。"[1]另外有史可考的是皋庑吴氏,这一支吴氏始于泰伯第五十九世孙、唐代歙县县令吴良。皋庑吴氏也出了不少名人,其中名气较大的有第十六世孙吴大澂,系清同治七年(1868)进士、金石学家。最为后人所津津乐道的是光绪十一年(1885),他赴吉林与俄使勘界,争回被侵占的珲春黑顶子地(今吉林敬信镇)。第十八世孙吴湖帆,则是享誉中外的画坛圣手。还有一支可考的是洞泾吴氏,系泰伯第八十八世孙吴镒的后裔。据《苏州名门望族》,具体为吴镒长子富兴的后裔。这一支到了泰伯第九十三世孙吴庸的时候因无子,故过继了外甥沈璿入嗣,沈璿改名吴璿,即洞泾吴氏的一世祖[2]。洞泾吴氏家族中出了不少名人,比如第十三世孙状元吴廷琛、第十四世孙状元吴钟骏、第十七世孙近代曲学泰斗吴梅(系吴钟骏曾孙)等,亦是一度家门显赫。而主管苏州泰伯庙奉祀的则是至德堂吴氏,系上文提及的泰伯第八十八世孙吴镒三子福兴的后裔。前文提及的吴朝鼎也是至德堂吴氏后人。

西方世界的泰伯书写

1875年来华的西人潘慎文(Alvin Pierson Parker)曾是存养书院、博习书院(皆为东吴大学,即苏州大学前身之一)的创办人,也是一位汉学家。他在《苏州历史摘录》中重构了泰伯迁吴及三让的故事:"亶父的长子和次子,即泰伯与仲雍,了解到他们父亲关于王位继承的考虑后,为避免可能出现的麻烦,决定离开自己的国家,这样就可以让最小的弟弟顺利继承王位。因此,有一次,趁着'古公'[3]生病之时,兄弟俩出去采药,乘机偷偷溜走,他们向南走了数百里,来到了长江以南一个叫作荆蛮的地方,并在那里定居了下来,也就是现在的常州的某处。泰伯和仲雍为当地人树立了榜样,并产生了积极的影响。在随后的纪念中,他们中很多人向这两位兄弟学习文明生活的技艺——耕种、造房、制衣等——后来,当地大部分居民,包括一千户的家庭,都同意让泰伯成为他们的统治者,而他们成立的国家就叫作勾吴,勾吴这个名字大概来自当地居民方言的发音。泰伯以梅里为首都,尽管梅里没有建造城墙,但防

---

1. 杨维忠:《季札后裔的东山之衍》,苏州市泰伯文化研究会:《泰伯文化研究》(辛丑集),古吴轩出版社,2021,P22。
2. 张学群等编著:《苏州名门望族》,广陵书社,2006,P132—137。
3. 即亶父。

御性很好……亶父弥留之际，希望泰伯仍然能够成为他的继承者，尽管此前他曾打算将王位传给季历。亶父因失去两个儿子而哀伤很久，他承诺只要泰伯归来，他就将王位传给泰伯。泰伯听闻他父亲去世，便返回家中协助办理丧事，季历将王位拱手让出，但泰伯并未接受。此后季历又两次将王位让给泰伯，但泰伯还是不肯接受，因此便有了'泰伯以天下三让'的说法。"[1]民国时期，侨居苏州的汉学家哈登（Robert Allen Haden）曾著有《苏州历史见闻》一书，其中亦重绎了泰伯三让的历史，书中谈道："亶父偏爱幼子季历，意欲传位于他。两位兄长得知父王意愿后，决定悄悄离家，远涉南方，以便幼弟顺利即位。过江后，他们来到号称'荆蛮'的地方，安顿下来。这就是今天的常州[2]他们传授当地人农耕、造房、作衣等技艺，就此赢得他们的信赖。泰伯被推为首领，建立王国，上千户人家归顺。按当地口音，该王国或封地被称为'勾吴'，都城梅里。"[3]

第二节　阊门西街的杏林文化

旧时的阊门西街店铺林立，其中较为著名的业态有两种，一种是医药，而另一种则为餐饮，以德元馆为代表。德元馆既是菜馆，亦为礼堂。民国时期，许多社会名流也常常出现在德元馆。比如1934年9月25日第6版《苏州明报》就记载董承庆（字朝麟）的寿宴，有其子作家董坚志登报。董承庆热衷于社会公益，比如阊四安泰救火会、北濠半济粥厂、山塘代赈会、山塘市民公社，皆为其一手操办[4]当时苏沪各界名流均有馈赠礼品，所到的各界来宾几近千人，此外还有公安局的军乐队、商团、救火会等

---

1. 潘慎文：《苏州历史摘录》（卞浩宇译），卞浩宇主编：《苏州外文文史料译编（第二辑）》，苏州大学出版社，2023，P57。
2. 当时无锡属常州府无锡县。
3. 哈登：《苏州历史见闻》（孟祥德译），卞浩宇主编：《苏州外文文史料译编（第一辑）》，苏州大学出版社，2022，P83。
4. 《苏州明报》（1934年9月19日）载录。

1934年9月19日《苏州明报》第7版关于董家寿宴的报道

阊门西街旧影（2002年姚轶群摄）

阊门西街集市旧影（苏州市地方志工作办公室提供）

1934年12月12日《申报》关于致柔拳社的报道

1934年9月21日《苏州明报》第4版关于董家寿宴的通告

列席。董家特地准备了镀金的寿星纪念章，每客赠送一枚，以留纪念。

2000年前后，阊门西街街口上尚有一品轩烧鸭专卖店，还有卤菜店等餐饮业态，建筑外观类似东中市的门面，屋檐上开老虎天窗，如今已无痕迹。此外，旧时阊门西街还有沈乾大酱园，较有名气。

但总体而言，阊门西街最具影响力的还是医药文化。下面将着重介绍阊门西街的医药文化。

阊门西街的医药业态，分为中医和西医。此街中医的代表有曹沧洲、金昭文、程思白、叶小峰、叶孝维、倪慎安，还有药商方德卿，将在下面的章节中详细介绍。西医的代表则是余生佳。他在阊门西街张广桥塃创办持德医院，如今医院的部分旧址犹存。据1934年12月12日《申报》第8版，致柔拳社苏州分社也曾设在持德医院内。此外，余生佳故居洋楼也坐落在阊门西街，与阊门西街的曹沧洲故居一样，成为地标性建筑。

曹沧洲家族漫谈

歙县曹氏家族是名满姑苏的中医世家，世代行医。曹家原是宋武惠王曹彬的后代，到十世祖曹春楼那一代，世居安徽歙县。明末清初有歙县庠生曹侍楼，始迁苏。曹氏家族的族人热衷科举，曹沧洲的两个兄弟就是进士、翰林院编修。从曹沧洲的曾祖父曹炯开始，曹家便踏上了从医之路。自曹沧洲祖父曹云洲那一代人始，曹家在吴中便以行医为业。曹云洲名维坤，字云洲，素精岐黄之术，为吴中名医。而曹沧洲的父亲曹承洲，以精理内科方脉兼治痈疽等症而众口交誉，名冠吴中。曹承洲（1837—1895），名毓俊，字锦涛，同治甲戌（1874）科考取汉誊录。至曹沧洲一代更是医名益隆，门庭若市。他秉承家学，悬壶济世，两次入京分别为光绪帝、慈禧太后出诊，名声大起。曹沧洲（1849—1931），名元恒，字智涵，沧洲为其医号，晚号兰雪老人，又号兰叟，清末吴县人。名医曹云洲孙，承洲子，春洲（名毓秀）侄，居苏州阊门西街。相传慈禧太后有一次生病，当时布政使朱之榛拟代为奏请邓星伯征召为御医。然因宫内陋习甚多，邓氏辞却，转荐世医曹沧洲进京。传说曹沧洲未用上好良药，单开了一味草头药，只写了五个大字"萝卜籽三钱"，就治好了慈禧太后的病，由此一举成名。曹沧洲有子三人，长子曹南笙、次子曹黼侯、幼子曹融甫，皆行医，辈分上是岳字辈。同是岳字辈的行医者还有曹沧洲胞弟曹福元的次子曹惕寅。曹家凤字辈从医者有曹黼侯之子曹鸣高（曾就职于江苏省中医院）、曹仲和（曾就职于大连医学院，即大连医科大学前身），以及曹惕寅之子曹君健（曾就职于上海市静安区中心医院）等。此外，凤字辈后还有文字辈，主要代表为曹鸣高长子曹起龙，系北京协和医学院医学博士。曹沧洲家族中除了家传医学外，也有不少成员从政及涉足教育、建筑等行业。比如出仕者有曹沧洲胞弟曹福元。曹福元原名元焱，字再韩，号邃庵，曾住在苏州城阊门内泰伯庙桥下塘。他在科举上取得了很好的成绩，先后为优贡、举人，直到清光绪九年（1883）

得中进士,改翰林院庶吉士。清光绪二十八年,曹福元任山西主考官,后历官河南开归陈许道、署河南布政使、护理河南巡抚。本书从略介绍。

苏州阆门曹氏家族情况简表

姓名	医号	生平	字辈	关系	主要著述
曹炯		行医			
曹维坤	云洲	监生,候选知县,内阁中书,精于内科方脉		曹炯子	《曹氏平远楼秘方》《吴医方案》
曹毓俊	承洲	举人,候选知县,两宜公所经董,行医	毓字辈	曹维坤长子	《江苏艺文志》载其有《史论》一编
曹毓秀	春洲	生员,行医	毓字辈	曹维坤次子	《桐华馆诗集》《雪蕉轩词集》
曹毓英		举人,候补知府	毓字辈	曹维坤幼子	
曹元恒	沧洲	金阆市民公社名誉社董,行医	元字辈	曹毓俊长子	《御医请脉详志》《御医曹沧洲医案》
曹元葵(后改名福元)		进士,翰林院编修,出仕	元字辈	曹沧洲胞弟	《花尊交辉阁集》
曹元弼		进士,翰林院编修,江苏存古学堂经学总教	元字辈	曹沧洲胞弟	《复礼堂文集》《周易郑氏注笺释》《大学通义》等
曹南笙		行医,中年早逝	岳字辈	曹沧洲长子	
曹麟侯		秀才,苏州国医学社讲师,吴县国医会研究主任,行医	岳字辈	曹沧洲次子	
曹融甫		行医	岳字辈	曹沧洲幼子	
曹崧乔		监生,外交随员,补用知府,居士	岳字辈	曹福元长子	
曹惕寅		居士,行医	岳字辈	曹福元次子	
曹鸣高		江苏省中医院内科主任医师兼南京中医学院(南京中医药大学前身)教授	凤字辈	曹麟侯长子	
曹仲和		大连医学院中医教研组主任,副教授,主任医师	凤字辈	曹麟侯次子	
曹君健		上海宏仁医院(上海交通大学附属医院前身)、上海市第二劳工医院(上海市杨浦区中心医院前身)、上海市静安区中心医院门诊医师	凤字辈	曹惕寅子	

参考资料为夏冰:《儒医世家话曹氏》,载录于《苏州名门望族》,广陵书社,2006,P477—485。

　　由上表可知,曹沧洲的曾祖父曹炯、祖父曹云洲、父亲曹承洲和叔父曹春洲皆行医。以下对于曹沧洲祖父、父亲、子辈(岳字辈)中行医的代表人物进行择要介绍。

曹沧洲祖父：曹云洲

曹云洲，名维坤，字云洲，吴县人。曹炯子，曹承洲父，曹沧洲祖父。监生，候选知县，内阁中书。家有平远楼，好藏书。精于内科方脉，为吴中名医。同治十二年（1873）辑成《曹氏平远楼秘方》。著有《吴医方案》。

曹沧洲父亲：曹承洲

曹承洲，名毓俊，字镜孙，号锦涛，医号承洲，吴县人。曹云洲长子，曹沧洲父。清同治六年（1867）举人。十三年考取国史馆誊录，为候选知县，推举为两宜公所经董。咸丰十年（1860）太平军破苏州时，奉父避居宁波，曾襄船捐局事，救数千人。

曹沧洲直系子孙后裔中的行医者：曹黼侯、曹鸣高、曹仲和

曹黼侯，曹沧洲次子，字岳祐，秀才，从父学医，曾任苏州国医学社讲师、吴县国医会研究主任。今苏州瓣莲巷曹沧洲祠的房屋便是曹黼侯的故居，后由其子曹鸣高居住。

曹鸣高（1907—1985），中医教育专家。自幼从其祖父曹沧洲、父亲曹黼侯、伯父曹南笙临证习医，承其家学，17岁悬壶。新中国成立后，历任苏州市中医门诊所所长、江苏省中医院内科副主任、江苏省中医学校（南京中医药大学前身）讲师、南京中医学院内科教研室主任、全国中医学院二版统编教材编审委员、国家科委中医药组成员。曹鸣高从医60余年，临床经验丰富，学术造诣深厚。精通医理，务实求深。临诊治病，慎思详察，辨证确切，遣方用药，简要洗炼，尤在肺系疾病和调理脾胃有独到之处。著有《吴门曹氏三代医验集》等。

曹鸣高像

曹鸣高胞弟曹仲和曾是大连市中医医院的主任医师，他的夫人雷传桂则是雷允上家族后人。曹仲和（1910—1990），名凤钧，号心渊。曹黼侯子，曹鸣高胞弟，历任大连医学院中医教研组主任、副教授，中国中西医结合研究会急腹症专题委员会顾问。1958年创制胆道排石汤等方剂，为中西医结合治疗胆结石奠定了基础。

阊门西街曹沧洲故居

　　曹沧洲故居,即务本堂,位于苏州姑苏区桃花坞历史街区阊门西街59、61号,分正路、北路两部分,占地面积约3600平方米。正路坐西朝东,现存大厅及两进堂楼。大厅面阔三间11.5米,进深六檩12米,梁架扁作,前有双翻轩。北路为三个南向并列的庭院,都以楼房为主。宅南原有小园,今已废。2003年8月1日,曹沧洲故居被列为苏州市第一批控制保护建筑。

阊门西街其他中医名家

　　阊门西街旧时有许多杏林名家,以方家和程家最为出名。养和堂药铺的开设者是苏州宋仙洲巷的方德卿,在1933年10月31日《苏州明报》第2版上有过报道。方德卿与朱伯年二人合伙,于1927年在阊门西街南口开设养和堂药铺。二人原来考虑其店铺

阊门西街曹氏医方　曹沧洲医方(古抄本书影)　《御医曹沧洲医案》书影　改造更新后的阊门西街曹沧洲故居(其一)

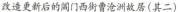

改造更新后的阊门西街曹沧洲故居(其二)

改造更新后的阊门西街曹沧洲故居(其三)

的北首已有曹沧洲之子曹黻侯的诊所，还有儿科金昭文的诊所，可以借助曹家的影响力，吸引客流。然而因为当时开设养和堂药铺时，附近已有高益寿（在东中市）及乐寿堂（在西中市）等老店，再加上养和堂药铺的资金短缺，所以无法打开局面，日久经营难以为继，在1929年时就歇业了。

　　再来说说阊门西街的金氏，也是响当当的名字。金昭文（1892—1965）是中医儿科名家，尤擅长治疗小儿呼吸道、消化道疾病。金家的先祖为徽州歙县杏林世家，到了清代咸丰年间，其高祖父金孝文为躲避战乱，由歙县迁居到了苏州，在阊门西街悬壶济世。然后又传到其子金耀文的手中。而金昭文在14岁时便随其祖父金耀文、父亲金浩文学医，此后在苏州行医50余年，金氏儿科声名远播。其弟金绍文亦从医。1932年4月15日《苏州明报》第2版上刊载关于金昭文弟金绍文布种牛痘的启事。金昭文曾创制"羚珠散"并由雷允上制药厂投产，以其退热、镇惊、清热解毒的卓著功效为患者接受。此外，金昭文亦擅长于痧疹、急慢惊风、疳积诸证，曾应周恩来总理之邀就职于北京西苑医院，任小儿科主任，后来调回苏州市中医院工作。金氏儿科继承了吴门医派代表人物叶天士的部分学术思想，并弘扬光大。金氏儿科现已传到第6代嫡传后人、苏州市中医院的金传相手中。金传相擅长治疗小儿痧、痘、咳嗽、哮喘、支气管炎、肺炎、小儿

1933年10月31日《苏州明报》第2版上关于方德卿在阊门西街开设养和堂的记载

《金耀文医案》（载录于《吴县医学杂志》1927年第2期）

1932年10月25日《时事新报》（上海）第10版上关于名医金昭文至沪上分诊的报道

金绍文启事

1934年6月14日《苏州明报》第5版上关于中医公会改选的报道　　1937年5月18日《苏州明报》第7版上关于卫生五分会议事的记载

盗汗、厌食、肠炎、便秘、急慢性鼻炎、咽炎等。他针对小儿起病迅速、禀赋稚嫩的特点，用药轻灵，药味精炼，颇受当地老百姓推崇。

1934年6月14日《苏州明报》第5版上刊登了《中医公会改选定期召集全省中医在苏开会》的报道，讨论检定中医的对策。到场的吴门名医有顾允若、顾福如、经绶章、钱伯煊、金昭文、侯锡蕃等人。其中金昭文、钱伯煊等被选为候监。1937年5月18日《苏州明报》第7版上曾刊登卫生第五分会函聘余生佳、金昭文、叶洪钧三位医士担任种痘的事宜。

再来谈谈伤寒内科名医程思白，他是吴中名医顾允若和侯子然的入室弟子[1]。程思白曾设诊所于黄鹂坊桥及山塘杨安弄北口，1935年7月他又将诊所迁入阊门西街42号（民国旧门牌），这在1935年7月24日《吴县晶报》上曾有过报道。程思白的儿子是小说家、剧作家程彼德。坊间耆旧谈到程思白，最为世人所知的是红豆的故事，当时轰动一时。

1934年，程思白路过明光眼镜公司，看见柜台里有俞友清寄售的红豆。一看之下，他非常诧异，这不是把铁树子冒充红豆骗人吗？于是回家以后，他就写了一篇文章《红豆》，并且投寄到了《苏州明报》的副刊《明晶》上。当时的主编范烟桥立马刊登了这篇署名为"思白"的文章，刊载的日期是1934年11月29日。程思白的大致意思

1.《苏州明报》（1935年8月8日第7版）载录。

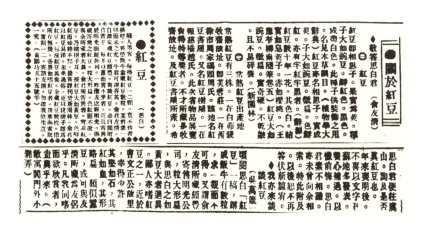

程思白《红豆》与俞友清《关于红豆：敬答思白君》（分别刊登于1934年11月29日、12月2日《苏州明报》）

1934年12月11日《苏州明报》第3版上关于患者感谢程思白的记载

1935年7月24日《吴县晶报》上关于程思白诊所迁址的记载

是：最近俞友清老在夸口他家藏有红豆，频频提及赠送一事，结果总是口惠而实不至。我亲眼看见，他不仅在贩卖红豆，而且所售的这些红豆看着扁大，颜色虽红却不鲜艳，实为铁树子冒充，与我所知的正宗红豆迥异，故请诸位勿上当受骗。我也珍藏了若干红豆，虽数量有限，但若有人倾心喜欢，我乐意免费分享。

请俞友清不要误会，我并非争利，只是愿将真品红豆赠予爱者。程思白的这篇文章发表了四天后俞友清果然也看到了，并在1934年12月2日《苏州明报》第8版也刊出了一篇针锋相对的回应文章《关于红豆：敬答思白君》，一场关于红豆的文人争讼由此展开。争讼的焦点其实是程思白认为俞友清所展示的是铁树子，不是红豆，因为明光眼镜公司所寄售的品种"粒大形扁，色红而不殷"。俞友清则回应认为红豆的颜色有鲜红色，也有黑色，并引用了《植物学大辞典》词条："红豆即相思子。果实为荚。种子大如豌豆，鲜红色、黑色、或带白色。此种子供装饰之用。名见《本草纲目》。"并

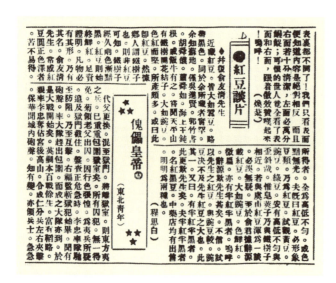

1934年12月5日《苏州明报》第8版上关于红豆之争的报道

援引《词源》词条："色鲜红。亦有半红半黑者。"俞友清在其后的文章中又谈道："常熟红豆有三株，一在白茅钱牧斋故址，即芙蓉庄；一在西徐市周家码头周氏，该地名红豆书屋，又名红豆树屋；一在报慈桥赵氏，此次省物品展览会得特等奖者。不才所藏是牧斋故址及红豆书屋所产。希思白君便往虞山，询及是否真红豆也。"而三天后，也就是同月5日，程思白在《苏州明报》上又回复了俞友清，表明了自己的看法，依旧把俞的红豆视为铁树子："铁树子经久则色渐黯黑，红豆则始终鲜红，足资证明。"此外，程思白也提出："夫半红半黑者，名红黑豆，中药店均有出售。明明为两种也。"这场看似无聊的辩论却引发了越来越多的文人的关注，特别是国学大师章太炎和金松岑亦对此发表评论。章太炎称"红豆生于南国"，而金松岑对此也颇感兴趣，为了辨明苏、皖、浙红豆之异，他竟亲自去程思白家一探究竟，看看红豆与铁树子究竟有啥区别。当时办报的范烟桥以"含凉生"为笔名，发表了一篇《诗人访红豆记》。金松岑看过程思白家的红豆后，认为红豆应分为虞山红豆与歙县红豆两种，前者扁圆如扁豆，苏州、江阴、吴江等属之；后者浑圆如黄豆，嵊县、广州等属之。金

1934年12月4日《苏州明报》第8版上关于金松岑介入红豆记事件余后的报道

1934年12月14日《苏州明报》第8版上关于红豆案的后续报道

松岑后来接受他人询问，又表示红豆树有常绿和落叶两种。虞山红豆为落叶，歙县红豆则常绿。到金松岑去看望程思白的时候，程家只剩下两颗红豆了，其余都已经送了人，金松岑发现红豆不止一个品种，确与俞友清的红豆有所不同。程家红豆状如黄豆，而俞家的则是扁豆状，可见不是一个品种。金松岑名气很响，自然也引起了俞友清的关注，本不想继续这桩辩论的俞友清在给程思白科普红豆知识后，又和金松岑有了一番讨论。他拜访了金松岑，并送上了自己的虞山红豆以供验证。金松岑还特地联系苏州中学校长吴子修，吴子修是植物学家。因而红豆事件继续发酵。范烟桥则总结为程思白所言的"铁树"，即常绿树，其树叶为针状，但不结果子。但程思白则坚持认为买卖红豆就是在辱没红豆，于是又写了稿子。后来金松岑看了吴子修的鉴定后，认为俞友清的红豆并非铁树子，后来俞友清的红豆又得了奖，这场在《苏州明报》上所连载的红豆讼案才告一段落。

此外，阊门西街的中医名家，还有叶家和倪家。叶家代表是中医内科的叶小峰、叶孝维父子。叶家在阊门西街行医的历史始于20世纪20年代初，诊所设在阊门西街17号（旧门牌），坐西朝东。叶小峰医生去世时，曾有人冒用其名开办诊所，因而其子叶孝维曾在报纸上刊登澄清事实[1]。吴县中医公会成立选举委员时，叶小峰与金昭文等皆以候补身份当选[2]。倪家代表则是中医儿科医生倪慎安（字叔衡）。倪家可谓是亦医亦贾。话说倪慎安的父亲倪松坡原是肉店伙计，善于经营，后来从商人陆炜手中买下

1.《苏州明报》（1932年5月16日第2版）载录。
2.《苏州明报》（1932年5月16日第2版）载录。

阊门吊桥堍"杜家老三珍"的店招及店中家什后又扩大经营,陆续开设了皋桥陆稿荐、醋坊桥大房陆稿荐、阊门吊桥老三珍、临顿路老协兴等4家肉店。1920年,倪松坡又将老三珍交给儿子倪慎安,并将老三珍改名为杜三珍。倪慎安曾担任城厢屠宰税征收主任[1]。1931年4月17日《苏州明报》第2版曾谈到倪慎安为人和蔼可亲,彬彬有礼,由此,在倪家的身上可看出旧时医药文化和餐饮文化在阊门西街的交融。

1931年4月17日《苏州明报》第2版上关于倪慎安为人的记载

第三节　民国时期阊门西街商市概览

店铺名称	门牌号	店铺名称	门牌号
瑞昌香烟店	1号	帽店	12-1号
泰义昌烟店	2号	新华斋纸札店	12-2号
新源祥棺木店	3号	仙宫理发店	13号
天成米店	4号	杨铜兴打铜店	14号
顾顺记鼓钉店	5号	蔡顺兴伞店	15号
盛记面馆	6号	老大兴水磨年糕店(祥元粮店)	17号
生昌白铁店	7号	葛万隆板箱店	21号
锦昌丝线店	10号	摇丝店	22号
杨同兴锡作	10-1号	香烟店	24号
石记箍桶店	11号	叶永年棺木店	25号
三友鞋店	26号	洪昌电器店	51号

1.《苏州明报》(1932年5月16日第2版)载录。

续表

店铺名称	门牌号	店铺名称	门牌号
王洪记明角灯店	27号	泰和昌漆盘店	58号
余记锡箔店	29号	稻香村糖果店	60号
如来旧货店	30号	丁全昌糖果店	64号
天禄斋茶食店	31号	葆大生面店	65号
祥发记牙刷店	33号	徐福记豆腐店	71号
增昌洗染店	35号	华盛理发店	73号
大康印刷所	42号	徐源泰豆腐店	76号
杨政印扇庄	44号	时瑞记帽店	77号
同复泰伞店	45号	杨政记帽店	79号
时瑞记扇店	46号	韦兴饼店	81号
振丰玻璃店	47号	孙福源菜馆	82号
恒裕明匠店	48号	朱宏兴泡钉店	84号
双龙标伞店	49号	品香村糖果店	85号
红记理发店	50号	朱义兴机面店	87号
福太和煤炭店	55号		

以上据苏州市地方志工作办公室馆藏文献整理汇总。

第四节　西医名家余生佳

余生佳（1893—1969），号君勉，祖籍婺源（今属江西上饶）北乡沱川，出生于上海城西惠顺里。余生佳的父亲余厚卿从徽州迁居沪上，以裱画为生，曾在上海五马路锦润堂笺扇店当学徒，后来得友人襄助，又在山东路开设一经堂笺扇店谋生。1909年，余生佳毕业于上海龙门师范学堂附属小学堂（上海徐汇区上海小学前身），1911年毕业于江南高等实业学堂附属实科中学。辛亥革命爆发后，余生佳坐船去武汉，意欲投身北伐革命。1912年秋，余生佳又考入浙江医学专门学校（浙江大学医学院前身），1913年转入国立北京医学专门学校（北京大学医学部前身），至1917年毕业。在北京读书期间，余生佳掌握了英、德、日三国语言。大通转运公司总经理、住在苏州桃花坞老虹村的洪少圃的如夫人得了子宫癌，洪少圃曾至沪上请余生佳来医治，取得一定疗效,延长了病人的寿命。洪对此大为感激,赠以酬金五百元,并通过商会借出了一笔钱给余生佳。余生佳用这笔款项在阊门内混堂弄租房,创设树德医院。后来余生佳又兼任湖州吴兴病院(湖州市第一人民医院前身)院长。这其中还有一段渊源。湖州商人金丽生罹患焦虑症,遍寻京沪名医医治无效,后在余生佳的医治下取得疗效。金丽生是吴兴病院的投资者,因而吴兴病院创设后,余生佳便收到了金丽生的邀请。当时余生佳每月两次赴吴兴病院指导业务、招聘和训练医务人员。1924年,余生佳在阊门下塘张广桥堍购地,创设了持德医院,并自任院长,之后逐年增加投入扩大医院规模。持德医院当年的门楣上曾悬挂"持之以德"匾额,这也是医院名字的由来。

1930年2月12日《大光明》上的《持德医院通告》

持德高级助产职业学校旧址今貌(门楣依稀可见"欢乐"二字)

1927年,余生佳自费赴欧洲留学,在德国图宾根大学妇科病院临床实习。1928年又入奥地利维也纳大学研究院深造。这段时间,余生佳对神经内科产生了兴趣,他的学术研究逐渐从妇科转移到神经内科上来。1930年,他在维也纳大学获得内科医学博士学位后回国。回国时,余生佳从欧洲带回X光机、透热机等当时在中国尚属稀罕的先进医疗设备,因而持德医院名声大噪。1933年,持德医院开办了学制三年的持德高级助产职业学校,余生佳自任校长,校址在今阊门内下塘190号,此地旧称张广桥下塘。当时学校的校董有李根源、顾月槎等。这所助产学校培养出了一批医护人员,其中许多人取得了开业的医师执照。此外,余生佳还兼任苏州圣公会天恩堂社正、苏州基

1935年9月1日《苏州明报》第5版上的持德高级助产职业学校招生广告

督教青年会会长等职。1937年，余生佳投身抗战，在苏州组建红十字医院，并担任总院的院长。这个红十字医院包括了持德、博习、福音、更生、吴县县立等各大医院，收治了大批淞沪会战前线的伤病员。苏州沦陷后，余生佳返沪行医，曾任上海第一难民救济院医务主任。在沪期间，他曾严词拒绝汪伪政府的邀请，并回绝道："任劳应再任怨，幸毋忘我辈是皇汉子孙。"1945年，抗战胜利后，余生佳返回苏州，重建持德医院。1947年，余生佳出任苏州医师会理事长、参议员，并开始筹办精神专科医院。1952年，余生佳出任苏州四摆渡的苏南康复医院院长。当时正值抗美援朝，余生佳毫不犹豫地把经营多年的持德医院也捐给了国家，作为康复医院的一部分，收治志愿军结核病人及精神病人。1958年苏南康复医院集体转业，改名为苏州精神病院，余生佳被任命为院长。他还兼任中华医学会苏州分会理事长及苏州中华圣公会董事长。余生佳在学术上不断探索，提出了许多超前的观点。余生佳为人诚恳，关心医院职工的疾苦，获得了广泛的赞誉。他曾当选为苏州市第一、二届人大代表，历届市政协代表。医药界著名人士如顾唯诚、张昌社、黄季陶、段宝琪等内、外科医师，以及孔鸿芝、曹亚英等妇产科医师均系他的门生。此外，余生佳晚年为了研究先进的医学，还自学俄语。1969年1月31日，余生佳因糖尿病恶化辞世，享年78岁。

余生佳自述

余生佳医生的文稿在20世纪60年代间散失，惟存自述手稿，记录其1893—1947年间的经历。此自述由余生佳之子余志正先生收藏并热心提供。在《余生佳自述》中，余生佳讲述了幼年的家世。1893年1月21日，余生佳出生于上海城西（当时为法租界惠顺里）。他的父亲叫余厚卿，婺源县北乡沱川人。其母陈氏，系上海县浦东（今上海浦东新区）陈家堰人。余生佳为幼子，上面有五个兄长，长兄生贶，二兄生申，三兄生规, 四兄生谌, 五兄生均, 还有一个妹妹生敏。余生佳的母亲曾说幼年的余生佳多病, 在2岁至3岁时, 患病几殆, 得其父余厚卿三日三夜不眠, 拥抱看护, 始得转危渐愈。5岁时, 余生佳开始识字。9岁时, 他的四兄余生谌、五兄余生均上京, 在私立学堂读书。11岁时, 他的父亲余厚卿创设一经堂笺扇店, 其二兄余生申则在店里担任助理。余生佳也曾写给侄女余志善一份家书, 在这份沉甸甸的家书中, 详细讲述了余家的家世, 其中谈到其父余厚卿:"出生婺源北乡沱川, 老家务农, 产茶。家庭经济困难, 所以未成年即到上海, 在笺扇店锦润堂为学徒, 期满为店员。后得友人之助, 自设笺扇店一经堂, 范围狭小, 收入甚微, 只能勉强维持家庭生活。祖父原配祖母生大伯父睨, 尝参加科举, 考进为秀才, 中年去世。生子二人, 即汝大哥志红, 现在徐汇中学为教员;次子志煌, 尝任婺源县卫生院院长, 现任屯溪国营制茶厂厂医。汝二伯名生申, 亦业笺扇, 中年逝世, 生子一人即汝三哥志清, 现在常熟市第四联合诊所任化验员。汝三伯生规, 年长未及结婚即去世。祖父继娶续弦陈老太, 亦生子三人, 即汝父生谌, 系祖父的第四子。后又生一女, 年幼即去世。汝六叔生钧为祖父第五子, 尝任陇海铁路郑州材料科科长, 早年去世。生子两人, 即汝四哥志华, 现任苏州市卫生局局长。汝五哥志雄, 现任上海任利中厂经理。予为汝祖父的幼子。其次祖母又生一女, 即汝姑母生敏, 现寡居。我们的家庭人口多, 祖父的经济收入低下, 所以汝父及六叔皆不及修毕中学即参加工作, 谋得少数酬金, 以补家用。"[1]

据余生佳自述, 当时他自己亦在其父的扇店中生活。幼年的余生佳渴望读书, 但因家境贫寒, 未能上学。15岁时(1906年), 他的四兄余生谌任事电报局, 家境有所改善, 因而其父应允余生佳入学, 在上海龙门师范学堂附属小学堂高小一年级就学。18岁时(1909年), 余生佳毕业。在高小4年的8个学期中, 余生佳每期考试均名列第一。余生佳的老师、当时附属小学堂主任杨月如先生曾对他有"好学不倦"的奖语。在第4年的暑期, 余生佳自修代数及中学物理, 并于19岁时(1910年)考入江南高等实业学堂预科。到了1911年, 辛亥革命爆发, 当时是热血青年的余生佳做出了人生中的一个重要决定, 去武汉投身北伐革命。《余生佳自述》言:"此为辛亥年秋, 武昌举革命

1. 余生佳致余志善的信函(1955年11月5日), 余志正提供。

旗，予以同情革命宗旨，乃将铺盖及书笈交庄三生同学带回家，并修书致双亲，请捐予民族牺牲，乃只身登轮船赴鄂。登船则见湘籍同学常纹君、鄂籍同学焦矩孝君，乃同行抵武昌。时战事正烈，而北军已攻抵大智力车站，武昌城内秩序已甚混乱，拟投军，访问数次，皆不得要领（当时有学生军、集贤馆等，组织皆未健全）。居鄂两月余，偕湘军代表黎剀等结合反沪，时南京方光复，乃同赴宁以图昔展。惜黎剀等宗旨似非纯正，乃脱离返家。"1912年1月28日，江南高等实业学堂授予余生佳附属实科中学五学年毕业最优等文凭。而这一年春天，余生佳入江阴南菁特班学习半年，秋天考入浙江医学专门学校。1913年秋，余生佳又转入国立北京医学专门学校，并于1917年夏天毕业于该校。1917年余生佳为大通转运公司总经理洪少圃的如夫人看病。余生佳在自述中谈道："中华民国六年夏，医校毕业，即应洪少圃先生之召赴苏州诊治其夫人。此秋，租同瓦屋（在阊门泰伯庙桥混堂弄）创设树德医院。初予之到苏为洪氏疗治疾病，苏城全无熟识者，而设医院之际，洪氏应矜曰经费届时予以援助，故院名由洪少圃先生定为'树德医院'，'树德'者，洪氏堂名也。"1923年，余生佳又在自述中谈道："购置张广桥下塘吴家墙门宅基及旧屋一所（当时予以六年劳力所得，稍有储蓄（约数千元），再借沈和声及贝侣英两友数千元合成万元，乃如愿购成）。"这所医院便是余生佳倾注了大半辈子心血的持德医院，但起初医院依旧是上述的旧名，而改名则是后来的事。1923年，余生佳在自述中写道："予由病家金丽生先生之委托，代为计划在浙江吴兴县创立吴兴病院，并有该院董之聘，任名誉院长，每月去一二次，视察院务，代聘徐古史、朱履中两医师分任内外科，谢天恩任调剂，期年后，因浙江内战，路途阻隔乃辞职。"而据《余生佳自述》："1924（民国十三年）春，修建院屋，改名'持德'，盖洪氏因业务繁忙，金济[1]不裕，无能相助。由予及洪少圃出同具名，申请政府结束树德医院名义，而予以业务便利计而定名'持德医院'，实则'树德'之改'持德'犹'刘园'之易名为'留园'，其意相似也。"1927年，余生佳赴德国进修，他在这一年的自述中谈道："1927（民国十六年），赴欧进修，到德国图宾根大学妇科病院任义务医师。"而在1928年的自述中，余生佳则称："正月离图宾根大学，赴奥国进维也纳大

---

1. 手稿原文为"金济"，可能意为"经济"。

余生佳获赠的匾额（余志正先生提供）

学研究院，秋以家人催促返国继续经营持德医院。"1932年，余生佳在自述中谈道："1932秋，创办持德助产学校，任校长。"1937年，余生佳在自述中又谈道："1937（民国廿六年）夏抗日年内，受苏州红十字会之委任苏州红十字分会总医院院长。冬，苏城沦陷，予及家族隐居东山翁巷。"而余生佳在1938年的自述中则谈道："迁居上海江苏路中一村，开业。"1945年抗战胜利，余生佳回苏，他在自述中谈及正在设法收复被侵占的持德医院房舍："秋，抗战胜利，予以院屋被占，往来苏申，设法收复。"1946年，余生佳在自述中又谈到苏州的持德医院："春，院屋全部收转，院务恢复。"1947年，余生佳在自述中又谈道："予由钱梓楚君之推，首任吴县参议员。"钱梓楚（1889—1951），名鼎，字梓楚，苏州葑门外郭巷尹山湖东北岸小牛桥村（后名浮桥村）人。其父钱嘉谟（字远甫）是一位秀才，曾在苏州城内中张家巷2号购置宅院，其中第三进称"爱日堂"。到了钱梓楚这一代，钱家不仅在地租和代收租米方面有所收益，还参股实业、开办律所。钱梓楚曾是苏州电气公司创办人之一，又是中国红十字会吴县分会议事长，是当时有名的乡绅。

口述访谈

口述人：余志正（余生佳之子）
访谈时间：2024年12月18日
口述地点：官渎里余宅

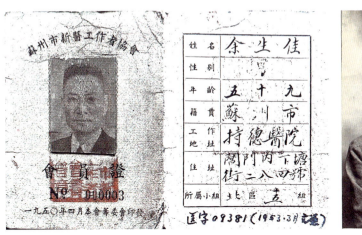

苏州市新医工作者协会会员证（余志正先生提供）　　　　　余生佳医生像（余志正先生提供）

问：余老师您好，能和我们谈谈您父亲大概的情况吗？

答：我父亲是余生佳医生，字君勉。他曾经是中国医科大学第一届毕业生，这个学校原来在浙江，后来并到了北京。父亲也曾去德国进修，在德国图宾根大学的妇科病院里做义务医生，后来去了奥地利，起初是学妇科的，后来对神经内科感兴趣，发现有不少问题是可以研究的，于是便转移到研究精神病上来。记得我父亲说过，精神病是社会疾病，有一定生理基础。精神病不是单靠药物，要以精神上解决。我还记得父亲解剖鸡、猪等动物的脑，想要找到精神病的物理病灶。但可能是因为观念超前，当时开会受到了批评。20世纪60年代，父亲的手稿又被付之一炬。我父亲创立了持德医院，他自任院长，当时他还是桃坞中学的校医，在圣公会里面也担任职务。当时他还开办了培训学校，也就是持德助产学校。记得新中国成立后医师评级，博习医院的陈王善继是一等一级，而一等二级中就有我父亲，还有钱伯煊。20世纪50年代，持德医院变成了康复医院，后来他曾经同时担任三所康复医院的院长，往返于上海、镇江、苏州，基本上都在扒着火车皮往返，很辛苦。我母亲也曾是康复医院的护士长。

问：余生佳医生是创立持德医院后再出国进修深造的？

答：是的，他办了一段时间医院后有了点积蓄，拿到了第一桶金，之后再出国进修，拿到医学博士后回来继续开办持德医院。

问: 能和我们谈谈余生佳的家世情况吗?

答: 我的爷爷是安徽婺源(当时)北乡沱川的,到上海去开办裱画的作坊及经营扇子的小本生意。那时家境贫寒,起初我父亲并无条件读书,直到我四伯伯工作以后,贴补家用,我父亲才有机会去读书。我父亲很聪慧,他读书的时候一直是头等生,而且很专研,因而读书时能跳级,总之成绩一直是名列前茅。我父亲有两任妻子,前一任,也就是我们的前妈应丽娟,生了一女二子,但两个儿子俱早殇,而女儿也就是我们的大阿姐。我母亲曹亚英是我父亲的续弦,共生了二子一女。我母亲生我的时候42岁,我父亲那时候已经56岁,所以我在家族里年龄较小,但辈分大。我父亲一辈子奉公守法,循规蹈矩,因而给我们几个孩子起名也是如此,给我哥取名志成,给我取名志正,给我姐取名志芳,合起来就是"成、方、正"(谐音),这也是父亲的殷切期望。1965年冬季,母亲生日(农历十一月廿一日)。那年我姐刚赴新疆支边,父母亲思女心切,在母亲生日由钟医生摄下此照寄给我姐,原件还在我姐处。

应丽娟像(余志正先生提供)　1965年冬余生佳、曹亚英夫妇合影于老宅(钟礼康医生摄,余志正先生提供)

问: 能和我们谈谈持德医院的情况吗?

答: 说起这个医院的来历,要谈到现在桃花坞老虹村的商人洪少圃。当时洪少圃的如夫人得了子宫癌,洪少圃请我父亲去看病。虽然那个病难以根治,但经过我父亲的诊疗,病情大为缓解。洪少圃因此感激我父亲,后来借了一笔钱给我父亲,让我父亲能够在桃花坞的混堂弄租房开办了医院。这条弄堂就在现在五峰园弄附近,地名已经消

洪少圃圖像

失。我父亲就就业业，医院开办后有了起色，他又在德国、奥地利进修，拿到医学博士学位后回到苏州，继续开办持德医院。这个医院面积很大，前门所在是阊门内下塘张广桥堍，原来那里曾是吴家墙门宅基，这在父亲的自述中已经提及。我们的洋楼是在后面，前面都是持德医院的医务用房。新中国成立前，我父亲和中共地下党员有联系，地下党员以病人名义入住病房，或者是以持德医院的工作人员身份，开展地下活动[1]。我那时候年纪还小，后来医院变成康复医院的时候，我还有点印象。那个时候，因为前后被墙阻隔了，为了出行方便，我父亲又买下了原来曹家的诊所。这里面要说明一下，曹家的诊所就在现在余生佳故居的西侧，而曹家的故居则是在马路对面，现在的曹沧洲故居，因此曹家的房产不是一处。我父亲买下这块地皮，重新开了向西的大门，打通了通道，便于进出。

问：从持德医院到康复医院，能和我们再详细说说吗？

答：持德医院在抗战时期变成了红十字会总医院的一部分。新中国成立后，持德医院歇业，到了抗美援朝的时候，父亲捐出持德医院，交给市政府卫生局接管。我父亲后来又兴办了苏南康复医院，后又变成江苏省第三康复医院，再到苏州精神病院，我父亲被聘任为院长。

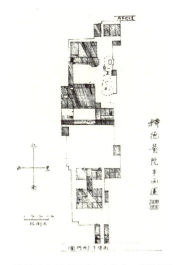

持德医院平面图（余生佳绘，苏州市档案馆藏）

---

1. 1982年桃坞街道编史修志征集资料，中共地下党员黄鹤铭同志撰写了《历史名人余生佳同志事迹》，其中谈道："新民主主义革命时期，当时持德医院为党的新四军太湖游击队、共产党地下外围组织的联络点，他拥护党的解放事业，暗地里协助护卫地下党同志的安全。1949年4月，苏城解放前夕，他组织工友如吴均若、黄鹤铭、朱忆萍、徐玉兰等同志组织救护队救护受伤解放军。解放后受到桃坞派出所第一任所长陈旺亲切会见，对他的爱国、爱党、爱社会主义的革命精神，给予高度评价。"

问：您对您父亲有没有印象比较深刻的事情？

答：有四件事情印象深刻。第一是我父亲在学生时代，是热血青年。辛亥革命爆发的时候，父亲将行李交给同学，就只身去了武昌，想要投身于辛亥革命。第二是抗日战争时期，淞沪会战前线的伤病员亟须抢救治疗，我父亲当时是苏州红十字分会总医院的院长，接收了许多抗战一线的伤兵。第三，抗美援朝时期，父亲把持德医院捐给了国家，兴办志愿军的后方医院。第四，父亲临终的时候说了两句话，让我记忆犹新："我们应该相信群众。我们应该相信党！"

问：能和我们谈谈余生佳故居洋房原来的格局吗？

答：好的，这所洋房有三层，还有四层的露台和地下室。我印象最深刻的是东南角的八角亭，一楼是会客厅，二楼书房。我记得父亲常在书房里面，一直写东西、看书。当时学习医学，无法绕过一个俄国的重要生理学家巴甫洛夫，我父亲为了能看巴甫洛夫的书，自学俄语。此外，还学日语。

余生佳故居洋房

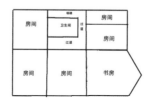

后人自述：故园回眸

余志芳　余志正

我们的故园位于阊门西街38号，现已被列为苏州市控制保护建筑，在苏州园林博物馆的私家花园分布图中被称作"余宅花园"。

故园始建于20世纪30年代，为父亲所建持德医院的居住部分。正门原在阊门内下塘街190号，后门在杨家院子巷底（后为杨院巷13-1号）。1923年，父亲购入张广桥下塘吴家墙门宅基及旧屋一所，经修整后开设了持德医院。父亲在游学德、奥归国后，又参照德式楼房自行设计建造了保留至今的主要住宅楼和前面的医院，并将从德国带回的无花果种于园中，广集棕榈等各类植物，逐步修建花园。父亲生性外向，性格乐天活跃，他在下乡出诊的时候，凡见到心仪的太湖石，都会买回家中，慢慢地按他自己的想象，在园中堆起假山，逐步构筑出融入西洋风味的苏式家居庭园。

持德医院内景（悬挂"持之以德"匾额，余志正先生提供）

　　日军侵华，父亲不忍受辱，率医院人员离苏，到上海开业。这个园子曾被日本报社占领，花木及房屋均遭到严重破坏，医疗器械几乎被毁灭殆尽。直到抗战胜利，父母几经交涉，才回到家中重整被毁家园，再悬济世之壶。

　　20世纪50年代初抗美援朝时，父亲决定将医院交给国家作医治志愿军伤病员之用，因此在花园中建起一堵东西走向的高墙隔开医院和住宅，假山也被一分为二。为方便出入，父亲又买下了花园西面位于西街38号

余生佳医生像（余志正先生提供）

的曹沧洲诊所。那是一座中式的宅院，由西向东递次为沿街的二层中式楼房、花厅、大厅，以及隐于小天井月洞门后的一方庭院。父亲将庭院中靠着我家园子的那间房开了个门，就把西面的中式庭院和东面的住宅花园连在了一起。这就是"文革"前的西街38号。进入西街38号大门，沿街的楼房、花厅和大厅，自买入就一直出租，直至私房公私合营归房管局管理。所以，自月洞门起向东，才是我们儿时的家园。

　　走进月洞门，映入眼帘的是一方典型的中式庭院，当年是曹沧洲诊所的附属小花园。庭院中自西南折向东北，以木质花格护栏围成九曲环廊。园中主体为一泓池水，池上有平板石桥，池畔间隔点缀着黄石和太湖石。池东起坡成山道，上筑有小亭。亭中置一木腿砖面的方桌，南、西、北三面是装有戏靠的砖面矮墙，可供小憩。池旁高大的玉兰与两株相对而立的金、银桂相映成趣，池中游鱼戏水，枝头小鸟唧啾，倒也别

余宅花园近貌

余宅花园鸟瞰图（孙士杰摄）

有情趣。池北是三间一排形似船坞式的厢房，谓之旱船。旱船的木格花窗配以彩色的玻璃，屋顶也是仿游船式的。西面的两间相通，仿佛游船的中仓和内仓。东面的一间可由环廊进入，更像厢房。有趣的是，这间房东头有一扇向南的长窗对着一方小小的天井，内种植物以借景。据说按苏州的造园标准，有池水和旱船方能算作园林，所以这方庭院虽小，却构件完整，也还算得上精巧。

穿过旱船最东的那间房，推开东面的一扇门，便觉豁然开朗，一个中西合璧的庭院映入眼帘。庭院大致分为四个部分。八角塔亭式的西式主楼，占据着庭院的西北角，东南面是太湖石堆砌而成的假山，主楼正南为草坪、花坛、小径构成的融入西式园林元素的前园，主楼东侧，则是由树木、水井和两栋丁字形排列的平房构成的后院。

西式主楼是一幢典型的德国式楼房。主楼平面以矩形为主体，但东南角为八角形。总体为两层带阁楼，八角形部分为三层，顶部建有露台，当时在古宅林立的苏州也算是难得的"高楼"。主楼面南，踏上三级台阶是个小平台，左右是砖柱挑高的走廊。推开镶着花玻璃的过厅门，左右是两个高背西式的长椅。在区隔过厅和大厅的花玻璃落地长窗两边，分立着两个高高的西式木质花架，花架上总是摆放着母亲最爱的吊兰或剑兰。大厅的北窗两侧挂着七君子之一的马相伯先生书赠父亲的巨对"随时观物理，主敬得天真"；东墙上挂着堂兄所作婺源故里的山水画；西面西式的壁炉之上是祖父母的相片。大厅西南角是实验室和标本室，里边挂着病家所赠匾额，上书"病察五微"，对面墙上是父亲手书孟子的"天将降大任……"的条幅，既为父亲的自我激励，亦是对我们子女的家训。东面是餐厅，东南就是八角亭，那是主客厅。走进八角亭，西面墙上挂着一幅小篆的《爱莲说》，南面墙上是一幅据说是祝枝山真迹的字，八角亭四面的窗户间挂着四幅四季山水图，不知出自哪位名家之手。二楼是卧室和盥洗室，八角亭则是父亲的书房，那里四围都是书橱，俨然一个书的世界。三楼的八角亭留作客房，矩形部分则是储藏室和晒台。登顶眺望，北寺塔仿佛比肩，幼时的活动空间尽收眼底，那是我们童年很向往的去处。对此苏州少见的造型，幼时不懂深究，直到有机会到欧洲观光，方知原来八角亭的风格是典型的德国式样，类似的建筑在那里随处可见。

主楼正南是一片草坪，砖砌的小径蜿蜒其中。母亲酷爱花草，从各处找回很多名花点缀在园中。主楼台阶东侧的那株四季"香水花"，一年四季开着白色的花朵，香气沁人，折回几支，可香全屋。我们都钟爱这株"香水花"，以后虽有机会到过国内外的很多地方，终也未能遇到同类的花。台阶的两旁是两丛开着紫色小花，散发着甜甜香味的紫罗兰，这和如今在各处看到的紫罗兰也不是一个品种，不知母亲从哪里找来的。沿着小径可穿过草坪，通向假山和环假山的花径。花径旁是两行浓密的书带草，夏季会结出小小的浆果；转角处是一棵百合花，春荣秋枯，每年开出美丽的咖啡色花朵；草坪南有一个花坛，三株婀娜多姿的牡丹被左右的芍药和月月红簇拥其中，谷雨时节，牡丹含露绽放，春夏秋季，月月红衬着绿叶吐艳；花坛东侧那棵石榴，伴着我们一起长大，每年春上的红花和金秋的硕果曾给我们带来许多惊喜和乐趣。草坪的东西两端各矗立着一棵挺拔的棕榈，为庭院平添几分亚热带风光。

草坪东面是父亲精心堆砌的太湖石假山。假山西边山脚下有一方以太湖石围成的曲折有致的鱼池，中间有一石柱托着一块玲珑剔透的盆状太湖石，上种金针花，叶片低垂；池底设喷泉，两侧池壁各镶嵌着一个饰以彩色玻璃的光源，池中水草间，金鱼游弋。可惜我们幼时的花园已历经日军侵华之劫，记忆中没有见过彩灯下喷泉游鱼的美景。如今想来，这方鱼池真是父亲造园时的神来之笔，它将西方造园艺术融入苏式的园林假山，中西园林风格在这里平缓过渡，和谐相处。

假山被高墙隔断后，总觉欠缺，父母几经商量，终在20世纪60年代初请人在剩余的半截假山的东面延伸堆砌了下山的台阶，使半截假山终于自成一体。于是，我们可以由东北侧的山洞里拾级盘旋而上，登上山顶有着铁栏杆的石板桥。在桥上可俯瞰全园，可眺望八角亭，也可看到高墙外另半截假山。过石桥下行，穿过石桥下的小径，是个极小的平台。平台北角种着一丛黄色的迎春花，那是每年紧跟着二月玉兰之后盛开的花朵。平台上还有一块中空的琴石，应是吴家墙门留下的古物，上面虽没了瑶琴，但幼时的我们常会轻敲琴石，在清脆的回声中想象那叮叮咚咚悠扬的琴声。从平台往东南即可由后砌的台阶缓步下山，就回到了假山后东面的荷池边。这荷池虽独立于假山之外，不同于西边假山怀抱的鱼池，但四周也有山石环绕，面积也大得多。池畔那棵野榉树应是庭院里的长者，树干盈围，高耸入云，枝头春结雀巢，叶隙夏听蝉鸣。树下墙角边种有一丛绿得可人的芭蕉，须雨日，在淅淅沥沥的声音中享受"听雨"的意境。沿着北面的假山脚，母亲种了一溜海棠，粉色的小花在绿叶间静静地开放，"绿肥红瘦"。沿着环假山花径的外侧，一行修剪整齐的小叶黄杨，似有似无地将假山区隔成一方天地。这方天地，虽空间不大，但有山有水，错落有致，在刀砍斧琢间还留着几分野趣，这或者就是中式园林的魅力所在。一生悬壶济世的父亲凭着对中华文化的悟性，居然能将此假山堆出这等水平，真令我们后辈至今想起仍赞叹不已。这座假山确实也凝聚着父亲许多浪漫的遐想。记得夏日在园中乘凉，父亲常会指着假山，让我们从不同角度看那些太湖石，有的像马头，有的像猴子，有的像牛……真的乐趣无穷。

主楼之东、假山之北是后院。出主楼的东北角小门下台阶就可进入后院，从假山边的花径也可循小道走入后院。在主楼和假山通向后院的转角处，两边栽种着茂密的绣球花，小道边好像不经意地散落着几块黄石，一丛粉红蔷薇——"十姐妹"，在道旁静静地开放。后院的中心有一口约三米直径的水井，那是我家的主要水源。由于常年井水清洌，它不光滋润了我们一家，在干旱的夏季，还成为附近乡邻们重要的取水地。

与前院宽敞的草坪对应，后院更像是绿树成荫的农居。水井的四周绿树环绕，北边是一排屏风般的法国冬青，将庭院东北角的晒场和辅房遮挡，使之自成一独立的居家小院。水井之西挨着主楼是一棵高大的圣诞树般的常青刺柏；刺柏南紧靠八角亭的窗户是一株热情奔放开满红花的锦树；隔着走向后院的小道，一株蜡梅依黄石而立，在寒冬季节，傲霜独放，清香四溢；两三步外，挺拔的玉兰傍着银白色的石笋，早春时节用洁白的花朵唤醒满园春色。东面围墙外都是小巷民居，母亲在围墙边栽下爬山虎，把略显破败的围墙装点得生机盎然。那棵从德国带回的无花果，经母亲压条培植，已分为三棵，分别在八角亭的北角、水井的东面和主楼东北角过道口茂盛生长。夏日，每天都可收获二三十个深紫红色的甜甜的无花果果实，那是父亲的最爱。每年春季，母亲还会在花间树下撒下许多花的种子，石竹、康乃馨、大丽菊、凤仙花、美人蕉、鸡冠花、夜来香、兔子花、秋菊……夏秋两季，整个园子被装扮得花团锦簇。

有趣的是，假山后荷池边长着一丛枸杞，水井旁泥地上有一片野生的马兰头，春天的时候，还可以在园子里找到野荠菜，采摘这些野菜是春季的一大乐趣。北面辅房是厨房、洗衣房和储藏室，在那里年年都种一架香丝瓜，秋天的时候也能给我们带来不少收获。丝瓜架后的鸡棚里总养着几只鸡，直到困难时期，人吃的粮都不够了，鸡也就不养了。记得那时，园中的草本花地被改种瓜菜，前园南墙脚下、后院树下花间都种过南瓜青菜，不但实惠，而且在名花间倒也不显粗俗，反而增添了几分田园风味。

园子里更多的是各种昆虫小鸟，学余空隙，我们爱钻到树丛中去捉各种虫子，试着采摘树叶喂养。父亲非但鼓励，更辅导我们观察和记录虫子成长的过程，直到成蛾、成蝶、产卵。炎炎夏日，在假山上听蝉鸣，翻花盆捉蟋蟀，抓各色蝴蝶制作标本；寒冬飘雪，用放大镜观察雪花；日食时，用墨涂黑玻璃片观看过程……如此林林总总，以花木虫鸟为伴，我们在家园中度过了童年和少年。

这以后的故事与"文革"中许多人家的故事大同小异，不说也罢，忘了更好。

听说旧城改造，西街片区可能有较大变动，我们终于还是去故园看了一下。前面西街部分变动较大，月洞门没了门，九曲环廊的木格早已不见，池塘填了，玉兰、桂花也不见了踪影。里面的西式庭院，主楼还在，半截假山尚存，只是花木大多不见了，最令人牵挂的四季"香水花"如今已荡然无存，唯有石榴、棕榈还在。坐下留影，心中难免怅然，但很快释怀。四十年的沧桑变化，谁又保证能把这个园子保存好呢？沧海桑田，"变"是一定的。只是少了花木，没了虫鸟，园子好像空荡荡的。好在主体还在，有心者可以再植树木，重种花草，园子可能比以前更美。写下此文，只是想给后来者一个参考，也作为我们的一个纪念。

第五节　从主题游径来踏勘金阊地区的文化遗存

　　"文物主题游径"的概念[1]是由国家文物局、文化和旅游部、国家发展改革委于2023年5月4日《国家文物局　文化和旅游部　国家发展改革委关于开展中国文物主题游径建设工作的通知》中提出的,所适用的范围针对不可移动文物。金阊地区有丰富的文化遗存,有不可移动文物,也有非遗的文化、美食的文化。

　　"吴趋自有始,请从阊门起",西晋文学家陆机在《吴趋行》中道出了阊门的悠久历史。古往今来,阊门一直是苏州重要的交通枢纽和经济中心。明清时期,阊门更是全国最繁盛的商业街区之一。2016年4月29日,苏州市自然资源和规划局发布的《苏州阊门历史文化街区保护规划》,规划范围东起阊门西街、汤家巷,西至外城河,北起尚义桥东街—宝城桥街,南至景德路,规划总用地56.62公顷。其中,文化街区核心保护范围规划为北至桃花河、五峰园弄,南至刘家浜,西至渌溪仓、外城河、宝林弄、石塔横街,东到阊门西街、吴趋坊,总用地面积24.78公顷。规划范围内,除核心保护范围以外的区域,面积为31.84公顷。规划中还特别谈及阊门历史文化街区的特色文化底蕴,概括了三个方面:"政军文化——吴国始兴,风云激荡;运河文化——五龙汇阊,第一码头;商市文化——商旅辐辏,坊市天堂。"而从现存的阊门历史街区文化遗存而言,又可以分为以下四个主题游径线路:苏式园林、民国风情、姑苏小巷、水韵观光,构成本节的四个篇章,以下将逐一介绍。

1.　"文物主题游径是以不可移动文物为主干,以特定主题为主线,有机关联、串珠成链,集中展示专题历史文化的文化遗产旅游线路。建设文物主题游径,有利于文物保护与利用,让陈列在广阔大地上的遗产更好活起来;有利于文物与旅游深度融合发展,增益旅游历史文化底蕴,满足人民日益增长的美好生活需要,服务国家战略和经济社会发展。"(文物保发〔2023〕10号《国家文物局　文化和旅游部　国家发展改革委关于开展中国文物主题游径建设工作的通知》)以下所介绍的主题游径线路以不可移动文物为主但不囿于文物范围,对于尚未列入文物或有价值的文化遗存、非遗工作室、特色美食亦酌情纳入介绍,故标题延展为"主题游径"。

《阊门历史文化街区保护规划》

苏式园林游径

主题游径: 艺圃——五峰园——余宅花园

在阊门历史文化街区内, 艺圃、五峰园和余宅花园构成了苏式园林的主题游径。艺圃是世界文化遗产苏州园林的子项之一, 曾是文震孟的宅子。五峰园是苏州现存的明代袖珍园林的上乘之作。余宅花园则是民国风情浓郁的花园洋房。

艺圃 (全国重点文物保护单位   世界文化遗产)

艺圃一景

明嘉靖年间袁祖庚始建, 初名醉颖堂。后归文徵明曾孙文震孟, 因园中遍种药草, 改名药圃。明末清初归姜埰所有, 改为颐圃, 又名敬亭山房, 其子姜实节始名艺圃。画家王翚绘有《艺圃图》传世。清道光十九年 (1839) 为绸业同仁集资购得, 辟为七襄公所。艺圃东为宅, 有世纶堂等厅楼, 形制古朴。西为园, 以水池为中心, 布局开朗。东南和西南各有水湾延伸。东南水湾架明式平弧形石桥, 为苏州古典园林中的孤例。池南堆土为山, 临水以湖石叠成峭壁危径。池北延光阁挑临水面, 别具风格, 为苏州园林中最大的水榭。水榭北之主厅博雅堂、池东南乳渔亭为明式结构。池西响月廊通向西南芹庐小院、南斋, 与香草居相对, 浴鸥池畔散置山石花木, 为园中最幽静处。艺圃水池以聚为主, 以水湾、小桥为辅; 假山以土阜为主, 临池以湖石叠绝壁、石径,

七襄公所界碑

与水面结合, 成功运用了对比与衬托等艺术手法。故池虽小却显得水面弥漫, 山势高耸, 较多地保存了明代园林的风格、布局和造园手法。2000年艺圃作为扩展项目被列为世界文化遗产 (苏州园林), 2006年被列为第六批全国重点文物保护单位。

五峰园（省级文物保护单位）

　　原属明嘉靖年间长洲尚书杨成故宅，其地在宋代时曾属朱勔的养植园，《烬余录》载曾有湖石残构堆放在柳毅桥旁。杨成（1521—1600），明嘉靖三十五年（1556）进士，官至工部侍郎、南京吏部尚书，因此五峰园俗称杨家园。又说为文徵明曾孙文伯仁所筑，因伯仁号为五峰老人。园中耸立5座太湖石峰，高二丈，颇极皱瘦玲珑之致，并峙高阜间，形似老丈，又名五老峰，分别为丈人峰、观音峰、三老峰、庆云峰及擎云峰。这五座石峰都是太湖石峰中之佼佼者，为不可多得的名峰异石。五峰园是苏州的一座明代袖珍园林，是现存明代园林中的上乘之作。

　　该园屡易其主，先后归属保大钱庄老板沈惺叔、王永顺木行主人等，后为唐氏租屋开五峰园茶馆，这里还曾开办过赌场[1]。其后园内空地渐改为民宅。抗日战争前后，办过煤炭铺作场、裕大织布厂，后园散为民居。园因年久失修，水池填塞，两座石峰倾倒。新中国成立后，1956年有绸厂、民族乐器厂迁入，后又散为民居。1983年，有关部门曾对峰石进行过保护性维修加固。1998年全面修复假山，疏浚水池，复建亭台楼阁、回廊等。五峰园现园景秀丽，全园以五峰胜，辅以水池，有峭壁、峡谷、山洞、石桥、古树、岩洞等景，园西南角有土墩，俗传为唐柳毅墓，现存旱舫柱石舫、六角形的柳毅亭、主厅五峰山房、回廊等建筑，总占地面积约1360平方米。土石相间的假山为明代风格，山上缀有玲珑剔透的湖石立峰5座，高者3米余，低者2.5米左右，象征庐山五老峰。另有一说法，五峰系五亩园丈人峰、观音峰、三老峰、桃坞庆云峰、擎天柱移置而成，太湖石之"瘦、皱、漏、透"在此一应俱全，为苏州罕有。从弄内正门进入，循西北端的回廊，可达柱石轩。此轩设计精巧，独具一格。往东，为园中主厅五峰山房，室内宏敞气概，布置精雅得体，厅南有

五峰园今貌

1.《苏州明报》（1927年12月8日第2版）载录。

清莹小池，天光云影，拉开人们的视野。池西有土岗隆起，绿荫拥簇，湖石环绕，山巅起亭名柳毅亭，其下土阜，相传为唐代的柳毅墓，亭内昔日供奉柳毅神像。2002年，五峰园被列为江苏省第五批文物保护单位，现已修缮一新，对外开放。

余宅花园（市级控制保护建筑）

原主人为著名西医余生佳，系坐北朝南、一路三进的宅院。园内有三层西式楼房，上有露台，配以中式庭院，院中有厅、亭、廊等建筑，其中湖石假山体积较大，但池已基本填没。新中国成立后成了空军驻苏接待所，现已保护更新。余生佳，婺源北乡沱川人，早年在上海行医，先后在阊门内混堂弄和阊门西街创建树德医院和持德医院，自任院长一职，凭借高超的医技和热忱的服务，赢得很高声誉。持德医院位于余宅花园南侧前方的阊门下塘（原张广桥下塘）。"持德"之意为"持之以德"，余生佳医生用其一生践行着医师的职责与使命。2003年8月，余宅花园被列为苏州市第一批控制保护建筑。

民国风情游径

主题游径1：阊门遗址—雷允上诵芬堂药铺—裕长春、五福来、陆稿荐旧址—中国银行旧址—严家淦旧宅—老大房旧址

阊门遗址（市级文物保护单位）

初为春秋吴王阖闾命伍子胥建造都城时所辟八门之一。《吴越春秋》："立阊门者，以象天门通阊阖风也。"《吴地记》："阊门，亦号破楚门，吴伐楚，大军从此门出。"阊门内外自古为水陆通衢，商市繁盛之区，城门建筑在苏城诸门中最为宏壮，屡见于题咏，晋人陆机《吴趋行》即有"阊门何峨峨，飞阁跨通波"之句。据记载，今阊门为元至正十一年（1351年）重建，明清重修。阊门作东西向，水陆并列，陆门城台上原有重檐歇山造两层三开间楼阁，外有元至正十六年（1356）张士诚加筑的城，称瓮城或月城。阊门瓮城规制与其他诸门不同，辟有三间，西门上钓桥越运河而达城外闹市，南门通南码头，北门经探桥（外水关桥）而至北码头，探桥东近水城门，其水入城即第一横河。清末太平天国战争中，阊门瓮城被毁，剩下内城与套城。1927年市政

阊门水城门旧影

筹备处工务局进行建设时将套城拆除，又将原来狭小的旧城门拆除，并于1934年仿金门罗马式建筑改建城门。改建后的阊门共3门，中为车行道，两侧人行道。阊门陆门东西两道城门外还有南北两个童梓门。而阊门水城门则跨下塘街河，新中国成立初尚有木栅门，20世纪50年代拆除，现仅存水城门基础。1958年，阊门陆门被拆除。1966年以后，附近城墙及水门拱券陆续被拆。水城门外原有石级梁桥聚龙桥，70年代初改成了水闸，直至1983年停拆。阊门遗址现存水门金刚墙、瓮城墙基等遗迹，水门东西向，纵深12米，南北两岸以青石顺砌，高出水面约20米。瓮城墙基以青石与花岗石间杂叠成，自钓桥东堍下南北引桥台阶即可见。此外，陆门遗址以南尚存砖石城墙一段。1998年11月24日，阊门遗址被列为苏州市第四批文物保护单位。

雷允上诵芬堂药铺（市级文物保护单位）

　　雷允上诵芬堂药铺是苏州著名的老字号，拥有250多年的悠久历史。雷允上以制售六神丸、行军散、痧药蟾酥丸、玉枢单、辟瘟单等细料成药而蜚声海内外。清咸丰十年（1860），药铺毁于战乱。同治六年（1867）于西中市专诸巷东朝南门面重建新店复业，又在天库前原址建造货栈和工场。1934年拓宽西中市大街时，雷允上诵芬堂药铺在原址翻建成钢筋混凝土三层楼房。其黄色外墙面涂料及极具民国建筑风格的外立面形制、栏杆、门窗样式基本尚存。1999年重修民国时所建店堂，恢复传统特色。

　　雷允上（1695—1779），名大升，字允上，号南山，长洲人。清代名医、制药商人。曾在王晋山门下

雷允上今貌

学医，悉心钻研医药。雍正十二年（1734）开设诵芬堂药铺于阊门内穿珠巷（即专诸巷）天库前周王庙弄口。乾隆初期，雷允上"举鸿博不就，隐于医"，设诊所于诵芬堂内，集医、药于一处。病家遂呼药铺为雷允上诵芬堂。雷允上医术高明，治病有方，遇贫者还常予施药。又亲司炉台炼丹丸，所修合的丸、散、膏、丹用药地道讲究，大都是由麝香、珍珠、西黄、犀角、羚羊角、伽楠香、猴枣等名贵细料药材组成，药效灵验，声誉鹊起，被视为"救命药"。2004年12月23日，雷允上诵芬堂药铺被列为苏州市第五批文物保护单位。

裕长春、五福来、陆稿荐旧址（市级控制保护建筑）

位于苏州市姑苏区西中市29、31、33号，系三家老字号组成的连体建筑，整体风格是欧式夹中式。目前挂牌名称为"采芝斋、五福楼、陆稿荐旧址"。采芝斋是糖果业名店，创办于清同治、光绪间，创始人为金荫芝。

陆稿荐等三家商铺旧址今貌

但据老阊门人回忆，他们对此店铺并无印象[1]。五福来则是民国糕团业老店，根据姑苏区档案馆所藏金阊商号名称档案及老照片核实，目前挂牌名称"五福楼"系错讹。作者在仓桥浜田野考察时，也有许多老苏州人回忆少时的西中市店铺，记得五福来旁曾为裕长春酱园，俗称酱菜店，正对泰伯庙桥。陆稿荐为苏州酱肉业名店，始建于清康熙年间，创始人为陆蓉塘，店址在东中市崇真宫桥堍。光绪年间同业枫桥人倪松坡从陆氏后裔处租下陆稿荐，将设在观东醋坊桥的肉铺易名陆稿荐（后称大房陆稿荐），将西中市皋桥肉店改名老陆稿荐。2004年12月23日，西中市29、31、33号这三幢民国建筑被列为苏州市第二批控制保护建筑，后亦被列入苏州市第一批历史建筑。

---

1. 经查核民国时期房契档案，今址西中市29号在民国时期业主为马、沈二姓，与金姓毫无关联。

中国银行旧址今貌

中国银行旧址(市级文物保护单位)

清光绪二十九年(1903)二月十三日, 两江总督张之洞奏请于江宁、苏州设立官银钱局。五月, 江南裕宁、裕苏两官银钱局分别在江宁、苏州同时开业。裕宁官银钱局由江宁布政司李有芬负责筹办, 隶属于江宁布政司(即藩司), 设置于江宁评事街。裕苏官银钱局由苏州巡抚衙门领属, 归藩库管理, 管辖苏、松、常地区, 由苏州布政司陆元鼎负责筹办, 设置于苏州东中市德馨里。由藩库拨15万银两作为资本, 光绪二十九年, 裕苏官银钱局在靖江设分局, 光绪三十二年又在上海、镇江、无锡、平望(现属苏州市吴江区)设4个分局。裕苏官银钱局的分支机构除了发行票币以外, 同时经营存款、放款、汇兑等业务。有的分局还经收地方财政款, 如无锡县的田赋税款均由裕苏官银钱局无锡分局收缴。从经营范围来看, 裕苏官银钱局是清廷官方的地方性金融机构, 也经营商业银行的业务, 可以说是以官为主, 由官经商、官商混合的金融实体。这也是半殖民地半封建社会经济的一种产物。宣统二年(1910)起, 清廷已逐步收回裕苏官银钱局发行的钞票, 至辛亥革命后关闭。1914年1月, 中国银行苏州分号在德馨里开业。1919年, 改称中国银行苏州支行。1933年7月, 支行迁至观前街, 德馨里原址改设闾门办事处。9月, 办事处迁至西中市大街营业。日占时期, 观前支行与闾门办事处同时撤至上海租界。1943年2月, 支行回苏复业, 行址设在观前街承德里。1946年5月, 迁回观前街原址营业。1949年5月, 市军管会接管中国银行苏州支行, 于6月10日复业。1950年7月, 由于苏州不符合设立外汇专业银行的条件, 遂宣布中国银行撤销。1978年3月, 筹建中国银行苏州支行, 暂隶属于人民银行苏州市支行, 对内称国外业务科。1980年1月1日, 正式成立中国银行苏州支行, 行址设在观前街50号。1984年, 改称中国银行苏州分行。中国银行旧址现散为民居, 原牌匾由北京的中国银行总行收藏。2019年8月23日, 中国银行旧址被列为苏州市第八批文物保护单位。

严家淦旧宅今貌

严家淦旧宅（市级文物保护单位）

位于苏州市姑苏区西中市德馨里6号，系二层外西内中风格楼房，原为中国银行旧址的一栋建筑。1933年，中国银行苏州支行迁出后，此楼由严家淦之父严良肱购得。严良肱是晚清时期苏州富商严国馨的第五个儿子。新中国成立后，这栋故居曾作为书场和大中南旅社使用。如今，石库门上方仍保留"大中南旅社"字样。现散为民居，2005年，严家淦旧宅被列为苏州市第四批控制保护建筑。2019年8月23日，严家淦旧宅被列为苏州市第八批文物保护单位。

老大房旧址（市级控制保护建筑）

位于苏州市姑苏区西中市与吴趋坊口，系苏式糕点名肆老大房旧址。民国时期建筑风格，三层转角水泥楼房，一楼做商铺，二、三楼为制作工坊和库房。外立面装饰水泥雕花，上部高耸，呈现浓郁的西式建筑风情。2004年12月23日，老大房旧址被列为苏州市第二批控制保护建筑，后被列为苏州市第一批历史建筑。

老大房旧址今貌

主题游径2：阊门遗址—外五泾弄近代建筑—志仁里民国建筑—仓桥浜邓宅—元宁公所旧址—曹沧洲故居（主题游径2与主题游径1皆从阊门开始，涉及西中市的西片，以民国风情为主线进行展现）

外五泾弄近代建筑

位于苏州市姑苏区阊门内下塘街外五泾弄阊门饭店内，内有4栋花园洋房别墅。此处原名大园里，占地约20000平方米，是由当时上海永安别业于1936年始建、1938年落成的西洋花园别墅区，共有4户住宅：谢家、王家、陆家和蔡家。此4家均为富商[1]。其中蔡宅即木渎富商、古松园主人蔡少渔的产业，今已不存。蔡家系出苏州洞庭西山，蔡早年在上海做洋货生意。

目前仅存谢、王、陆三家的洋房，分别是阊门饭店1号楼、2号楼和3号楼，其中最具代表性的是谢宅。此宅连同庭院占地3500平方米，建筑面积1110.79平方米，系一幢两层砖木混合结构的西式建筑。原宅主为谢莘如，上海人，曾任德商瑞记洋行总账房、永亨银行经理及长丰面粉厂厂长。谢宅是典型西班牙风格的三层式花园大洋房，坐北朝南，正门东向，门前有停车台。南面设廊，内为客厅，通间落地长窗，外有露台高0.4米，前砌石阶踏道。楼房立面以现代建筑简洁平直线条为主，墙面采用粉色瓷砖贴面装饰，外廊为磨光石子地面，屋面坡度较大，以绿色琉璃瓦覆盖。室内装修精致，设有客厅、书房、寝室、卫生间等，建筑设施功能齐全。楼层与底层布局大致相仿。楼南庭院草坪中心植有高大雪松4棵，亭亭如盖，四周铺筑小径，配植花木，围以漏窗花墙，给人以平静安逸的感觉。此楼曾于1945年修过一次，20世纪50年代初由妇幼保健站购得，后归阊门饭店。近年经过一次维修，结构未动，内部装修稍有改变，现状良好。

此外，现存的王宅和陆宅亦值得一提。王宅的原业主商人王文周，曾是苏州电器厂的董事。此宅为三开间三层楼房，平面方正，前部平面呈凹字形，双落水屋顶，青平瓦覆顶，墙面贴面。三楼阳台通长廊。东侧山墙高耸，每层楼梯间有三扇拱形窗依次而上，设计精巧。后部二层，楼顶为晒台，呈"L"形，东侧设入口，入口为西式风格，门头顶部三角形，原始地面瓷砖尚存。

陆宅的原业主则是商人陆泳德。陆家是苏州的名门望族天官坊陆氏的分支——

外五泾弄近代建筑今貌

1.《苏州明报》（1934年9月3日第4版）载录。

陆冠曾、陆抟霄支的后裔。陆抟霄是沪上鼎鼎有名的元利当铺老板。元利当铺又称元
利当、元利大当，当时由典当业巨头陆冠曾出资，并由其子陆抟霄于1932年兴建。话
说陆抟霄早年在苏州从事典当行业，当上海开埠后，他又将产业转移到上海，在上海
开设当铺，而元利当铺便是其产业之一。由此可见陆家的财力。陆抟霄去世后，由俞少
卿继任元利当铺经理，但实际上还是陆家的资产。后来，元利当铺由陆抟霄的后人捐
赠给国家。陆泳德则是陆抟霄之子。陆泳德一生淡泊名利，热爱祖国。新中国成立初
期，他将存放在元利当铺的数十吨宋元时代的铜、锡器皿文物献给国家。陆宅为三层
楼房，平面呈凸字形。现代简约风格，彩色玻璃，两侧山墙高耸。屋顶为青色机平瓦覆
顶，铭文青砖沙包式砌筑，西侧有一层单间，四落水屋顶，据说从前为佛堂。东北为两
层楼房，二楼顶为晒台，有楼梯可达。

志仁里民国建筑（省级文物保护单位）

　　位于苏州市姑苏区阊门内下塘，东接仓桥浜，西至浒溪仓，建筑总面积3007.19平
方米，由书业商人阙念乔于1923年5月建成。据说这位阙老板偶得古画交易巨款才建
造此宅。阙念乔祖上是无锡人，曾在上海开办铸记书局，后来书局的生意越做越大，
又在汉口设立分号。阙念乔后来还创设了上海书业同业公会，系书业界的专业组织。
1931年，阙念乔离世。他生前的好友李根源曾为其主丧。阙念乔有二子，长子为雕塑
家阙明德，次子为阙明训。诗人余光中先生有一首诗："乡愁是一湾浅浅的海峡，我在
这头，大陆在那头。"海峡阻断不了阙家对祖国的深情厚谊。据附近居民讲述，20世
纪80年代左右，晚年的阙明德还曾托他的学生来此寻亲。

　　志仁里坐北朝南，南北总长77米，东西总长55米，现存6组平房、6组楼房、2幢花
园洋房，是民国时期房产租赁的规模化代表性建筑组团。其中第二排建筑与最北端
的第三排建筑之间的东立面，有一座高大的过街楼，整体建筑以红砖与清水砖砌成，
拱形门楣上镌刻有"志仁里"三字。志仁里民国建筑中的2幢花园洋房布局独特，雕刻
精美，是民国时期中西建筑形式相融合的产物。整个志仁里规模庞大，有骑楼相连，
具有整体性。

　　说起民国时期志仁里的名人，有15号（旧门牌）的吴县卷烟特税局局长周毓濂

志仁里雕花楼今貌

（字笠斋）。志仁里13、14号原是阙家的乔荫别墅，其中14号仍居有阙家后人。据附近居民讲述，14号大门西侧原是阙家的祠堂，但祠堂早在20世纪60年代便已拆除。此外，志仁里内也入住了一些当时的商界和戏曲界人士。比如志仁里8号（旧门牌）原住腌腊鱼腿业公会执事、阊门外新舞台老板陈士桂，11号内则居桃花坞木版年画传承人叶宝芬老师，而12号曾居有锡剧编剧赵方拂。总体而言，志仁里实行了当时房地产开发的新模式。从零星的房屋租赁，到统一的用地规划及划一的建筑形态，包括完整的分割空间等都已初具规模。尤其2幢花园洋房更是这一时期的典型力作，有较高艺术价值。2011年，志仁里民国建筑被列为第七批省级文物保护单位。

仓桥浜邓宅（市级控制保护建筑）

　　仓桥浜邓宅建于清光绪二十三年（1897）前后，民国时由石路大隆布店老板邓雪霖花了2000银元购得。现存三落五进，建筑面积1250平方米，正落按一般古宅建筑形制，沿中轴线对称布置，依次建有门廊、轿厅、正厅、堂楼。在正厅与内厅前有落款为光绪三十一年的"慎乃俭德"和光绪三十二年的"厚德载福"两座砖雕门楼。第二进称为望溪楼，一改南北向布局，坐西朝东，面向溪流，在楼上会客，可饱览水巷景色。第三、四进组合成一对照厅，两厅相望，中有庭院，周有回廊，回廊外又有河埠驳岸，厅景、院景、水景兼而有之。河埠上还筑有门墙，亦是苏州现存古民居的孤例。西落是一座400余平方米的花园，有方

仓桥浜邓宅门楼"慎乃俭德"题额

亭、六角亭翼然，现存湖石假山数座。邓宅正落西侧有一边门，因其直对仓桥浜巷，宅主为避开风水学上所讲的"冲杀忌讳"，在门中央立一行书"石敢当"，所谓"石敢当，镇百鬼，厌灾殃"是也，并将门封没，以此"避冲"。

元宁公所旧址（市级控制保护建筑）

清咸丰十年（1860），由南京上元和江宁两县皮货商人合建，不久即毁于咸同兵燹。清同治十三年（1874）复建，后改为制革业同业公会。1952年，元宁公所成了泰伯小学的部分校舍。近年曾作加工厂用房。公所东南墙角尚存露出上半部的元宁公所界碑，院内的一株银杏树仍枝繁叶茂，而东面与泰伯庙之间的建筑已不存。

元宁公所旧址今貌

曹沧洲故居（市级控制保护建筑）

曹沧洲故居分正路、北路两部分，占地面积约3600平方米。正路坐西朝东，现存大厅及两进堂楼。详见本书第二章第二节的内容。

姑苏小巷游径

主题游径1：阊门遗址—专诸巷（朱宅—保和堂遗址—长老会布道所旧址—源源泉）—天库前（积善堂陆宅—盛宣怀故居—孔氏节孝坊—火神庙—武安会馆）—周王庙（玉器公所）—后石子街（罗宅）—石塔头（苏州孩子图书馆旧址、松茂里周宅）—刘家浜（刘缨三牌坊旧址—尤先甲故居—刘家浜申宅—谦益堂潘宅）—留韵义井—金门

姑苏小巷的第一条推荐主题游径始于阊门遗址，前文对阊门遗址已有介绍，此不赘述。在阊门城内的南侧是15号街坊。这个街坊处于金、阊之间，北靠西中市，东侧则是吴趋坊，是一片密集的居住区，可谓闹中取静。15号街坊内有世界文化遗产艺圃，深藏于小巷之中。本路线便是以15号街坊为代表的其中一条姑苏小巷的主题游径。

专诸巷

相传春秋时期，勇刺吴王僚的猛士专诸便居于此巷内。更为广泛的说法是阊门内曾有专诸墓，与要离墓相近。明代常熟人钱希言《狯园》中载："毗卢幢，苏州阊门内专诸巷。城上有专诸墓，与要离墓相近。万历年间专诸墓坏，居民起出石幢一座，高仅三尺许，上莲华，下雕础，四壁各刻毗卢遮那佛一躯，三面并作思忆相，一面撒手，不知何代物也，今归寒山。"由此可知，专诸巷的巷名与专诸墓相关，且旧时巷内有毗卢经幢。值得一提的是，专诸巷32号曾为西关帝庙。明清时期，专诸巷一带一度发展成为江南手工业的聚集地，其中较有代表性的是玉作。比如明代玉作名家陆子冈，清代的清宫造办处玉作名匠郭志通、姚宗仁皆出自专诸巷玉作世家。乾隆帝曾在《题和阗玉镂九鹌鹑小屏》御诗中赞道："相质制器施琢剖，专诸巷益出妙手。"旧时，专诸巷巷口东首（朝北）曾有一家姑苏元记王鸣岐，该商号专办大红毡货、五彩毛毯，销售至湖南、汉阳、广东、福建、山东、江西、安徽、浙江并日本等处[1]。还有许多眼镜号，如娄泰[2]、恒茂[3]、同明祥[4]、洪源祥[5]、余康[6]、源泰[7]、刘祥瑞[8]、三鑫镜片公司[9]、明精眼镜公司[10]等。《姑苏繁华图》的作者徐扬曾居专诸巷。清乾隆十六年（1751），时年四十的监生徐扬进献画册，钦命充画院供奉，两年后被乾隆帝钦赐为举人。此外，巷内还有吴县修志局（旧门牌80号）[11]、苏州国医学校（旧

明钱希言《狯园》中的记载

1.《申报》（1873年8月18日）载录。

2.《申报》（1937年7月28日）载录。

3.《申报》（1920年11月14日）载录。

4.《申报》（1911年7月16日）载录。

5.《苏州明报》（1935年11月25日第7版）载录。

6.《苏州明报》（1930年8月12日第3版）载录。

7.《苏州明报》（1935年6月22日第1版）载录。

8.《苏州明报》（1924年9月3日第3版）载录。

9.《苏州明报》（1931年8月25日第3版）载录。

10.《苏州明报》（1931年1月11日第2版）载录。

11.《苏州明报》（1933年5月16日第1版）载录。

门牌84号）[1]、华成大药房（当时的西中市穿珠巷口）[2]、女科池丽清诊所（旧门牌5号）[3]、内科金受承诊所[4]、毛尧青眼科医室[5]、同福泰箔庄[6]、马永祥木作[7]、苏州美丰印刷油墨材料局[8]等商铺。

下面从专诸巷内的一条特色游径开始介绍：朱宅—保和堂遗址—长老会布道所旧址—源源泉。

先谈谈朱宅。朱宅位于专诸巷56号，系一路三进建筑。原为朱姓人家居住，一说曾居季姓商人。一进天井内有一座保存基本完好的清水砖雕门楼，字额"天赐纯嘏"，落款时间为光绪甲辰（1904）秋日。一进后宅内为扁作雕花梁，鹤颈轩，三开间二隔厢，进深八界。其后有洋房花园，洋房部凸出六角形，呈折衷式，内部为民国时期中式建筑风格。

在黄宅的斜对面不远处可见保和堂遗址，民国的报刊文献认为弹词里的许仙和白娘子在专诸巷所开的药铺——保和堂便在此。弹词通过白娘子和许仙的爱情故

民国时期华成大药房广告

专诸巷朱宅门楼

专诸巷朱宅洋房

1.《苏州明报》（1935年2月21日第4版）载录。
2.《苏州明报》（1937年4月15日第1版）载录。
3.《苏州明报》（1929年10月23日第1版）载录。
4. 旧门牌穿珠巷4号，见《苏州明报》（1929年1月6日第1版）载录，后又改同巷内19号，见《苏州明报》（1934年10月27日第8版）载录。
5.《苏州明报》（1929年7月14日第1版）载录。
6.《苏州明报》（1935年8月14日第5版）载录。
7.《苏州明报》（1926年6月30日第2版）载录。
8.《苏州明报》（1935年6月18日第2版）载录。

事，生动地呈现出一幅市井生活图景。其实这座药铺在民国时期叫作同生堂。据此篇旧闻，当时里人认为这里便是保和堂的遗址，如今又挂起了保和堂的牌子，留下了一个美丽的传说，引人无限遐想。

之后，便来到了专诸巷28号长老会布道所旧址，目前为文物登录点。现存两路两进民国建筑。其中一路原为讲堂，今已改建为临街的四开间平房，进深十界，曾作为建文包装厂仓库使用。另一路原牧师楼则为三开间楼房，进深八界。内部均为圆作梁。这个布道所在《阊门历史街区保护规划图》中被误标为"天主教堂"。布道所的钟楼早年已不存。布道所建于清同治二年（1863），属基督教长老会，俗称耶稣堂，由美北长老会教士来恩赐夫妇[1]创办。根据曾在桃坞中学任教的诸荣恩医生（后曾担任苏州市政协第六、七、八届常委，九三学社苏州市委员会委员）的回忆，其父诸重华（萃英中学毕业生）当时担任专诸巷布道所的牧师："父亲先担任专诸巷教堂的牧师，1925年改任阊门外鸭蛋桥附近普益社总干事，专诸巷的小教堂由此撤销，改为民居。普益社系长老会教会设立的社会文化事业机构，有一幢三层楼的大厦。"[2]往前行，可见一方清末农务局所立的给领碑，此处旧时为农务局房舍，在20世纪40年代左右，房舍被毁。

保和堂遗址今貌

民国旧报刊上的保和堂遗址介绍

1. 来恩赐（David Nelson Lyon, 1842—1927），生于美国纽约，1869年与妻来师母（Mandana Eliza Doolittle, 1840—1934）一同来华。先至上海，后曾任教杭州育英学堂，并在苏州专诸巷创办长老会布道所。
2. 苏州市地方志编纂委员会办公室、苏州市政协学习和文史委员会编：《苏州史志资料选辑（2001年）》（总第二十六辑），P193。

来恩赐拍摄的清末阊门专诸巷布道所原貌（美国费城美北　专诸巷布道所原牧师楼今貌
长老会历史档案馆藏）

专诸巷清末农务局给领碑　　　专诸巷源源泉今貌

　　再往前行，专诸巷的源源泉也是一道不可错过的风景，被坊间称作古城十大名井之一。古井位于专诸巷与天库前交汇处，天库前西口。其名旨寓源源不断之意。源源泉留下了民国时期社会自治组织——市民公社的历史痕迹。1924年，金门市民公社出资将原已淤塞的古井重新疏通深挖，将品字形三眼井圈改成如今所见的花岗石田字形四眼井圈，并落款"金门市民公社甲子年重建"字样。源源泉有水泥围栏井台，井圈有绳索深痕。因为古井的存在，附近的老居民还保留着原先的生活方式，一切似乎还是原来的样子，在这里，能见到地道的苏式旧生活的影子。

天库前

　　因旧时苏州道教的
天库在本巷，故此得名。
苏州天库、地库，均为道
士建坛禳灾之处。明卢熊
《苏州府志》、王鏊《姑
苏志》等志书均作"郑使
桥巷"。清乾隆《苏州府
志》则注称："宋郑戬所

张志让像（复旦大学档案馆藏）

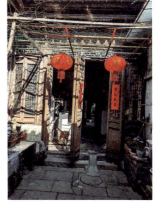
天库前26号张宅

居，故名。"而民国《吴县志》则载："天库巷，《康熙志》：'唐周真人为民禳灾建坛
于此。'案：今名天库前。"此巷内26号值得一提，曾住有南社第一届社员张志让，而
宅子的产权属于张家长辈。张志让当时由陈去病介绍入社，参加了虎丘的南社雅集。
张志让（1893—1978），法学家，江苏武进人。早年曾先后求学于北京清华学校（清
华大学前身）、上海大同学院和复旦公学（复旦大学前身）。1915年，赴美留学，毕业
于哥伦比亚大学法律系，转而又去德国柏林大学法律系继续深造。回国后，任复旦大
学校务委员会主任委员，北京大学、东吴大学教授。张志让曾积极参加抗日救亡活
动，并参与营救"七君子"。新中国成立后，张志让曾出任最高人民法院副院长、中国
政治法律学会副会长等职。此外，居住在天库前的还有盛宣怀、盛昌颐、盛毓常祖孙
三代（48-1号、48-2号），中国事业银行副理刘森禄（旧门牌71号）[1]，绸缎业执委周铭
夫[2]，以及晚清遗老沈忆乔（旧门牌15号）[3]、陶启仁及其子陶嘉荣（旧门牌80号）[4]。天
库前还有宝昌煤号[5]、冯其良开办的冯锦记玉器号[6]较有名气。今天库前的天库里原名
治平里，里巷字额尚能分辨，系"治平里"三字，该宅内曾居有东中市庆泰棉绸庄经理

1.《苏州明报》（1933年11月28日）载录。
2.《苏州明报》（1935年10月21日）载录。
3.《苏州明报》（1948年12月9日）载录。
4.《苏州明报》（1947年6月25日）载录。
5.《苏州明报》（1928年7月24日）载录。
6.《苏州明报》（1935年10月28日）载录。

缪君选[1]。旧门牌88号曾为电报局[2]（其北面与贻德里相通），旧门牌94号为裕丰祥顾绣庄[3]及余丰泰杭坊苏庄[4]。天库前在民国时期亦有不少客栈，比如福兴客栈[5]。此外还有一些典当行，比如巷内88号由徽州人詹百忍开办的保大典、汤柠炎开办的仁兴协记。这些典当行也在1933年由国民政府实行废两改元。

下面从天库前的一条特色游径开始介绍：积善堂陆宅—盛宣怀故居—孔氏节孝坊—火神庙—武安会馆。

积善堂陆宅位于天库前76号，建于1935年，坐北朝南，共有两组建筑，南面是三层的西洋楼，北面为中式附属三厢。原宅主陆寒生为上海浦东人，在香港经营洋行生意，1978年在香港去世。现南面正门的楼角两侧有界碑"积善堂陆"。2004年12月23日，积善堂陆宅被列为苏州市第二批控制保护建筑。

积善堂陆宅今貌

盛宣怀故居位于天库前48-2号，正门在西中市，此宅曾为盛宣怀住所。前为电报局旧址，清光绪间盛宣怀主持开办的苏州电报局最早即设于此。民国初年曾翻修过。故居坐北朝南，二路三进。正路为二进三开间楼厅，体量较大。东路前有附房，后有花园（已毁）及楼厅。2004年12月23日，盛宣怀故居被列为苏州市第五批文物保护单位。盛宣怀（1844—1916），字杏荪，号愚斋，江苏武进人，同治九年（1870）入李鸿章幕府。他在参与创办中国第一个大型民用航运企业——轮船招商局后，主持创办多家企业、学校，包括中国第一家电信企业——天津电报局、第一

盛宣怀故居内景

1.《苏州明报》（1932年9月9日）载录。
2.《苏州明报》（1935年2月18日）载录。
3.《苏州明报》（1930年2月9日）载录。
4.《苏州明报》（1926年5月8日）载录。
5.《苏州明报》（1936年5月19日）载录。

家内河航运公司——山东内河小火轮航运公司、第一条南北干线——卢汉铁路、第一家国人自办的银行——中国通商银行、第一家钢铁联合企业——汉冶萍煤铁厂矿公司、第一所理工科大学——天津北洋西学学堂（天津大学前身），以及湖北煤铁开采总局、华盛纺织总厂和南洋公学（上海交通大学前身）等。盛宣怀曾先后任天津海关道、太常寺少卿、会办商务大臣、邮传部尚书等职。

1935年3月30日《苏州明报》第8版上的西中市中国通商银行广告

孔氏节孝坊位于天库前29号。字牌题为"旌表处士颜学洙妻孔氏节孝之门"。上额坊有龙纹，下额坊饰狮子绣球。右侧石柱镌题"不愧守贞圣教"，左侧石柱则镌刻"无惭约礼家风"。清乾隆《苏州府志》的"列女一"篇章上载录有颜学洙妻孔氏之名。

火神庙位于天库前16号，旧称明离道院。庙宇坐北朝南，现存一路两进三开间楼厅，现为走马楼格局。民国《吴县志》载："明离道院，在天库前，初建无考，道光十九年重修。"火神庙主祀火烈大帝，即炳灵公，世传为火神，或谓此火神为祝融。八字墙门，两侧原有侧门。上部砖额题字已

孔氏节孝坊今貌

毁。第二进七界扁作雕花梁承重，原前有翻轩，后改为格栅楼板。西侧墙面有书条石为道光十九年（1839）里人募捐碑刻。

武安会馆位于天库前10号。系清光绪十二年（1886）河南武安县（今属河北）旅苏绸缎业商人阎步锦等人集资创建。原会馆坐北朝南，占地约210平方米。中轴线上依次为影壁、头门、戏台、正殿。影壁为砖木结构，内有木制

火神庙今貌

1929年8月27日《苏州明报》关于旧时救火会在火神庙开会的报道

火神庙内的碑刻

架构,故能历经风雨而不垮。影壁两侧有大小相同的石拱门各一,高约2.5米,两门外侧门垛下各嵌石刻门墩一个,高约0.8米,上刻"河南武安会馆"六个楷书大字。右门楼额嵌石刻方石,上刻"夕阳"两字,左门已被砖石封闭,其门楼石刻已损毁,影壁后正中有一个石制香

武安会馆今貌

炉底座,与头门相对。头门南向,前设石狮一对,高约1米,现在基座位置未变,但石狮已散落院中。门前有石阶4个,檐下立4根门柱。头门东西各连一厅,呈对称状。武安会馆头门与影壁之间有东西高墙相连,原南北向两侧走廊已被隔开成前后两院。1982年10月22日,武安会馆被列为苏州市第二批文物保护单位。

周王庙(玉器公所)(市级控制保护建筑)

位于周王庙弄28号,又称周宣灵王庙,原为玉器业行会公所所在地。清嘉庆十三年(1808),琢玉业建宝珠公所于石塔头玉祖师殿,后毁于咸同兵燹。直到清同治九年(1870)玉器业集资重建此,当时济急会已纳入周王庙内玉业祖师殿前。此外,晶珠玉业公所亦移址于庙内,晶珠玉业同业公会常委之一的陆泰升也曾住在附近。此地民国时期属吴县德馨镇。1875年8月5日《申报》第2版中有一篇《苏垣迎周土盛

1925年11月19日《申报》第17版蕙风《餐樱庑漫笔》中所提及的周宣灵王庙

1889年9月15日《申报》上关于新开玉业　玉业汇市界碑　　周王庙济急会井
汇市的记载

周王庙今貌　　周王庙济急会残存的部分字牌（传为尢先甲题写，一字可换三斗米）

会》，记载了晚清时期周王庙会的盛况，其中谈道："晚七熙钟时神始出辕，旗锣伞扇、笙箫管笛以及香亭、对马、细乐、清音，各执事排列徐行，几有三里之长，与于会者有千余人，往观者无甚计。会中之马白（百）有余匹，骑者服同色，有玉器亭二架，内陈翡翠大碗一枚，白玉桥一条，约尺五寸。又有白玉瓢一、水晶人一，俱长尺。有咫观者，几为之目眩。亭后又随以二十六人，俱衣淡黄衫，背负尺二寸长之翡翠如意一柄。

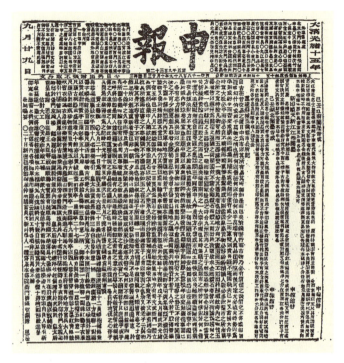

《重建苏城玉业汇市公所记》（袁祖志作，刊载于1889年10月23日《申报》第1版）

外有装成阴差二十四对并行于中途，或有作两相视者，或有提签而故作侧身行者，各具各样，无一雷同。"1882年10月30日《申报》第1版亦载："苏阊穿珠巷内有周王庙，相传为周宣武灵王，向系珠宝玉器同行聚会之所。每日自清晨迄晌午，凡衔玉怀宝之流与夫买椟还珠者群莫叙于此。"1889年9月15日《申报》第6版记载了当时在附近开设了玉业汇市，并讲述了咸同兵燹后玉业规模无法恢复昔日盛况，仅设汇市于山塘品园茶市及城内穿珠巷（今专诸巷）。《苏州通史（明代卷）》曾载："明代苏州琢玉普遍，工巧全国闻名。到明末，公论'良玉虽集京师，工巧则推苏郡'。苏城城西阊门内专诸巷、天库前、周王庙弄，南到学士街，集中着玉器店、作坊，处处可见碾玉之家。"[1]周王庙现存殿宇三进，晚清建筑，今散为民居。门前有照壁犹存。济急会位于周王庙的南边。周王庙内有"周王庙济急会"井，简称"济急井"。因一井可济急，故名。其井圈由整块花岗岩石凿就，外方内圆，厚实古朴。井圈上有竖刻"周王庙济急会"六字，计二行，每行三字，楷书。济急会是当时的慈善救济组织，原在周王庙的南边高墩弄1号前。2003年8月1日，周王庙被列为苏州市第一批控制保护建筑。

---

1. 吴建华主编：《苏州通史（明代卷）》，苏州大学出版社，2019，P532。

后石子街罗宅"燕翼诒谋"题额

后石子街（罗宅）

　　罗宅位于后石子街4号，两路二进建筑，圆作骨架。二进马赛克地砖依旧。天井内有清水砖门楼一座，字额为"燕翼诒谋"，题写人为沈嘉绩，落款时间为宣统元年（1909）夏。沈嘉绩，清末民初人，号枫山，吴县人，庠生，候补典史，鸿胪寺序班[1]。罗宅后院原有花园，旧有月洞门，今存早年养育巷扩宽时移来的光绪戊申（1908）"玉书泉"井栏。宅前左侧墙沿仍存"罗界"界碑。

石塔头

　　原名石塔子巷，因巷内6号原宝珠庵后围墙龛内旧有白石七级石塔一座，高约5尺，周刻佛像，顶为葫芦形，故名。

苏州孩子图书馆旧址今貌

　　石塔头4号系苏州孩子图书馆旧址，为一路五进传统建筑。1948年冬，中共苏州地下党员钱君华等发起筹建苏州孩子图书馆，得到宋庆龄领导的中国儿童福利基金会等资助。苏州孩子图书馆于1949年4月4日，在此地正式开馆，读者大部分为中小学生和失学儿童，人数由开馆时的20多人发展到700余人。图书馆常在小服务员和小读者中组织政治学习，1949年8月创办孩子们自编自印的《孩子报》。1949年中期曾迁入金门义昌木行，后再迁入达才小学分部，直至1950年8月并入苏州市立图书馆（今苏州图书馆）。2004年12月23日，苏州孩子图书馆旧址被列为苏州市第二批控制保护建筑。

　　石塔头2号为松茂里周宅，边门在石塔横街47、48号，系二层民国建筑。青砖外墙，石库门，内部砖木结构，民国时是上海民族资本家周志俊的私宅。周志俊（1898—1990），安徽池州东至县人，近代杰出徽商。其祖父周馥，官至山东巡抚、两广总督，

---

1. 沈嘉绩生平资料由文史专家倪浩文先生提供。

松茂里周宅今貌

参办复旦公学和安徽公学。其父曾两度出任北洋政府财政总长，是北方现代工业的奠基人，被誉为"北国工业巨子"，与张謇并称"南张北周"。近代徽商代表之一的周氏家族，在上海开办开创现代企业协作生产先河的信和纱厂、信孚印染厂、信义机器厂，经营纺织机器生产、棉纱布匹生产、布匹印染一条龙，三厂独立经营并互相协作，借助苏州河水运资源的天然优势，使企业日渐强大。

刘家浜

原为徐胡桥巷，因桥而名，又名徐大船巷，明卢熊《苏州府志》作"徐胡桥巷"，明王鏊《姑苏志》等均作"徐大船巷"，民国《吴县志》注"今名刘家浜，在徐胡桥侧"。南宋《平江图》上黄牛坊桥（今黄鹂坊桥）西堍北侧有徐胡桥。巷名后因明代进士、南京刑部尚书刘缨出生于此，而改今名。刘家浜西口曾居金阊市民公社社长尤宾秋[1]。民国时期，巷内还曾开设刘成训义庄。曾居刘家浜的名人有内科医生李屏周[2]及鸳鸯蝴蝶派代表人物包天笑等。

下面从刘家浜内的一条特色游径开始介绍：刘缨三牌坊旧址—九先甲故居—刘家浜申宅—谦益堂潘宅。

刘缨三牌坊以刘缨的功名及官职为名。坊已毁，存坊柱共五根，夹石一对半。其中都宪坊位于刘家浜西巷口，进士坊仅存北侧坊柱一根，尚书坊残柱存一对坊柱。刘缨（1442—1523），字与清，号铁柯，籍贯江西新淦县（今江西吉安新干县），居吴县凤凰里。刘缨系北宋集贤学士刘敞之后。明成化十四年（1478）进士，授武陵县知县，改滕县知县。成化二十二年，召为河南道监察御史，先后奉命前往福建、广东、河

刘缨三牌坊旧址今貌

1.《苏州明报》（1925年11月8日）载录。

2.《苏州明报》（1931年7月25日）载录。

南进行巡视,著有声绩。弘治九年(1496),升太仆寺少卿,上疏牲畜繁殖的利弊二十条,得到了朝廷采纳。弘治十三年,升都察院右佥都御史,巡抚四川,总督粮储,并兼任松潘军务。正德二年(1507),巡抚湖广。当时权臣刘瑾掌权,刘缨此前因有一事施行之前未向刘瑾禀报,于是便被下狱,不久得以释放。正德三年,升南京大理寺卿,不久又升兵部右侍郎。正德五年,升南京刑部尚书。正德七年,致仕归乡。

尤先甲故居位于刘家浜39号、41号、43号,而39号的后门可一直通到景德路。尤先甲(1843—1922),字鼎甫,吴县人,祖籍安徽徽州。光绪二年(1876)举人,授内阁中书,曾两度调礼部任职。清光绪九年(1883),尤先甲丁父忧归里,后不复做官,居苏经商及从事桑梓公益。尤先甲极具经商天赋,家资颇富,号称"尤顶富"。尤先甲故居有房三落七进,中落为竹丝墙门,后连轿厅。进门楼,门楼额题"凤羽展辉",系乾隆三十一年

尤先甲像

(1766)进士姜晟于乾隆丁未年(1787)所题。后为纱帽厅、花篮厅、爱日堂及堂楼三座。东落(原正落)有茶厅、轿厅、正厅颐寿堂。堂后砖门楼刻有"凤标棣友"四字,系清代书法家陆绍曾于乾隆庚戌年(1790)题。陆绍曾,江苏吴县人,字贯夫,号白斋,清乾隆年间人,好藏书,精鉴赏,工篆、籀、八分,尤擅八分。八分之为蝇头,盖自绍曾始。尤先甲故居原有花园,尤氏曾自办自由农场,后逐渐被拆毁,遗址曾为苏州市牛奶公司。西落早已坍废,民国时改建民房,后曾作托儿所使用。

尤先甲故居　姜晟"凤羽展辉"题额(倪浩文提供)

尤先甲故居　陆绍曾"凤标棣友"题额(倪浩文提供)

刘家浜申宅位于刘家浜38号，系
清代建筑，坐北朝南，二落四进，建
筑面积2041平方米。建筑古朴素雅，
有明代风格。现西落建筑完整，前三
进依此为门厅、轿厅、大厅，第四进
堂楼较精，搁梁浮雕官服人物，前设
一枝香轩。东厢房内墙嵌有三尺宽、
四尺五寸高的车光镜子，四周以红木

刘家浜申宅今貌

镶边。申家在苏州具有极高的知名度，申时行位极人臣，祖上又是富商，因此在苏州
拥有多处大型宅院。清顾震涛《吴门表隐》载："申文定公时行宅有八处，分金、石、
丝、竹、匏、土、革、木，（申）衙前百花巷各四大宅。庭前俱有白皮松，阶用青石，西
宅有御书'同心匡辟'匾；大鼓，严嵩故物，上所赐也（今存鼓架）。"此宅应为申姓
人家居住，至于是否与申时行直接相关，有待学界作进一步研讨。2003年8月1日，申
宅被列为苏州市第一批控制保护建筑。据居民所述，申家在香港的后裔多年前曾回
旧宅寻访。

谦益堂潘宅位于刘家浜24号、26号、28号，又称潘谦益堂，原主人系清代大阜潘
氏家族潘遵澄。潘遵澄（1775—1832），字玉清，号雅三，晚号笑拈。长洲县学生员，
属大阜潘氏东白公潘克顺的后代。状元潘世恩是潘遵澄的族叔，曾为其作《雅三先生
传》。《大阜潘氏支谱正编》中有《遵澄公墓图》，其中便有"谦益堂坟界"字样。至于
民国《吴县志》中对于潘钟瑞（增贡）的香禅精舍在刘家浜的提法，根据《潘钟瑞日
记》的记载，光绪十年（1884）至十一年间，他曾在庙堂巷平阳馆坐馆（权馆），平时则
居住在馆里，其邻居则是赁居壶园的郑文焯（小坡）："棹回宋仙洲巷，舟子阿猫头持
灯送余回庙堂巷，馆内早已阒寂无人。惟外户因小坡他出未闭，余颓然就睡。"（1885
年8月13日）而刘家浜的宅子则是其祖上的家，如日记中记载："清晨起，归家，恭逢先
考中宪公九秩冥诞，设供东邻定光寺，遂过去伺候……"（1885年7月23日）可知其原
来就住在谦益堂，因为谦益堂东面就是定光寺遗址。当时他的族兄潘松生也住在那
里，"心兰来，言昨日得字，至刘家浜东宅诊病，并顺至西宅诊视松生令兄。"（1885年

谦益堂潘宅今貌

4月10日）潘钟瑞亦在日记中曾称谦益堂为"本宅"："诣司徒庙弄、真如坞两处祖茔。大房支下得十五人，散而为谦益堂本宅遍扫榛山公、紫崖公两伯父，颖生、复生两兄，祖考暨先考诸墓。"（1888年4月24日）谦益堂坐北朝南三路，建筑面积2385平方米。中路四进，第二进为大厅，硬山顶。面阔三间11.2米，进深八檩13.6米，扁作梁，前有船棚轩，青石鼓墩柱础，台基高四踏步。后有楼厅两进。西路有楼四进，东路有楼三进。大厅曾悬有光绪帝所赐"恩荣"匾额，20世纪60年代中期被毁。20世纪50年代，花厅、花园改建厂房。据此宅老居民介绍，在如今的地坪下尚存有原来的青砖。2003年8月1日，谦益堂潘宅被列为苏州市第一批控制保护建筑。

留韵义井

　　位于专诸巷与石塔头的巷口，井圈刻"留韵义井　民国二十三年　沈惺叔建"。沈惺叔，苏州人，从事典当业。1911年于观前街开办保大钱庄。次年任商团公会会长、金阊中市市民公社副干事长、裕华新服织料厂总经理。1921年当选候补众议员，兼任金阊市民公社第一届副社长。1934年，住在三茅观巷的沈惺叔因老来得双胞胎儿子，非常高兴，发愿行善，一口气

留韵义井今貌

在苏州捐建了18口义井，都刻着"沈惺叔　民国二十三年"的字样。此井为现存沈氏义井之一。留韵义井现尚存6处，另5处分别在仓街、禾家弄、洪元弄、十间头和小日晖桥弄。

金门

1931年1月1日建成，城门为罗马式，由一大二小三座拱门并列而成，上端雉堞仿欧洲古城堡建筑风格，系罗马纳司克式。1921年，在阊门、胥门之间开的新胥门很小，不实用，所以在1931年拓宽景德路时，另辟金门，并建南新桥，此处成为苏州市区东西向的一条通道。1947年曾维修。

民国时期的金门旧影

15号街坊（清至民国）公馆会所一览表

序号	名称	今址	业态	创设年代
1	杭线会馆	宝林寺前20号	线、绸、箔业	清
2	咏勤公所	宝林寺前56号	洋布业	清
3	纸业公所	宝林寺前49号	纸业	清
4	玉业公所	天库前54号	琢玉业	清
5	金业公所	刘家浜36号	金业	清
6	丽泽公所	周五郎巷18号	金箔业	清
7	珠晶玉业公所	周王庙弄28号	珠晶玉业	清
8	领业公所	景德路392号	绒领业	清
9	七襄公所	文衙弄5号（今艺圃内）	缎纱绸绫业	清
10	信芳公所	专诸巷	烟业	清
11	绍酒公所	南新路禹川里	酒业	民国
12	裕明公所	石塔头2号	眼镜业	民国
13	华洋业同业公会	宝林寺前	同业公会	民国
14	水龙公所	文衙弄5号（今艺圃内）	消防业	民国

主题游径2：阊门遗址—阊门横街—里水关桥—外五泾弄、内五泾弄—渶溪仓—仓桥浜—官宰弄—五峰园弄—泰伯庙（此条游径亦从阊门始，涉及西中市北侧，今7号街坊周边区域）

阊门横街

阊门横街沿着阊门内城河东侧连接中市街、尚义桥街、宝成桥街。旧时，这里是铜、银器作坊及箔庄的聚居地，为了生活方便，此街上亦开设了南货店、点心店等。横街的西头是阊门内的外水关桥，过了外水关桥往东北行，可从3号的店面进入一条南北向的老街，即阊门横街。阊门横街11号章宅，是一栋民国建筑。原宅主章荫棠曾开办典当行及鲁诚意漆号，并曾任吴县泰伯镇保长。该建筑前有灰塑门楼，额题"千祥云集"四字，落款为"甲戌（1934）季秋穀旦"。左侧边款署题款人为吴清望。吴清望，字莱滋，安徽歙县昌溪人，曾出任昆山县知县，居苏州，擅楷书，与善草书的余觉、精篆书的蒋吟秋并称"吴门三俊"。往前东侧不远可至里水关桥。里水关桥西堍曾是一家眼镜作坊，往北接尚义桥街、宝成桥街。阊门横街31号为陈宅，34号为宝善堂许宅，37号则为典型的民国建筑，左右厢房。41号、42号、47号、74号也是石库门建筑。其中42号曾为王宅[1]，55号则为树德堂顾宅。

里水关桥

系清乾隆十二年（1747）始建。该桥东堍通阊门内下塘街，西堍通阊门横街。旧时，里水关桥下塘曾有一家竹筹店沈祥泰，曾为王万顺钱庄制作钱筹，在光福潭东地区广为流通。

外五泾弄、内五泾弄

说起外五泾弄和内五泾弄，则要谈谈"五泾"的文化含义。旧时，在不远处的尚义桥有五泾神庙。《吴门表隐》载："五泾即沙盆潭，湍涌最急，一在聚龙桥口，一在渡僧桥底，一在北濠口，一在阊门城洞下，一在吊桥底。五水交汇，极深。有五泾神庙，在尚义桥。神姓金名元，封五泾河神，明洪武初建。"外五泾弄3号有门楼一座，字额已毁。4号则坐北朝南，一路三进，门厅六界，后有砖雕门楼一座，字牌上题"垂裕后昆"。5号存门楼一座，字额已毁。6-1号原为赵宅，建于1936年，三层西式洋房，前街后河。1949年，上海纺织界人士梁甫吟以六根金条购下此房。梁甫吟的孙子美国电影导演梁晨少时曾在此居住生活。该房坐西朝东，北侧为朝南厢房，西部临水三层置晒台，整体平面呈"L"形。大门朝南，门头为水粉石贴面，两侧柱头为长方体，中央两层线条凹进竖长方形纹样，上部为八方正方形水粉石薄片叠合成的旋转花样，柱头上部从下往上装饰深刻竖纹四条，圆孔三方，上覆顶。另外三处山墙大小有别，款式一致，外

1. 唐小祥主编，苏州市房产交易中心编：《苏州近代建筑考》，苏州大学出版社，2010，P316。

墙则是铭文青砖沙包式砌筑。7号则是务本堂洪宅。此宅内存有状元陆润庠题"玉节金和"砖额，题写时间为清同治十三年（1874）。10号则是三槐堂王宅。三槐堂王宅的历史可追溯到后唐时期，因宅主始祖王祐曾手植三槐而得名。王祐生于后唐同光元年（923），卒于宋雍熙三年（986）。他在宋太祖时代曾担任监察御史，后又先后出任河中、开封两地知府，以文武忠孝而显名。阊门内下塘的西段也有密集的老宅遗存。从外五泾弄回到阊门内下塘，再往东走，则可至浒溪仓、内五泾弄。内五泾弄1号为宣荫堂陆宅。陆家是大户人家，这一片房舍在民国时期的宅主为商人陆佑之。13号则是朱宅，也是民国建筑。15号系原内五泾庙遗址，后曾改为桃坞塑料厂。20号为王秀记。过了内五泾弄则可达仓桥浜。

浒溪仓

说起浒溪仓，便要谈起粮仓的历史，原来这里是百万仓的西仓。户部百万仓分为西仓和东仓，西仓在宋开禧三年（1207）建；东仓稍晚，建于宋嘉熙年间。浒溪仓所在的巷称浒溪仓弄。1号为惟善堂张宅，建于清末。5—7号则是德贻堂马宅，亦是清末民初的建筑，其中5号内有门楼一座，字牌上题"燕翼贻谋"，据老人讲述系民国时期男帽业常务理事马焕文的宅子。9号为宝善堂傅宅，系晚清至民国建筑，有雕花落地长窗。7号东侧为兰芬里。兰芬里1号为衍庆堂魏宅，堂前有巷门，上书"安且吉兮"，其原宅主为魏兰芬。

仓桥浜

仓桥浜的名字源自巷子东首的仓桥。此桥在明代被称作东仓桥，清乾隆二十年（1755）重建并更名为延庆桥，后改今名。1984年重修。从仓桥往北可进入仓桥浜，其中仓桥浜10—11号为世德堂胡宅。21号则为孙宅，宅主为曾在新华书店工作的孙维明。22号是席宅，堂号芝秀堂，原宅主系米行老板，为洞庭席家后裔，其后人在上海。23号为沈宅，这家人经营铜炉锡器。23号与31号原来相通，皆为民国建筑，地籍资料显示民国时期户主为沈云泉。附近几位老人共同回忆，沈家后人中有一位叫沈一路，他的母亲王老师曾在一所学校教书。30号是周宅，老居民回忆，周家曾经营桐油业。

这一支周氏的郡望是汝南周氏，但据相关地籍资料，此处为绍兴绸布业商人周根生的宅子。此宅内有砖雕门楼一座。其北面可达仓桥浜邓宅。仓桥浜的南侧有南翔里。说起南翔里，民国时期有许多布业老板在此居住。采访老居民得知，南翔里4号原来是正大布庄滕老板的产业，滕家堂号"德本堂"，至今界碑"滕德本堂"犹存，其后人去了香港。南翔里还居有曾在石路开设永泰布店的徐老板。仓桥浜33号曾为举人孙揆均的宅子。孙揆均（1866—1941），又名道毅，字叔方，号寒厓、江东孙叔、叔舫、老虎、鹤主（来鹤楼主人），江苏无锡人，孙继皋第九世裔孙。少孤，随兄嫂生活。清光绪十五年（1889）与钮永建、丁福保等负笈江阴南菁书院。光绪二十年举人。历官内阁中书、军机章京。1935年2月13日的《苏州明报》上曾刊登孙揆均与友人会面的场景："由京来苏，吴氏衣元色[1]小花缎对胸马褂、浅灰小花缎羊皮袍，搭攀棉鞋、黑毛绳袜，发须皆白，神采奕奕，下车后即赴仓桥浜卅三号访晤革命钜子孙寒厓，互道阔别，旋同赴留园、虎丘游览，傍晚入城，至玄妙观巡礼一周……"[2]孙揆均工诗善书，诗意苍朴，有诗集《寒厓集》传世。

更值得一提的是，仓桥浜曾走出过一位朱子学、阳明学研究大家束景南（1943—2024）。1978年，束景南考入复旦大学中文系，成为中国古代文学专业研究生。1981年获文学硕士学位，分配至苏州大学中文系任教。1992年晋升为教授，曾任古代文学教研室主任、中华文化研究所所长。1995年调至浙江大学，为浙江大学古籍研究所、中外文化交流中心、宋学研究中心教授、博导。我们通过联系束景南女儿、香港美术家协会画家束渊女士，从而揭开了一段鲜为人知的往事。20世纪80年代，束景南任教于苏州大学，居住在仓桥浜20号一所并不起眼的老宅中。束先生每天来回步行4个小时，从家里到苏州大学图书馆抄阅资料。仓桥浜20号曾有束先生的"十方立书轩"，那是一处仅供站立写作的空间，里面堆满了线装书。然而即便是在这样狭窄的斗室中，束先生也凭借着他对文史的热爱，完成了60万字的《朱熹佚文辑考》和近百万字的《朱子大传》，奠定了他在中国当代朱子学研究和理学研究的权威地位。据说如今在苏州大学还流传着这么一句话："我们图书馆里的古籍藏书，这么多年来，全部翻

---

1. 即黑色，亦称玄色、墨色、青色。
2. 《苏州明报》（1935年2月13日第7版）载录。

看查阅过一遍的人，只有束景南了。"对于那段往事，束先生在自传中提及："在苏州
大学中文系，我主要教中国古代文学史课，另外开设中国文化史课与中国文学批评史
课。1989年评上副教授后，开始招收中国文学批评史的硕士生，当过一年的古代文学
教研室主任。1992年年底，我评上了教授。在苏州大学工作了十三年，我的学术研究发
生了很大变化。实际还在刚毕业分配到苏州大学时，我就深感自己学问根基薄弱，知
识面狭窄，学术研究的视野一辈子局限在先秦两汉文学上，是做不出什么像样的学问
来的，必须勇于不断开拓研究的新领域，融贯文史哲的研究，才能大有作为，开拓创
新。时不我待，所以我一毕业到苏州大学，就放下了我原来的先秦两汉文学研究，大
胆转向对宋明理学的文化研究，首先选择从朱子学突破，深入到对儒佛道三大文化
的研究。对朱熹这个思想家，我早在大学时代就认为他是中国传统文化的代表，在复
旦大学读研究生期间就已经在搜辑朱熹的文献资料。到苏州大学后，立即对朱熹的
文献资料及其生平事迹与思想展开了考证研究，先在1983年写出了《朱熹佚文辑考》
一书。在此基础上，到1985年我又写出了《朱子大传》。由于出书困难，《朱熹佚文辑
考》到1991年才出版，《朱子大传》也到1992年才出版。以后我参加了《朱子全书》
的编辑工作，写出了《朱熹佚诗佚文全考》（辑佚卷）。2002年又写出了《朱熹年谱长
编》（二卷）。这四部著作构成了我的自成一家的朱子学研究系列，重在开拓创新。
著名学者潘富恩、徐洪兴在《哲学研究》上发表了长篇学术评论《板凳坐冷，文章坐
实——评束景南先生的'朱子学'研究》（1993年第5期），认为'这两部著作的问世，
填补了朱子学研究中长期存在的两项空白，是朱子学研究领域研究深化的一个新的
表现'，肯定了我在朱子学领域的前沿领先的研究水平。2015年，《朱子大传》翻成韩
文在韩国出版，引起了轰动。韩国学者纷纷撰文，认为'先生的《朱子大传》《朱熹佚
文辑考》《朱熹年谱长编》等都是在朱子学方面的里程碑式的著作。束教授的《朱子
大传》是21世纪对朱子生平考述得最好的著作，以后很难再有超越'，'是对东亚文
化思想最深刻的辨析'，'束教授代表了当代古典学研究的最高水平'。到2016年，出
版了增订本的《朱子大传：'性'的救赎之路》，又有进一步的开拓创新，《新华文摘》
上发表了对新版《朱子大传》的评论文章《理学文化研究的自我超越——新版〈朱子
大传〉的思想升华》（2016年第23期），对新版《朱子大传》出版的世界意义作了高度

评价。"[1]束先生后来调任浙江大学，他的学术重心转移到了阳明学，束先生的自传记录如下："从我调到杭州大学以后，我的学术研究的重心便转向了阳明学研究，向新的学术高峰迈进。其实我还在研究朱子学的时候，就已经注意王阳明这个人物，朱子学的研究也为我研究阳明学打下了一个深厚的基础，由朱子学的研究自然过渡到阳明学的研究。我首先花十余年时间做了全面搜辑阳明文献资料与梳理考证的艰苦工夫，查阅了二万余种古籍。先在2012年写出了《王阳明佚文辑考编年》（二卷）、《王阳明全集补编》。接着在2017年出版了《王阳明年谱长编》（四卷）。"[2]2018年，束渊女士再次来到仓桥浜20号寻根，那是她6岁前居住的地方，凭借着儿时的点滴记忆，她找到了父亲曾经居住过的仓桥浜20号。她在《我的老家考据之行》一文中这样写道："仓桥靠左手边就是仓桥浜1号。仓桥浜，这条小得地图上都找不到标号的街，终于找到你了。接下来这20个门牌号我走得莫名的心潮澎湃，似乎一个尘封多年的秘密要解开似的。我几乎是屏住呼吸走路，一边走，一边探头探脑地观察每一户，从蛛丝马迹里寻找当年的记忆，当最后终于走到20号时，门口站着两个人，其中一个女的看我一身游客打扮，脖子上挂了一个大相机，狐疑地问我：'你找谁？'我说：'我以前住在这里，我回来看看。'另外那个男的看了看我，说：'你以前住这里？不可能。'我说：'我80年代初住这里。'男（仔细看了看我）：'不可能。'我说：'你们认识潘××吗？'女的想了想说：'啊，小潘啊，认识认识，以前是住这里的。'我说：'我是她女儿。'女：'啊，是小潘的女儿啊，你和你妈长得不大像呢，没认出来。'我说：'你们是？'女的：'我们就是你们隔壁的钟家啊，我儿子伟伟，以前和你一起玩的呢。'记忆真是个神奇的东西，有些似乎已经完全被我遗忘的东西忽然间灵光一闪就全回来了。是的，伟伟，我还记得这个男孩子，以前和我抢小火车玩的。虽然我已经完全想不起他的长相，但是那个小火车却是我记忆最深刻的一个玩具。我小的时候父亲还在上海读书，父亲当时对我来说是个陌生人，一年只回家一两回。我总是看着他，颤颤悠悠地在母亲的催促下叫爸爸。父亲总是和颜悦色地逗我说话，每次回来他总给我带一个玩具，印象最深的是有个手臂长的大火车（不是小火车），可以前后左右转着圈开，撞到墙

1. 浙江省社会科学界联合会：《社科名家学术自传 | 束景南自传》，浙江社科（微信公众号）2019-10-08。
2. 同上。

还会自己改变方向，可能是当时最高级的玩具火车，据说花了父亲一个月的补贴。我常拿着它在院子当中开，总能引来一大帮人观看，收获艳羡目光无数，这样的风光一直持续了好多年。"

1924年，西人林德丽（Grace Lindley）曾来苏州旅行，讲述了她沿着运河从阊门水城门入城，经中市河折向仓桥浜来到当时圣公会桃坞中学的情形："第二天，帕特南小姐帮我们沿着原路折回镇江，在那里我们坐火车去苏州，那是'中国的威尼斯'，绝对令人着迷。这一次，史丹林太太（Mrs. Standring）[1]和明馨玲小姐（Miss Minhinnick）迎接了我们，下了火车，乘着一艘古色古香的小船，沿着运河穿过水门进入城市，掠过两旁房屋突兀而拥挤的水道，这使你渴望成为一名画家，因为要画出我们所看到的那些图景……"[2]而仓桥浜平安里3号原为惠司明公司，当时的经理叫陆兆芳，公司的商标是双狮图案，相关档案现藏于苏州市档案馆。沿着仓桥浜再往东走则可达官宰弄。

官宰弄

官宰弄的得名与旧时祭祀泰伯有关。据说当时祭祀宰杀牲口，即在此弄，遂以此命名。此弄在泰伯庙西，故此说不虚。旧时此弄内曾有丝绸业同仁开办的京帮经业公所。清同治十三年（1874）重建，1919年又改名江宁公馆，其同业公会则集会于西北街天后宫。官宰弄比较有名的有3号，曾居吴门黄氏内科创始人黄一峰。黄一峰（1902—1990），字祥麟，从20世纪30年代开始便在苏城行医。7号原为1978年创办的桃坞职工业余学校，后改为桃坞毛巾厂，承载了一代人的记忆。9号则为元宁公所。此外，元宁公所的西侧曾为商人吴克昌的宅子，吴宅后则曾是戏衣业商人王绍曾的宅子。王宅后面有两家小户。据民国时期泰伯镇的地籍资料，西侧30号系新苏台旅馆

名医黄一峰自题的招牌

茶房陈东山的宅子。此宅现存混水门楼一座，字牌题字已漫漶难辨。民国时期此宅门牌号为46号，但巷名未有变化，陈东山曾在此设家庵。此宅曾出过香伙顾阿根命案，登载于《苏州明报》，轰动一时[1]。另据传闻这里曾是赵氏祠，原有祠屋6间[2]。东侧为俞官生宅。官宰弄与五峰园弄相接。

五峰园弄

五峰园弄原名西混堂弄，因原来宝苏局西（即今阊门西街西侧）有浴室（吴语称"混堂"），故名。宝苏局在清代的钱币铸造中扮演了重要角色，从康熙到光绪年间都有铸钱活动。该局由江苏按察使司总理，并由正副监督和协理官总领局务。宝苏局设有十六座炉，每月额定铸造两卯，四季各加铸一卯，全年共铸钱二十八卯，遇闰月另行加铸。旧时宝苏局的工人在制钱翻砂时，弄堂内会蒙上紫灰，故附近亦有地名"紫粉弄"，而当时制钱的工人则被称为"铜人"，故这些工人聚集居住的地方被称为"同仁（铜人）街"。1982年，出于旅游开发需要，改为五峰园弄（源于此弄内15号有座著名的明代园林五峰园）。此弄北段与打铁弄、庆纯里相接。民国时期，西混堂弄南段东侧转角曾有路头堂，供奉路头菩萨，也就是财神。旧时商家按照行业习俗多会在店内准备丰盛的酒菜供奉路头菩萨的画像，以示对财神的尊敬和感谢。旧时此片区范围内亦居住了许多工商业人士。此弄往北的东侧曾有红业丹霞会所，会所对面是丹霞公会。紧临丹霞公会的南侧也有两户人家，东侧曾为绍兴商人俞文达的宅子，西侧则曾是娄门顺泰和杂货店店主周润生的宅子。丹霞公会的北侧在新中国成立初曾是商人王鹤柏的宅子。王鹤柏宅的北侧则是洋货税务所经理邓雨生的宅子。在红业丹霞会所的南面原为一户王姓大宅（民国档案中户主标记为王永顺，老居民介绍曾为一户木行业主）。在红业丹霞会所的北面则是三幢曹家的房子，其中邻近丹霞公会的大宅曾是爱国志士、国魂除奸团成员曹松寿的宅子，其东侧曾为经学大师曹元弼的宅子，今已划归曹沧洲故居的范围。曹元弼（1867—1953），苏州人，字谷孙，又字师郑，号叔彦，晚号复礼老人，室名复礼堂。他早年肄业于南菁书院，从黄以周学，与唐文治、张

1.《苏州明报》（1935年7月6日第7版、1935年7月8日第7版、1936年2月28日第7版）载录。
2.《金阊区志》编纂委员会编：《金阊区志》，东南大学出版社，2005，P121。

锡恭等相友。曹元弼才学博洽，淹贯群经，尤精于三礼，因而被誉为"清代最后的经学家"。曹元弼宅东侧为陆宅，东北侧则有一弄称"岫云里"。在此弄东侧，临近曹宅有一大宅，原业主是当时法政界人士沈五如。再往北则曾是曹兰雪的宅子。据房产档案资料，民国时期，在宝城桥往南、西混堂弄与官宰弄的交界处曾是钱业小学（今官宰弄53号）的产业。关于钱业小学，许多老人记忆的方位是位于东中市90号钱业公所的后进，当时学校由钱业公会开办，其招生对象为钱业同仁子弟。民国时期，钱冠瀛、宋友裴、钱仲鹿先后担任钱业小学校长。其西南侧曾为士绅张庆绳的产业，张庆绳曾在此办学，而其本人则居住在打铁弄[1]。东侧的打铁弄口（17号）则为商人张雨生的洋房。张雨生从事扇业生意，尤善扇柄制作，今永丰桥南堍、五峰园弄47—51号旧时亦为张家的房产。

水韵观光游径

主题游径：庙桥—仓桥—水关桥遗址—盛泽码头—探桥遗址—北码头—吊桥遗址—南码头—万人码头—闾门寻根纪念地碑（方基上）

本主题游径从泰伯庙前的庙桥始，至闾门寻根纪念地碑结束。途中涉及"六码头"（南码头、北码头、太子码头、万人码头、丹阳码头、盛泽码头）中的五个码头，以及旧闾门附近有重要历史文化代表性的津梁，如庙桥、仓桥、水关桥、探桥、吊桥。

庙桥即泰伯庙前之桥。旧时浒溪仓一带的粮仓有东西两桥，粮仓东面名曰东仓桥，西面则为西仓桥。清乾隆年间，东仓桥改称仓桥，西仓桥因其地处于闾门水城门边，故又改称里水关桥。仓桥于清乾隆二十年（1755）重建，一度更名为延庆桥，

闾门吊桥头旧影

---

1. 打铁弄4号系点亦堂叶宅，6号曾居开设在西中市与专诸巷交界口朝北门面的刘祥瑞眼镜号（今不存）的老板刘博如，他的宅中留题有"勤慎敬畏"的字额。

20世纪00年代苏州地图中所描绘的闾门从张广桥至　闾门吊桥旧影
闾门的水系、津梁、码头、渡口方位情况

有时又称义役仓桥、乐轮仓桥、绿水仓桥等。探桥，也称坍桥，也是旧时闾门地区的重要津梁。清乾隆《吴县志》载："探桥在闾门外，北洞子门内。明洪武元年辟筑月城建，崇祯十二年知县牛若麟修。"明王鏊《姑苏志》则载录条目："探桥，北童子门。"吊桥也称钓桥，南宋《平江图》上名之曰"虹桥"。明王鏊《姑苏志》作"虹桥"。民国《吴县志》亦载："虹桥即闾门钓桥。"明成化六年（1470）曾改名永济桥。初为木桥，后遇大水冲毁。元代时，郡人邓文贵自愿捐资重建石桥，并于元泰定元年（1324）十月建成，耗资十五万贯。此桥之后屡建屡毁。明洪武初，被改建为石墩木梁桥。明代有3次毁后重建，即正德七年（1512）、万历十八年（1590）、崇祯十一年（1638）。有清一代，吊桥更是多次重建。顺治二年（1645）、十一年，康熙三年（1664）、九年、十年、十四年，嘉庆二十二年（1817）计有7次重修或重建。

水关桥旧影

新中国成立后的探桥旧影

旧时苏州有"三关六码头"的说法。闾门吊桥南面的称南码头，南码头30号曾是大王庙。吊桥北面的叫北码头。

北码头南接北童梓门，北至四摆渡。北码头也有许多文化遗存，比如26号原业主是湖北籍瓷器商、经营恒兴瓷号的王怀玉。此宅堂名"三槐堂"，建于1929年。28号则是润

万人码头旧影　　　　　　　　万人码头公埠界碑　　民国时期明信片上的阊门万人码头旧影

庐潘宅，原业主早年曾在吊桥头开五金铺。此两幢洋房至今犹存。此外，北码头也有一些已经消失的文化遗存，比如北码头72号曾是建于清光绪十年（1884）的湖北会馆（瓷器业），77号曾是杨王庙，还有1947年的吴县卷烟业同业公会，今皆已不存。

　　南码头位于南浩街北端，据说在明代，有外地官员乘船到苏，由北码头上岸，久而久之，北码头便成为官员的专用码头，因此百姓只得在北码头之南再建一个码头，起初称"子码头"，寓意为爱民如子。林则徐曾在南码头附近禁烟，因而南码头文化底蕴厚重。

　　至于太子码头，民间传说曾有一位太子在此登岸，故名。太子码头曾一度被称为工农码头。新中国成立初，太子码头1号曾有一座龙王庙。北段相合又接第四个、第五个渡口，称作四摆渡、五摆渡。20世纪50年代初，五摆渡并入四摆渡，地名因此消失。

　　再说说万人码头。万人码头位于阊门外阊胥路北端外城河西岸，南起南新桥堍，北至鲇鱼墩。原来称为犯人码头，明清时代是江苏各地由水上运输押解罪犯到苏州的专用码头，后来改了陆路押解犯人，码头用途改变。此码头地处要津，旧时船来船往，非常热闹，故又改称为万人码头。新中国成立初，万人码头9号曾有一座随粮王庙。

20世纪00年代苏州地图中阊门附近码头的分布情况

丹阳码头的名称源于其专为丹阳客商运送货物的历史。从与阊门的地域联系来看，丹阳码头地处山塘历史文化街区，南起杨安弄，北至星桥湾，与其他5个码头相比较，地域文化肌理上关联较远。民国范君博《吴门坊巷待辍吟》卷五中有一首诗谈到丹阳码头："电掣年光满眼愁，且拚醉倒试新篘。阿蒙不是丹阳客，日日何须到码头。"

盛泽码头位于今阊门饭店前。旧时有"绸都"美誉的吴江盛泽产丝，闻名海内外，西人游记多有提及盛泽出产的生丝。清嘉庆二十四年（1819）绸业公所成立后，

阊门盛泽码头旧影

盛泽绸商曾专设"庄船"运送丝绸。清嘉庆、道光年间，盛泽绸商集资在苏州阊门内水关桥臭弄口的临河处建造专用码头，供盛泽"庄船"卸货，并在河边建堆栈，用以供运输、存贮绸匹及其他货物，非常热闹。盛泽码头旁有新马路与西中市相接，而南北向跨中市河的小桥则称为宝源桥，其东侧则是宝源里，因清代此处曾设宝源典当行，故名。太平天国时期，绸货运输一度受阻，后又重新勘界立碑，恢复码头功能。如今码头已毁，而盛泽码头3号前仍然保存了跨街楼。苏州碑刻博物馆内收藏了一方镌刻于清光绪十三年（1887）的《吴县永禁占泊绸庄船埠码头碑》，碑文如下：

苏州碑刻博物馆所陈列的《吴县永禁占泊绸庄船埠码头碑》

苏州碑刻博物馆所陈列的《阊门吊桥不得随意停泊船只碑》

　　钦加府衔补用直隶州署理江南苏州府吴县正堂马，为给示谕禁事。案据盛泽绸业职董王家鼎、王

景曾、顾大圻、程宣、吴寿椿、张城元、王锦运、监生陈照、王文煜、黄榕禀称：职等皆寓苏接办绸绫为业。旧有北利二图里水关桥臭弄口绸庄船埠，立碑盖屋，遭兵被毁。其基地约有见方丈许，曾经该埠船户禀准详给牌照，照旧开行复业。不料本年夏秋之间，船埠两傍碑基被人改造门面，并在埠岸上建过楼傍屋，尽租游馆。因之游船出入，反欲驱逐庄船，恃势强占，以害贸易。环叩勘界示禁，等情。并据庄船户卫二观、姚进荣等绘图，禀同前情，各到县。据经批候勘讯察办在案。兹据该职董王家鼎等，以该处房屋主唐姓人等，再三情商，愿向租户告诫，不许在该码头停泊船只。迨夜深巷门上锁后，不准进出上落，及由楼窗泼水启衅。职等以庄船只求相安无事，已允该房主自行禀请销案。惟旧时建立碑屋基地，现已被人造置，只能在臭弄口及河埠巷口各立碑示一座，其巷门仍由该船户因时启闭上锁。锁闭后，不准游人叫开。即弄内亦不得将轿停歇，有碍出入。禀求给示立碑永遵，等情。并据职员唐熙业以前情具禀各前来，除分别批示外，合行给示谕遵。为此示，仰该处居民、地保及船户人等一体知悉，尔等须知，庄船河埠码头巷门，向由该船户等因时启闭，入夜上锁，以照慎重。自示之后，凡有各项船只，不准在此埠头占泊，其巷内亦不准停轿阻碍。迨巷门上锁后，更不准唤开上落，致有疏虞。沿河楼窗，不许倾盆泼水污物肇衅。如敢故违，许即指名禀具，以凭提究，决不宽贷。其各凛遵毋违。特示遵。

光绪十三年十一月十五日示　　发绸庄船码头立　　镂文室席云山刻

水韵观光主题游径的最后一站是阊门寻根纪念地。2009年，苏州市政府在阊门城楼下古运河畔方基上修建了阊门寻根纪念地——朝宗阁，在河畔则树起了阊门寻根纪念地碑。如今的阊门寻根纪念地主要由望苏埠、朝宗阁、寻根驿站三部分组成。望苏埠位于朝宗阁东侧护城河水码头，沿河码头有阊门水码头和洪武迁徙碑，还有一棵"思乡树"。苏州市地方志工作办公室曾撰文指出："据《苏州市志》载：元至元二十七年（1290）平江路（即后来苏州府）领县6，人口已达240余万。经元末明初的战乱，到明初洪武四年（1371）统计，时苏州府领县6，47万户，190万人口。80年中锐减50多万人。除了战争伤亡，另一个原因就是'洪武迁徙'。《苏州市志》云：洪武初年，为加强国家统治，开发落后地区及边远地区，实行戍边屯田制，先后在全国范围内进行多次大规模的人口迁徙,洪武三年(1370)迁苏州、松江等地无田农民4000余户至临濠垦田。二十二年,迁苏州阊门一带商户百姓至苏北沿海灶区(盐区),二十四年(1391),迁苏州富民充实南京。永乐元年(1403),迁苏州等地富民充实北京。(依据材料是《明史》卷1—6、《明通鉴》卷9、《国榷》卷9)'"[1]六百五十多年的沧海桑田,阊门附近业已地貌大变,昔日的码头早已完成了历史使命,逐渐被世人所淡忘。然而,阊门寻根纪念地所承载的割舍不断的血脉亲情、历史传承,如同山西的大槐树一样,成为无数人的寻根圣地和精神家园,让成千上万来此的寻根者心有所托、行有所获。

第六节 金阊地区的古宅门楼文化

说起金阊地区清末至民国古宅的砖雕门楼,亦是一大特色。比较集中的区域是15号街坊和7号街坊,在临近的区域亦有零星分布,下面择其精华进行讲述。

门楼的题额者

金阊地区有大量砖雕、混水门楼的遗存,至今许多保留完整,其中不乏名人题字,亦有未落款或者素面的情况。从已知的门楼题写者中看,择取有典可考者,大致分为两类。先说第一类,系清末科甲出身者,比如状元陆润庠、彭启丰、洪钧。还有进士,比如邹福保(榜眼)、吴荫培(探花)、吴郁生、孙岳颁、汪洵、姜晟、吴宝恕等。亦有一些士绅,比如有沈敬德、张廷球、陈德修等。下面择要讲述。

状元陆润庠题额的门楼,在苏州有近30处。在金阊地区较有代表性的有3处,即外五泾弄务本堂张宅门楼题额"玉节金和"[题写于光绪丁酉(1897)孟夏]、阊

---

1. 苏州市地方志编纂委员会办公室:《阊门——"洪武赶散"者的"大槐树"》,苏州方志网(2010-01-20)。

陆润庠像（苏州状元博物馆藏）

彭启丰像（苏州状元博物馆藏）

门内下塘街陆润庠故居内的题额"福禄光明"、长弄的题额"克昌厥后"。说起状元陆润庠，可谓大名鼎鼎。陆润庠（1841—1915），字凤石，号云洒、固叟。清同治十三年（1874）甲戌科状元，历官翰林院修撰、山东学政、国子祭酒。以母疾归苏州，总办苏州商务。光绪二十一年（1895），两江总督兼南洋通商大臣张之洞移用清政府向苏州等五府商民借银54.76万两（原拟用作中日甲午战争军费），成立苏州商务局办苏经苏纶股份有限公司，由丁忧在籍的国子祭酒陆润庠为公司总董进行筹建。后来陆润庠曾回任工部尚书、吏部尚书，官至体仁阁大学士、东阁大学士、太保，又担任宣统帝的老师。宣统三年（1911）皇族内阁成立，陆润庠出任弼德院院长。

另一位状元彭启丰则曾为陆家题写"珠树联芳"，门楼今在陆润庠故居西路怀鸥舫前。彭启丰（1701—1784），字翰文，号芝庭，又号香山老人。雍正五年（1727）会试第一，殿试时，列为一甲三名，雍正帝亲拔为第一，状元及第，授翰林院修撰。乾隆年间，历官侍讲、左佥都御史、浙江学政、刑部侍郎、吏部侍郎、兵部尚书。长洲彭氏家族是一个科举世家，对家族子弟的文化教育十分重视，因而家族中许多人走上了科举之路。在《彭氏宗谱》中曾有规定："宗人生业，以读书习礼为上，次则训徒、学医、务农，次则商贾、贸迁。若违理背训入于匪类者，斥而不书。"

状元洪钧则在五爱巷留有题额"燕翼相承"。洪钧（1839—1893），字陶士，号文卿，吴县人，系清同治七年（1868）戊辰科状元。原籍安徽歙县，吴县附监生，民籍。父洪坦由徽迁苏。后历任学政、兵部左侍郎及总理各国事务衙门大臣。光绪年间，洪钧曾以外交官的身份出使俄、德、荷、奥四国，成为清末备受瞩目的外交官之一。他与赛金花的故事亦在坊间广为流传。

邹福保（1852—1915），字咏春，号芸巢，元和（今苏州）人，清光绪十二年（1886）丙戌科榜眼。官至侍讲，充顺天乡试同考官。光绪三十三年邹福保引疾还乡，在苏州监督师范学堂，月俸三百元，邹福保坚拒不受；又任学务处议长，主持筹办自治、咨询等局，仍然不取分文。封疆大吏专门为他上奏，称邹福保"亮节清风，三吴人望"，疏荐"耆儒硕学，优诏褒许"。宣统元年（1909），邹福保在家乡致力于教育，任苏州存古学堂主讲。在此期间，他专心致志于学问，藏书多达十万卷。光绪丙申（1896）冬日，邹福保曾在宝林寺前53号周宅内留题"燕翼诒谋"字额。

洪钧题额"燕翼相承"

邹福保题额"燕翼诒谋"

　　吴荫培（1851—1930），字树百，号颖芝、云庵、平江遗民，吴县人。清光绪十六年（1890）庚寅科探花。他与张一麐、费树蔚、李根源齐名，喜交艺友，或论诗文，或作书画，与徐郙、陆润庠、叶昌炽、潘遵祁、潘曾莹、陆增祥等时有往来。吴荫培从小天资颖异，18岁补博士弟子员，20岁中孝廉。光绪二十八年（1902），吴荫培以编修出任福建乡试副考官。民国初年，吴荫培出任男普济堂董事达十年之久。当时吴地盗墓成

吴荫培题额"树德务滋"

风，吴荫培又捐资创办吴中保墓会，提出了"保护圣贤之墓，以赋吾等同胞新生"的口号，保护了众多名人古墓。1916年，吴荫培与曹允源、蒋炳章一道出任《吴县志》总纂。他为人做事，为邑人所称道。吴荫培曾在刘家浜32号留有题额实例"树德务滋"。

　　吴郁生（1854—1940），字蔚若，号钝斋，出身于苏州洞泾吴氏家族，系吴廷琛之孙。清光绪二年（1876）进士，选庶吉士，散馆授编修。历官四川学政、内阁学士、礼部侍郎、邮传部尚书、军机大臣等。

民国后寓居青岛。苏州园林狮子林后门的字额即为吴郁生题写，至今犹存。而在金阊地区15号街坊的太平弄7号，则亦留存有吴郁生门楼题额"竹苞松茂"。

孙岳颁（1639—1708），字云韶，号树峰，吴县人。清康熙二十一年（1682）进士，官至礼部侍郎，亦是《佩文斋书画谱》编纂总裁官。孙岳颁在今阊门下塘街3号曾留下"碣石垂声"四字题额，题写年份为康熙乙酉年，即康熙四十四年（1705）。

汪洵，字子渊，号渊若，原名学瀚，字渊若，阳湖（今常州）人。清光绪十八年（1892）进士，授编修。书法摹颜真卿，得其神骨，又参以他帖而变化之，功力甚深，兼精篆、隶。汪洵曾在周五郎巷6-1号袁宅内留下"麟凤家声"和"纯嘏凝休"两处题额，题写时间皆为光绪戊申（1908）七月。

姜晟（1730—1810），字光宇，号杜芗，元和人，姜实节曾孙，清乾隆三十一年（1766）进士。历官刑部主事、湖南巡抚、直隶总督、刑部尚书、工部尚书。著有《苗疆纪略》《粤游草》。姜晟曾在刘家浜尤先甲故居内门楼上题额"凤羽展辉"。

吴宝恕（1832—1890），字子实，号桂诜，吴县人，状元吴廷琛孙。清同治七年（1868）二甲第二名进士，与苏州状元洪钧同榜。散馆授编修，擢升侍读学士。曾历陕西、广东乡试考官。光绪元年（1875）任广东学政。工行书、楷书，端方严正。吴宝恕曾在五爱巷10号第三进楼厅前题额"绪绍丹箴"，落款为"絜斋老人吴宝恕"。

王会汾，字苏服，号晋川，无锡荡口人。清乾隆二年（1737）进士，历官吏部侍郎、大理寺卿，充武英殿经史馆总裁，著有《梁溪诗抄》等。他曾在周五郎巷16号刘氏医家宅内留下门额"兰陔蔚秀"，其中"兰"字已然缺失。

下面介绍士绅，比如沈敬德、孙其业、张廷球、陈德修、马锡蕃等。

沈敬德（1869—1947），字惟一，号鸿揆，晚号省庵。光绪十三年（1887）廪生[1]，后八次去南京参加江南乡试，三次得到考官的推荐，可惜都未曾中举，仅获得了岁贡[2]。沈敬德曾参修民国《吴县志》。光绪三十二年，苏省法政学堂续招绅班，在备取的

---

1. 清《国朝三邑诸生谱》载录。
2. 夏冰：《苏州士绅》，文汇出版社，2012，P111。

吴郁生题额"竹苞松茂"

孙岳颁题额"碣石垂声"

汪洵题额"麟凤家声"

汪洵题额"纯嘏凝休"

50人名单中，沈敬德在列[1]，由此考入了江苏法政学堂第一班。宣统元年（1909），沈敬德与杨廷栋、潘承锷等人受聘为法政讲习会教员[2]。他也曾担任清末观前大街市民公社书记员，还曾悉心搜罗核校《元妙观志》全本，并作跋重印。1927年，沈敬德任观前大街市民公社副社长。沈敬德的题字在今阊门内下塘街286号。该宅留存两座清水门楼，前一座门楼字额"保世滋大"题于丁巳孟冬，即民国六年（1917）十月；后一座门楼字额"润德高大"题写年份更早，为光绪辛卯年，即光绪十七年（1891），题写人为孙其业。孙其业，字梅庵，诸生。官至五品衔浙江补用巡检。此宅第三进住着桃坞中学物理老师刘先生，该宅系其祖父于民国年间购得。

　　张廷球在太平弄10号永茂堂夏宅留下了门楼题额"克昌厥后"。张廷球，字粹

1.《申报》（1906年6月25日第9版）载录。
2.《申报》（1909年2月13日第12版）载录。

庵，号昭岁[1]，常熟人，清同治元年（1862）岁贡生[2]。陈德修，字端生，清光绪年岁贡生[3]。阊门内下塘40号门楼上有其题额"涉和履中"，题写时间为光绪辛巳（1881）荷夏。赛儿巷曾居元大钱庄老板吴履平及利康钱庄、福成钱庄老板吴番渔。三进楼厅前有兰坡程鼎所题"桂馥兰馨"砖雕门楼，其四进楼厅前为岁贡生马锡蕃所题"棣萼相辉"[4]。据考，程鼎可能曾为松江府知事[5]。

毕诒策，字勋阁，江苏太仓人，寓吴县，系状元毕沅裔孙，善工笔花卉。据清宣统《太仓州志》，毕诒策曾在浙江长兴署知县，在龙泉、鄞县、镇海、定海等地也做过官，《清实录·光绪朝实录》载："现署浙江鄞县知县毕诒策，曾署龙泉各县，捐谷数

沈敬德题额"保世滋大"

孙其业题额"润德高大"

张廷球题额"克昌厥后"

陈德修题额"涉和履中"

1. 清光绪《常昭合志稿·选举》载录。
2. 清同治《苏州府志·选举八》载录。
3. 清《国朝三邑诸生谱》、民国《吴县志·选举表九》载录。
4. 倪浩文：《赛儿巷吴履平宅》，《苏州日报》（2021年9月4日）载录。
5. 《申报》（1890年9月20日第4版）"苏省辕门抄"载录。

十万石，民食赖以不匮。充当营务处差使，带勇练兵，无一缺额。在鄞县任内，办理交涉事件，井井有条……"毕诒策告老还乡后，又在苏州余天灯巷8号内修建了毕园。苏州园林狮子林的主厅"燕誉堂"三字即为其书写，落款署"丙寅中秋后二日，毕诒策，年七十又四"。毕诒策曾在阊门内下塘街36号三华堂陈宅[1]第三进门楼上留有题额"厚德载福"，留题时间为"乙丑孟冬"，即民国十四年（1925）十月，边款除留名外，还有一方镌印"弇山耆民"。此外，后石子街罗宅门楼的题写者吴县人沈嘉绩则是庠生出身，因为此类旧文人在科场上功名不显，故典籍多未载录。

还有一类是文人、书画家。比如刘文玠便是其中的典型。刘文玠曾在五爱巷留有题额"颍水家声"，表示原主人出自颍水陈氏家族，而字额则将"颍"误作"颖"，落款时间为"庚戌三月"。刘文玠（1881—1933），又名青，字照藜、介玉，号天台山农。父任嘉兴守备。刘文玠9岁丧父，师从嘉兴徐尔藩，幼时习书如涂鸦，人讥其"刘介玉书成，城隍爷须白（城隍本黑须）"。刘听后发奋用功。他家贫无钱买纸，用两方砖当纸，清早即起，蘸水写字，一砖渍水，复易一砖，写尽一碗清水方休。春秋数载，遍临碑铭，并手摩心领，练成作书雄放茂密，运笔如神。清末，刘文玠曾任张丹庭书记官，戎马数载，张以义女张文卿相许。后任江北护军使刘之洁的秘书长兼军法处长。刘文玠离开军界后，参加江苏县知事考试，被人嫉妒，指控为反袁乱党，被捕，从此无心仕途。民国五年（1916），刘文玠居上海，与程瞻庐为《新闻报》副刊《快活林》

刘文玠题额"颍水家声"

撰写游戏文，有瑜亮之称。黄楚九创办《大世界》，刘与孙玉声共辑《大世界报》，读者众口交誉。又比如文衙弄3号忍庐，则留存着题额"孝悌传家"的砖雕门楼，系1934年由书法家吴仁锡（号毅荪）所写。吴仁锡的父亲是苏州商务总会总理、吴县人吴理杲（号似村），吴家后代仍居赛儿巷。再如刘家浜九先甲

---

1. 后房屋改建，界碑显示为师哲堂丰宅。

高爵题额"天赐纯嘏"

薛瑞年题额"厚德载福"

故居，门楼上则留存有陆绍曾于清乾隆庚戌（1790）题写的"凤标棣友"字额。

高爵（1836—1919），浙江鄞州人，嗜藏金器，谙古法，与吴湖帆祖父吴大澂交好，很有气节，埋名于市。嗜酒，为其代付酒资即可得字。高爵曾在专诸巷58号朱宅内留下题额"天赐纯嘏"，其边款有"愚莽高爵"字样，题写于光绪甲辰年（1904）秋月。他还在五峰园弄29号留题"俾尔戬穀"字额。另有"厚德载福"的题写者薛瑞年。薛瑞年（1877—1946），字飞白，书画、金石家，苏州人，以画山水、人物著称。其画气韵浑厚，意境深幽，极受同道推重。吴湖帆赞曰："斯人胸中自有学问，故其所作不同凡响。"其画与吴昌硕一派因缘较深。薛瑞年在抗日战争时期曾坚拒出任伪职，故为世人所称赞。

门楼题额的内涵

本节所论述的内容涉及金阊地区的7—9号街坊、15号街坊，重点为7号和15号街坊，这一区域也是阊门历史文化街区的核心区域，有显著的代表性。在这个片区中，有丰富的砖雕门楼遗存，其中仅有少量被列为控制保护建筑，多数散为民居。呈现这一片区的门楼题额，揭示其中的内涵，对于展现金阊地区自明清以来旧时文人的生活志趣和宗族伦理，有着极为重要的意义。以下择选了其中较有代表性的门楼题额，进行介绍。

第一类与寄寓子孙兴旺有关。比如"克昌厥后"，其意为做善事来荫庇子孙，使得子孙后代都兴旺发达。《诗经·周颂·雍》有"燕及皇天，克昌厥后"之句。字牌题额实例在天灯弄4号、长弄3号等。又如"燕翼诒谋"，其意原指周武王谋及其孙而安抚其

天灯弄题额"克昌厥后"　　　　　　　　　　浒溪仓题额"燕翼贻谋"

子，后泛指为后嗣作好打算。《诗经·大雅·文王有声》有"武王岂不仕，诒厥孙谋，以燕翼子"之句。字牌题额实例在后石子街4号、宝林寺前53-3号、浒溪仓5号等。类似的寓意有"燕翼相承"，其意亦指替子孙后代谋划。字牌题额实例在五爱巷10号。

第二类是庆祝乔迁新屋，寓意为家门旺盛。比如"竹苞松茂"，其意便是比喻家门兴盛，也用于祝人新屋落成。字牌题额实例在太平弄7号、浒溪仓5号、浒溪仓9号、五爱巷41号等。

第三类是祈福迎祥。比如"天赐纯嘏"。"纯嘏"指的是巨大的福气。《诗经·小雅·宾之初筵》中有"锡尔纯嘏，子孙其湛"之句，而《诗经·鲁颂·閟宫》亦有"天锡公纯嘏，眉寿保鲁"，意为上天赐予大福，祝愿长寿保佑鲁国。字牌题额实例在专诸巷58号等。类似的有"纯嘏凝休"，其意为巨大的福气在此凝结停留，寓意为留住气运。字牌题额实例在周五郎巷6-1号。又如"俾尔戬穀"，题写人为高爵，语出《诗经·小雅·天保》："天保定尔，俾尔戬穀。"《毛传》解释为"戬"代表福，"穀"代表禄。其意为使你们受福禄。字牌题额实例在五峰园弄29号。

第四类是家风家训。比如"师俭可

浒溪仓题额"竹苞松茂"

五峰园弄题额"俾尔戬穀"

五峰园弄题额"安且吉兮"

兰芬里魏宅题额"安且吉兮"

文衙弄题额"孝悌传家"

仓桥浜周宅题额"芝兰日茂"（姚红兰提供）

久"，寓意为教育后代节俭，家业才能长久。字牌题额实例在赛儿巷11号。又如"厚德载福"，出自《国语·晋语六》："吾闻之，唯厚德者能受多福，无德而服者众，必自伤也。"讲的是有德者能多受福。字牌题额实例在阊门内下塘街36号、仓桥浜邓宅及宝林寺前30号（薛瑞年题）等。又如"保世滋大"，其中"保世"在这里意指家业传承的绵延不绝；"滋大"则表示增益、加多，使之日益壮大。《国语·周语》曾云："明利害之乡，以文修之，使务利而避害，怀德而畏威，故能保世以滋大。"（《祭公谏征犬戎》）其意为只有怀其德畏其威，才能保全和壮大自己。因此此典故强调了德行和威严的重要性，认为只有同时具备这两者，才能在世间立足并不断发展壮大。字牌题额实例在阊门内下塘街286号。再如"安且吉兮"，出自《诗经》，通常用来形容一种平安吉祥的状态，带有非常美好的寓意。字牌题额实例在五峰园弄及兰芬里魏宅。还有"慎乃俭德"，语出《尚书·商书·太甲上》："慎乃俭德，惟怀永图。"起初指商朝大臣伊尹劝谏商王太甲要以节俭为美德，以谋求国家的长治久安，后来词义扩展到家风传承语境中，寓意为节俭是美德。字牌题额实例在仓桥浜邓宅。此外，亦有"孝悌传家"，其意明显，即古人所谓"孝悌传家久，诗书继世长"的期许。字牌题额实例在文衙弄3号，其中字牌的"悌"字竖心旁已缺损，但尚能识别出痕迹。

第五类则是赞美期许的寓意。比如"玉节金和"，玉和金都是贵重东西，作形容词便有称赞高尚、高贵的寓意。字牌题额实例在外五泾弄。又如"麟凤家声"，其中"麟凤"比喻才智出众的人，比如唐代陈陶《闲居杂兴》中有"中原莫道无麟凤，自是皇家结网疏"之句，而《元史》（卷189）亦载："自京还，家居十三年，缙绅望之若景星麟凤。"而坊间则有"诗书修德业，麟凤振家声"的说法。字牌题额实例在周五郎巷6-1号。再如"诒尔多福"，语出《诗经·小雅·天保》："神之吊矣，诒尔多福。"其中"吊"字在这里的意思是降临、光顾，而"诒"则是赐予的意思，其祝福寓意明

显。字牌题额实例在宝林寺前10号。还有"桂馥兰馨"，从字面意思看是桂花、兰花香气袭人，但实际上是寄寓后代有出息。字牌题额实例在赛儿巷10号等处。类似的有"芝兰日茂"，可参见《晋书·谢安传》："譬如芝兰玉树，欲使其生于庭阶耳。"这里的"玉树"就是桂树。其意亦是寄寓后代中有出息的子弟兴旺家业。字牌题额实例在仓桥浜30号。

第六类是与家族亲情有关。比如反映兄弟间情谊的有"棣萼相辉"，又作"棣萼传辉""棣萼联芳"等，指喻兄弟同享美名、才华，不乏兄弟情深之意。字牌题额实例在赛儿巷10号等处。

第七类是处世之道。比如"和气致祥"，语出汉代刘向的《说苑·敬慎》："夫和气致祥，乖气致异，祥多者其国安，异众者其国危，天地之常经，古今

五爱巷题额"和平中正"

五爱巷题额"和气致祥"

吴趋坊严宅题额"集思广益"

之通义也。"其意为和平之气可致福祥,强调了和谐友好的人际关系能带来好运和吉祥。字牌题额实例在五爱巷8号。又如"和平中正",语出《阳明语录》:"日趋于和平而大会于中正,斯乃圣贤之德之归矣。"其实这是一种儒家的人生修炼境界,所谓"内圣"和"外王",即孟子所说的"求在内"与"求在外",前者应该听命于自己,不懈努力而追求之,而后者则是依靠各种外在因素、外在机遇、外在力量的天缘,即古人所谓合乎天道,才能达到。字牌题额实例在五爱巷43号。再如"集思广益",典出蜀汉时代诸葛亮《教与军师长史参军掾属》,其意为集中群众的智慧,广泛吸收有益的意见。字牌题额实例在吴趋坊183号严宅内。此外,还有"树德务滋",语出《尚书·泰誓下》:"树德务滋,除恶务本。"原指君王向百姓施行德惠,务须力求普遍。《左传》中曾载商太史周任评语:"为国家者,见恶如农夫之务去草焉,芟夷蕴崇之,绝其本根,勿使能殖,则善者信矣。"这种"芟夷绝根""除恶务尽"的抑恶扬善思想,亦具有很鲜明的时代价值。字牌题额实例在刘家浜32号。

艺圃题额"执义秉德"

值得一提的是世界文化遗产艺圃中有三座砖雕门楼,虽然样式朴素,但是字额却蕴含深意,分别为"经纶化育"(治国)、"执义秉德"(治家)、"刚健中正"(律己)。三个题额把国、家、人包含其中:"经纶化育"源自《中庸》"为能经纶天下之大经,立天下之大本,知天地之化育";"执义秉德"则为治家的含义,"执义"寓意为坚持合理的、该做的事,"秉德"则寓意保持美德;"刚健中正"则是赞美园子原先的三代园主袁祖庚、文震孟、姜埰都具有松柏之劲节,他们在明末政坛

艺圃题额"经纶化育"

上均以正直不阿著称于世。明末苏州人袁祖庚，贫苦出身，三甲进士，在京城做了十几年官后调任荆州知府，却因办差不力被削职，才四十岁就寂寞返乡。他在城西建造了醉颖堂，也就是艺圃的前身。在他建园前，城西的这个地方"地广十亩，屋宇绝少，荒烟废沼，疏柳杂木"。第二任园主文震孟，也是仕途不顺，九次落榜，其间他在园中读书种药，故一度改园名为药圃。文震孟在第十次参加会试时夺魁，状元及第，后来陷入党争，他性情刚烈，不愿随波逐流，又遭罢免。而第三任园主姜垛是明崇祯四年（1631）进士。姜垛也是直谏崇祯后被下狱流放，但还没到达流放地，李自成便攻破北京，崇祯朝灭亡，因而他幸免于难，一度削发为僧，履迹浙江天台、安徽徽州等地，南明弘光朝以原官用，监国鲁王又授以兵部右侍郎，皆不就。后来姜垛与其弟姜垓几经辗转，在苏州安家。姜垛与其子姜实节在苏州广交文友，不仕清朝，过着前明遗老的生活。姜垛去世后，私谥"贞毅先生"，立祠于虎丘剑池之侧。其子姜实节后来亦隐遁，为避烦嚣，不入城市，晚年在虎丘筑藏书楼名曰谏草楼，珍藏其父遗集，以布衣终老，饱含不忘亡明之深意。

姜垛像

艺圃"刚健中正"门楼题额旧照［载于《苏州砖刻》（上海人民美术出版社1963年版）］

阊门附近近貌（孙士杰摄）

尤先甲故居小轩（陈从周摄）

第三章

情牵故土：阊门移民与寻根往事

第一节　洪武赶散的历史背景

广义的明朝移民始于明洪武三年（1370），止于永乐十五年（1417），历时47年，共18次。其中，洪武年间移民10次，建文年间移民1次，永乐年间移民7次。《中国移民史》认为："总之，至洪武二十六年，扬州、淮安和徐州三府的移民人口大致达到了71.9万。移民的主要来源为江南的苏州地区，苏南各县及江西、浙江、徽州和山西。由于缺乏详细的统计资料，无法对各类移民作出更进一步的说明。""洪武年间淮安州、扬州、徐州三府境内有扬州、高邮、仪征、淮安、邳州、大河及徐州等7卫，计将士39200人，合家属共有11.7万人左右。上述讨论是以兴化县的民籍人口中的土著与移民的比例为基础的，并不包括军籍人口在内，加上这批军籍人口，洪武年间苏北地区

沈坤像（苏州状元博物馆藏）

接受的各类外来移民达83.6万，占当时苏北扬州、淮安、徐州三地总人口（含军籍人口）186.8万的近45%。如此众多的人口迁入，为苏北经济的恢复和发展提供了基本的劳动力资源。"[1]明初，苏北共接受了45万苏州移民[2]。《新安镇志》曾载明洪武登基之初，虑大族相聚为逆，使各道武员率游骑击散，谓之"洪武赶散"。子孙相承，定为世例，传至嘉靖，适奉旨赶散，而苏州阊门周姓、常（常州）之无锡惠姓及刘、管、段、金等姓皆被赶散，来至朐南芦苇荒所，遂各插草为标，占为民地，以作避兵之计，后人烟渐繁，乃诣州请为州民，州牧载入版图，是为里人。值得一提的是，在明代这些移民的后代中，还诞生了一位状元沈坤。沈坤是明嘉靖二十年（1541）辛丑科一甲一名进士及第，其祖上则出

---

1. 葛剑雄主编，曹树基著：《中国移民史》（第五卷　明时期），复旦大学出版社，2022，P38。
2. 黄继林：《苏北的阊门移民》，平龙根主编：《阊门寻根》，古吴轩出版社，2012，P156。

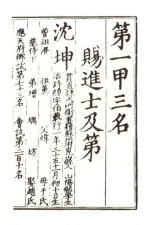

《进士登科录》中所记状元沈坤

自苏州昆山玉山，后徙居山阳（今江苏淮安）。明代《进士登科录》载："沈坤，贯直隶大河卫军籍，苏州府昆山县人，山阳县学生。"沈坤的祖辈均为军籍，其父沈炜经商，据说亦在大河卫[1]中任职，故沈坤自幼在山阳长大，并参加科考，最后金榜题名，高中状元，而苏州和淮安两地的文史界皆将沈坤列入当地的状元名录。

第二节　阊门移民的历史调查

阊门移民绝大多数为洪武赶散这一历史事件所造成。比如民国《续修盐城县志稿》载："元末张士诚据有吴门，明主百计不能下，及士诚兵败身虏，明主积怨，遂驱逐苏民实淮扬两郡。"由此，有学者认为可看出朱元璋曾对他的竞争对手张士诚的支持者做出了惩罚性的迁移族群决定。民国《阜宁县新志》则谈道："境内民族土著而外，迁自姑苏者多。"更有甚者，比如民国《泗阳县志》则认为该县的翁氏、胡氏、倪氏、毛氏、蒋氏、席氏、唐氏、吴氏、朱氏，都是明初由苏州东洞庭山、昆山、吴县枫桥等地和句容迁入的。也有一些是元末就从阊门外迁出去的家族，但后来也受到了洪武赶散的影响。比如阊门何氏第十代先祖何通海便是元末迁入江西的（五友堂何氏），但后来洪武赶散事件发生后，又被迫迁到黄营陈集，到了清代第十三世祖（朝清、朝魁、朝聘、春林各支）又迁到盐城北面靠近渔湾的廖家巷河畔的捕盐码头。海安徐氏一支的始祖徐茂盛，始居姑苏阊门，元末为避张士诚战乱迁泰之噇口（今海安市大公镇噇口村）。这在泰州《徐氏族谱》中有详细记载。又比如泰州吉氏一世祖、冯翊吉氏第八十六世吉燕居的一支后人即在元末便已从苏州阊门迁徙至苏北泰兴。再

---

1. 治所在今江苏淮安，明洪武二年（1369）置，直隶南京中军都督府。

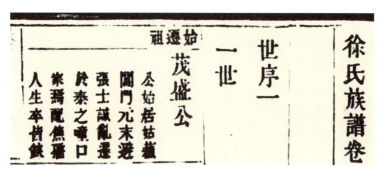

泰州《徐氏族谱》中关于阊门始迁祖的记载

如任大椿《兴化任氏族谱》中记载："我族自元末宣公由苏迁兴，占籍几六百载，历世逾二十传。"这些家族的先辈都是明王朝建立之前为避战乱，从阊门外迁出去的。此外，还有一种情况是永乐时从阊门外迁的移民，这类情况亦有不少。明代永乐朝曾有规定，苏州府当时移民青壮年采用"三抽一"或者"五抽一"的方法，将被抽中者送到目的地，然后就组织家庭。抓阄按照一比一的男女比例，阄儿先用蒲包包好，然后由男方抓，与被抽中的女方结为夫妇。这在阊门翟氏的家谱中有明确记载。阊门翟氏也是明永乐二十二年（1424）后外迁兴化戴家泽（今泰州市兴化市戴南镇）的，后来又分居三处，其中长房一支在东台县（今盐城市东台市）台南镇大凡庄繁衍生息，目前该村姓翟的有1450人左右。又比如阊门曹氏先祖曹文华也是在明代永乐年间从阊门外迁，渡江避乱，至泰州占籍而居的，族居之地因而以姓为名，称曹家埭（今泰州市姜堰区蒋垛镇高曹新村），后来又分出八支，合成"新八家"。阊门移民虽然外迁，但依旧保留了许多对吴地血脉的浓浓乡情，代代相传至今。以泰州兴化任氏为例，当地将"睡觉"唤作"上虎丘"，而将做梦唤作"上苏州"。以下为综合各类阊门移民的谱牒文献所列具的明代洪武赶散时期从苏州外迁苏北的部分家族的情况。

洪武赶散时期从苏州外迁苏北的部分家族情况统计表

序号	家族	堂号	迁居始祖	始迁居地	备注
1	邱氏	河南堂		迁淮安山阳县庙子湾（阜宁）角巷	
2	廖氏	世绥堂	廖邦庆、廖邦佐、廖邦柱	迁淮安府盐城县西北乡	

续表

序号	家族	堂号	迁居始祖	始迁居地	备注
3	赵氏	连城堂	赵遇文、赵遇候、赵遇连、赵遇时	迁淮安府盐城县西乡(建湖)	
4	吴氏	至德堂	吴世珍、吴通海	迁淮安府盐城县西乡(建湖)、阜宁	
5	吴氏	至德堂	吴君佣	迁淮安府盐城县郭猛镇小吴舍	
6	王氏	三槐堂	王元吉、王大恒、王希尹	多支外迁苏北。元吉公支后裔迁宝应,再迁淮安府盐城县西乡(建湖),德元公支迁黄土沟,大恒公支后裔迁盐城县南王家舍(刘庄场大丰区刘庄镇兴龙村),大海公支后裔:桂一、桂二、桂三迁徙盐阜,桂四留袭世职,居阊门三坝,桂五住苏州西城桥。还有一支三槐堂王氏始祖王希尹,由苏州迁居盐渎,卜居龙岗	
7	杜氏	京兆堂	杜伯九	迁前古盐南沙,创业于西陈庄	
8	杜氏	治经堂	杜国恒	迁江都谢楼村杜庄	
9	杨氏	四知堂(西门支)	杨七一	迁淮安府盐城县西乡(建湖)。弘农郡四知堂杨氏出自尚父,后代有阊门移民	
10	陈氏	颍川堂	陈融	出自阊门陈家巷,迁淮安府盐城县西乡(建湖县芦沟镇裴西村陈庄组)	
11	陈氏	德寿堂	陈库	迁淮安府涧河口百牛沟(今博里镇),后因避瘟疫迁淮安府宥城	
12	符氏	积善堂	符秉政	迁淮安府盐城县西门	
13	周氏	爱莲堂	周峤达	迁淮安府盐城县西北上冈	
14	袁氏	汝南堂	族谱失考	迁淮安府盐城县西北上冈	
15	唐氏	桐封堂	唐质甫、唐英甫	迁淮安府盐城县西乡建湖县草堰镇	
16	张氏	百忍堂	张宇	迁西乡(建湖)恒济镇、颜单镇、宝塔镇	
17	李氏	陇西堂	李东泉	迁淮安府盐城县后门东支(仓头、成庄、城西)	
18	李氏	陇西堂	李一元(字太初)	迁淮东庙湾场	
19	邹氏	回春堂	邹甫高	迁淮安府山阳县庙子湾(阜宁)	
20	万氏	映珠堂	族谱失考,第六世汝字辈	迁秦邮,道光年间洪水后再迁扬州府高邮菱塘回族乡、郭集镇	
21	姚氏	耕历堂	姚国宁、姚彦文	迁盐城县西乡(建湖)近湖、芦沟、沿河、建阳和盐城学富一带	
22	姚氏	文公堂 世德堂 贻耕堂 余庆堂	姚文	迁高邮州湖西横塘庄第六居	
23	鲁氏	三异堂	鲁子安	迁淮安府羊寨	
24	顾氏	惇叙堂	顾思义、顾仁九、顾从一、顾全四	这一支系阊门庙湾顾氏,迁淮安府山阳县阜宁、滨海一带	
25	任氏	东安堂	任凯	迁淮安府盐城县任桥、梁垛	

续表

序号	家族	堂号	迁居始祖	始迁居地	备注
26	乔氏	敦本堂	乔本宽	迁淮安府盐城县西乡（建湖）庆丰镇东乔庄	
27	孙氏	乐安堂	孙以孝、孙大德	先祖以孝公偕堂弟大德公由苏州阊门迁至盐城伍佑卞仓里，大德公迁上冈果园头、大孙庄。明中叶，以孝公传七世培庭、玉成二公复由盐城迁至淮安府盐城县西乡（建湖）高作镇，乃高作孙氏始祖。富春堂和映雪堂皆源自乐安堂	
28	孙氏	天赐堂	孙引	始迁祖为引公，洪武七年（1374）七月十二日自姑苏阊门外刘家墩迁居淮安府山阳县（今阜宁县郭墅乡大孙庄）。赣榆县沙河孙氏和阜宁县郭墅乡大孙庄乐安堂同出一支脉	
29	林氏	失考	族谱失考	迁淮安府山阳县（阜宁）、城西及东沟、益林等镇，射阳、滨海响水	
30	闻氏	世德堂	闻伯业	迁淮安府山阳县（阜宁）闻家墩	
31	朱氏	紫阳堂	朱大广	迁淮安府盐城县西乡（建湖）走马沟	
32	朱氏	紫阳堂	朱乙	迁淮安府盐城县北郊冈门	
33	钟氏	知音堂、颍川堂	钟高九	迁淮安府盐城县西北乡	
34	张氏	清河堂	族谱失考	迁淮安府盐城县龙冈东门	
35	严氏	富春堂	严毓琪、严毓玘	毓琪公迁秦南仓西千秋堤，建北严庄。毓玘公迁仓西五里太平堤，建南严庄。南严四世严仕萱公迁建湖芦花荡（庆丰十坝荡）分出	严子陵后裔
36	徐氏	东海堂	徐孔文	迁淮安府盐城县新兴西门，后迁建湖等地	
37	徐氏	东海堂	徐亭甫、徐亭忠、徐亭湖	迁盐城西北乡十顷荡东	
38	徐氏	东海堂	徐仲勉	迁盐城西北，即北徐庄始祖。后北徐庄与三徐舍同祀于徐氏宗祠，称中门	
39	谷氏	库经堂	谷思安	迁淮安府盐城县谷家巷	
40	田氏	世泽堂	田春庄	春庄公迁如皋丰利场，后居皋城	
41	刘氏	诚意堂	刘垂统	迁居盐城大丰草堰场	刘邦后裔
42	刘氏	彭城堂	刘凌江	迁居盐城南伍佑镇	
43	梁氏	奎多堂	梁仲芳、梁叔芳、梁荣芳	长房仲芳公迁涟水，二房叔芳公迁黄埔（阜宁古河、板湖），三房荣芳公迁瓢城（盐城）	
44	苏氏	武功堂	苏昆吾	迁阜宁板湖镇	苏轼后裔
45	成氏	贻庆堂	成八四、成八五	迁淮安府盐城县	
46	孙氏	乐安堂	孙希圣	迁淮安府盐城县	
47	花氏	东平堂	花士英	迁淮安府盐城县	
48	夏氏	遗爱堂	夏七六	迁盐城之永福乡仇垛四三都沙沟仁和桥南	
49	施氏	石渠堂	施俊辉	迁淮安府盐城县，后散居建湖上岗等处	

续表

序号	家族	堂号	迁居始祖	始迁居地	备注
50	施氏		施元德（德七公）	迁居兴化，后徙白驹场	施元德据族谱载为施耐庵父，学界依旧有不同看法
51	凌氏	树琪堂	凌高十	原系余杭凌氏分支歙县沙溪凌氏迁苏的后裔。明洪武四年（1371），高十公（以八房）迁盐城城南乡双店村北，生三子刚、恺、弘三公。其后志刚公迁往古基寺东北之北凌庄，志恺公迁城内，惟志弘公一派未再外迁，嗣是三分三支派	
52	许氏	笃庆堂	许贞慧	迁居盐城冈门（今龙冈）北七里沙岗边	
53	丁氏	松鹤堂	丁启先	迁如皋	
54	魏氏	十思堂	魏隆开	迁居淮安东门，后又迁阜宁。清乾隆十五年（1750），再迁盐城西乡沿河	
55	葛氏	天明堂		迁淮安府盐城县西北乡、永丰圩、花灯头	
56	高氏	落雕堂	高震元	迁盐城陆公祠后的高家巷	
57	乔氏	敦本堂	乔本渊、乔本宽	迁盐渎（今江苏盐城），海州中镇（今江苏连云港）、沭阳、宝应等地	
58	吉氏	南燕堂	吉熙	吉熙（江都吉氏始迁祖、冯翊吉氏第八十七世）一支，明洪武年间从苏州阊门迁圜阴（江苏丹徒东），旋复迁苏北邗江之东（今江苏江都浦头镇吉家庄）	
59	吉氏	冯翊堂	吉德贵	吉德贵（宝应吉氏始迁祖、冯翊吉氏第八十六世）一支，明洪武年间从苏州阊门迁徙至苏北宝应黄城沟	
60	居氏	渤海堂	居宗海	始籍姑苏，自明初宗海公始迁卜居渌洋湖之西村，距今几四百载（居之薰《居氏家谱》）	
61	裴氏	绿野堂	裴重	明洪武元年（1368）自苏州阊门迁阜宁洲门（今周门）镇	
62	郭氏		郭圯、郭胜、郭应昌等	自苏州阊门外迁大致有四支：一为扬州江都（迁邗东，卜居殷家沟）。二为江苏盐城、阜宁、滨海一带，始迁祖郭胜（盛）四公从盐城大冈迁入。三为始祖应昌公，洪武中期迁入今安徽五河县。四为阊门五里墩迁入安徽巢湖（焖炀郭氏）	
63	周氏		周良辅	从阊门外迁兴化县草堰场	《淮南周氏家谱》载录
64	戴氏	二礼堂	戴清	迁淮安府庙湾场	休宁隆阜戴氏，明初至苏州，不久避乱外迁

注：本表始迁居地一列所有涉及括号内的地名均为后裔观点。

　　以上为部分阊门外迁的移民家族，均与洪武赶散有关。说起广义上的阊门移民后裔中的名人，可谓不胜枚举。目前流传较广的名人谱中有《水浒传》的作者施耐庵，"扬州八怪"之一的郑板桥，状元李春芳，"经训贻芳"的学者任陈晋、任大椿祖孙，训诂学家王念孙、王引之，而近人中则有乔冠华、顾祝同、郝柏村等。

　　也许大家不一定了解施耐庵这个人，但他的著作《水浒传》却是享誉世界，被列入中国四大古典名著，也被拍成了电视剧。施家先祖系孔子七十二弟子之一的施之常。唐代时，施家的先祖出仕，从吴兴迁入苏州城。据说施耐庵的父亲是施元德，字长卿，操舟为业。施耐庵（1296—1371），原名耳、彦端，字肇瑞，号子安，别号耐庵。13岁入私塾，19岁中秀才，29岁中举人，35岁中进士。施耐庵有两个弟弟，二弟彦明，三弟彦才。清咸丰四年（1854）陈广德（字懋亭）所撰《（咸丰）施氏族谱》序言中载录了施耐庵生于明洪武初，由苏迁兴化，复由兴化徙居白驹场的历史："吾兴氏族，苏迁为多，白驹场施氏耐庵先生生于明洪武初，由苏迁兴化，复由兴化徙居白驹场。其第二世处士君，扬一鹤先生曾为作墓志铭。及于施氏之自苏施家桥来迁，即场之田庐复名以施家桥。"白驹场当时为淮安府淮安分司十个淮北盐场之一，地貌上沟河纵横，港汊交错，交通闭塞。清咸丰五年，施耐庵第十四世孙施峻峰在《施氏宗祠建立纪述》中也谈道："吾族始祖耐庵公，明初自苏迁兴，后徙白驹场。由一本而支分派别，传衍至今，五百余年矣……"1979年8月，施耐庵第四世孙施廷佐墓的《处士施公廷佐墓志铭》在江苏泰州兴化新垛公社施家桥被发现，部分地方文化人士认为这可从侧面佐证施家迁移的历史。

处士施公廷佐墓志铭

　　施公讳□，字廷佐，□□□□□□□祖施公元德，于大元□□生（曾）祖彦端。会元季兵起，播浙（遂）家之。及世平，怀故居兴化，（还）白驹，生祖以谦。以谦生父景□。至宣德十九年辛丑生公。□（施）亮（凤）□□于公历□□户使官台州同知施锦□□□公之兄弟也，公□□□□之□生男八女一□□□……白驹……国课……公□□仁者之□也，先于弘治岁乙丑四月初二日老（病）□而卒，后于正德丙寅岁二月初十日归葬未成，迄今□卜吉（露）丘久矣，□□亡穴，□善□□，风水悲思，孝心感切，

□□，嘉靖岁甲申仲冬壬申月朔□葬于白驹西□（落）湖。

1980年，学者刘冬发表了《施耐庵生平探考》。1982年，刘冬、卢兴基、欧阳健等16位国内著名专家学者莅临兴化考察座谈，形成了《对江苏省新发现的关于〈水浒传〉作者施耐庵文物史料考察报告》，对兴化白驹场人施耐庵著《水浒传》予以肯定，同年开始修缮施耐庵的陵园。不过，学界对施氏族谱也有不同的看法。泰州市博物馆王为刚认为族谱并不能证明施耐庵与施彦端是同一人："大丰县国贻堂《施氏家簿谱》系释满家手抄，以乾隆四十二年（1777）的施封《序》本为底本，抄写时间在民国时期。族谱世系第一行'始祖彦端公'的右侧附注有'字耐庵'三字（字体较小，墨色较淡），江苏省公安厅技术鉴定结果是'字耐庵'三字与《施氏家簿谱》同为满家手笔，这并不能说明什么问题，这只是民国以后施耐庵即施彦端的诸多说法之一。""'始祖彦端公，字耐庵'这种写法既违背宗谱通例，又与《施氏家簿谱》本身抵牾不合。如谱中记载，第二世为'讳让字以谦'，第三世为'讳文昱字景胧'。如果施彦端果真是'名彦端字耐庵'，应写为'讳彦端字耐庵'，而不是'彦端公字耐庵'。'名者，己之所以事尊，尊者所以命己；字则己之所以接卑，卑者所以称己。'"[1]另外，对于《处士施公廷佐墓志铭》，他认为："据墓志铭记载，施廷佐生于'宣德十九年辛丑'，这是一个明显的错误，宣德年号只有十年，没有十九年，也没有辛丑年，'宣德十九年辛丑'当为'永乐十九年辛丑'之误，施廷佐的子女混淆这两个时间很值得怀疑。……另据施让墓志记载，施让死于永乐辛丑年（永乐十九年，1421年），如果施让去世、施廷佐出生均发生在这一年，那么关于施廷佐的出生年月，更不应该弄错。施廷佐墓志铭记载'还白驹生祖以谦'，确指施以谦是施彦端回白驹后所生，且无搬家记载，说明其后代一直居住在白驹，既然居住在白驹，又何来归葬白驹一说？"[2]

再谈谈郑板桥，他也是闾门移民的后裔。郑板桥曾是清康熙年间的秀才，雍正十年（1732）的举人，乾隆元年（1736）的进士。历官山东范县、潍县县令，政绩显著，后客居扬州，以卖画为生，成为"扬州八怪"中的代表人物。从郑氏家族的族谱《昭阳

---

1. 王为刚：《施氏族谱、墓志真伪辨》，《盐城工学院学报》（社会科学版），第27卷第4期，2014年12月。
2. 同上。

（兴化）郑氏族谱》中便可见记载："明洪武年间自苏州迁兴化。"而在党明放《郑板桥年谱》中根据清嘉庆修《昭阳（兴化）郑氏族谱》及《郑板桥集》自叙考证郑板桥的家世中则有这样的记载："姓郑，名燮，字克柔，号板桥，又号理庵。先世寓居苏州阊门，明洪武三年（1370）播迁兴化城内汪头。曾祖新万，字长卿，十一世。长门庠生。生于明万历四十四年（1616）十一月十四日子时，娶吴氏，继陈氏。……父之本，字立庵，号梦阳、厚生，十三世。长门廪生。生于康熙十二年（1673）十月初四日未时，殁年未详，葬于刹院寺。以文章品行为士先，设帐授徒数百辈，皆成就。生母汪氏，江苏淮安府盐城县汪翊文室女，端严聪慧特绝。继母郝氏，淮安府盐城县郝林森室女。"[1]而闻世震在《郑板桥年谱编释》的"康熙三十二年癸酉（1693）一岁"条目中谈道："郑燮，字克柔，号板桥，又称板桥道人、板桥居士。先世居苏州，明洪武年间始迁居兴化城内之汪头。"[2]综上可知，郑板桥的先祖是明代洪武年间从苏州阊门迁到兴化的。

再说说状元李春芳。李春芳为明嘉靖二十六年（1547）丁未科状元，历仕翰林学士、太常寺少卿、礼部侍郎、礼部尚书，累官至武英殿大学士，入值内阁参与机务。因善写青词，故时人谓之"青词宰相"，著有《贻安堂集》十卷。目前可以确考的李春芳祖籍在句容，而李春芳孙子李思成在《陆氏家谱序》中谈到兴化县的望族时，仅说先世是从"他郡"迁来，并没有专指苏州，但其后裔后来却提出了本支系阊门迁来的观点。其实这类情况现实中也有很多，江苏北部许多家谱中称其族人系阊门移民后裔，但其中有一些尚待辨别真伪。

此外，阊门移民后裔还有外交家乔冠华。说起乔冠华的先祖，系出敦本堂乔氏家族。据乔氏族谱记载，乔氏发祥于黄河之滨，系出有熊氏部落，轩辕黄帝之后裔。黄帝葬桥山（今属陕西），子孙守冢，即以"桥"为氏，在西汉文帝时命桥氏去"木"为"乔"。唐代乔氏家族中出了宰相乔琳、以及乔舜、乔知之。北宋末年，金人南下，乔氏家族敦本堂的这一宗支先人因避金兵而南下到达苏州阊门定居，繁衍生息，直到明代洪武初年，遭遇了洪武赶散，敦本堂乔氏家族中的乔本渊、乔本宽兄弟带领其族众险渡长江，分别往盐渎（今盐城）、海州中镇（今连云港）、沭阳、宝应等广大荒芜地

1. 党明放：《郑板桥年谱》，首都师范大学出版社，2009，P3。
2. 闻世震：《郑板桥年谱编释》，辽宁人民出版社，2014，P1。

区垦荒、定居。

　　说起吴中顾氏的外迁族衍，则较为复杂。有几支是明代洪武朝之前就外迁的。比如南通顾氏，始迁祖顾祖昌，元末避兵乱自吴郡寓居高邮，旋迁通州，居于城西。还有一支如皋葭埭顾氏，元末自苏州阊门迁如皋，居江干之摩诃山。第十世孙英，明时始迁居葭埭。也有到了明末清初才外迁的，比如涟水的顾氏中有一支是明清之际自苏州迁居涟水县东北乡七里，始迁祖为顾东溪。当然，也有洪武赶散时外迁的。一支顾氏族人随迁徙大潮，几经辗转落户于苏北黄海之滨蛏架港之南的草港（古属涟水县，今盐城市响水县陈家港镇草港社区）。还有阜宁庙湾的顾氏，始迁祖为顾思义，明代为灶户，从阊门迁至阜宁。民国将领顾祝同的祖上是何时从阊门外迁徙涟水的，如今已难以确考，但这一支顾家先世系三国丞相顾雍后裔。顾祝同曾为清康熙年间吴江同里人顾鼎勋纂修的《顾氏族谱》〔清康熙四十二年（1703）务本堂刊〕作序。顾鼎勋为顾雍第四十六世孙，系出同里支。清嘉庆《同里志》引顾谱载："顾鼎勋（生卒年不详），字荩臣，清吴江同里人。谨愿老成，勇于事功，里中小川桥，捐资易石，行人赖之。又精疡医，济人。康熙中，举乡饮宾，里中皆敬服之。"近人柳亚子曾藏有《〔江苏吴江〕同里顾氏世系表》抄本，并曾汇集吴江顾氏的谱牒后，做过一番梳理认为："吾邑之顾，系出陈思村睦静先生亨后，而大别为三支：一、北芦墟支祖睦静曾孙义（岁芳子）；一、县市支祖睦静曾孙信（令节子）；一、同里支祖睦静曾孙仁（时茂子）。"顾祝同在此族谱的序中曾谈道："顾氏之先，出于夏禹，越奉禹祀，勾践七世孙，有功于汉，封顾余侯，为顾得姓之始。三国时，醴陵相吴，自此为吴中大姓。我先世由苏州迁涟水，实为吴中之支系，沿流溯所可知者也。"而顾祝同在《墨三九十自述》中则表示："先世原籍江南苏州，自何时迁居涟水，已无确实考证。"所以，目前看来顾祝同也只能

苏州阊门寻根纪念地碑

算是广义上的闽门移民后裔,其先祖迁居涟水是否与洪武赶散直接相关,尚待学界研讨。但可以知道的是,顾祝同出生地处于江苏涟水县东北石湖乡四兴集,此集旧称顾家庄,为黄河改道后留下的贫瘠黄沙地。

至阊门　[清]爱新觉罗·玄烨

明丽山川列象辉，光风轻舰带烟霏。云随御仗分河畔，雨洗微尘花点衣。

阊门历史文化街区西中市今貌（孙士杰摄）

无题（其二）　[唐]李商隐

闻道阊门萼绿华，昔年相望抵天涯。岂知一夜秦楼客，偷看吴王苑内花。

第四章

阊潮起落：阊门商市的变迁

第一节   阊门商市概说

"金阊门，银胥门"，这句在吴地流传甚广的俗语在很久以前便已家喻户晓。自明清时起，阊门成了苏州城的商业中心。谈起阊门商市，从广义上而言，大致分为城内和城外。城外的商市集中在山塘街、上塘街和石路、南浩街。除了山塘街外，上塘街与石路、南浩的商市已不复旧貌。结合更新改造的项目区域实际，本篇着重讲述阊门内的商市变迁，重点谈及与阊门一脉相承的、自古便是姑苏城中繁华之地的西中市。

西中市，宋代称皋桥[1]西巷，民国时期《宋平江城坊考》载"皋桥西巷，未见著录，今西中市"，清代称阊门大街，自明清以来便是苏州商业繁华之所。而东中市的西段也在阊门商市的辐射范围之内，本章一并纳入介绍。此外，阊门内的吴趋坊和阊门内下塘街旧时亦有一些零星的商业分布。附录中有中市大街（西中市、东中市）的商号统计表，以及西中市商号在新中国成立初的店铺示意图。从这一地区的整体历史变革上看，特别是西中市一带明代玉业、船业、书业较为繁盛，而清代则是业态大调整的

清徐扬《姑苏繁华图》中的阊门地区

---

1. 皋桥，在阊门内，因汉皋伯通所居得名。唐妓泰娘亦居此。民国文人向培良《皋桥》一文曾载："从阊门入城，沿马路向东行，不到一里地，有一道洋灰的平桥，过桥是公共汽车站，桥头有电料行、水果店之类。那形式恰恰是现代都市里最常见的东西，然而那是千九百年前隐者和诗人的故迹，那就是皋桥……皋桥正值阊门西街，步尽这条小街就是桃花坞西口。阊门西街那一带是早上的菜市，我差不多有一半的日子提着菜篮到皋桥附近，也往往走桥上过。以前听人口说，以为是高桥，漠不注意。近来才知道是皋桥，究竟也还是少读书。"[《申报》(1947年4月30日第9版)载录]

时期，从清初餐饮业、布业的繁盛，到清中期商业业态的多元化，再经历战后的复苏（比如清末的钱庄、绸缎号的兴起），阊门地区在历史洪流中历经选择与蜕变，深刻烙下了近代化发展的印迹。

第二节　明代阊门商市景象

明王鏊《姑苏志》载："月城，阊门内出城，自钓桥西、渡僧桥南分为市心，旧有阛阓坊，两京、各省商贾所集之处；又有南北濠、上下塘，为市尤繁盛。"而明人王心一《重修吴县志序》（载录于明崇祯《吴县志》）中则谈道："尝出阊市，见错绣连云，肩摩毂击。枫江之舳舻衔尾，南濠之货物如山，则谓此亦江南一都会矣。"由此可见，明代初期，阊门外已然是繁华景象。那么阊门内是什么景象呢？明唐寅《阊门即事》曾这样谈道："世间乐土是吴中，中有阊门又擅雄。翠袖三千楼上下，黄金百万水西东。五更市买何曾绝，四远方言总不同。若使画师描作画，画师应道画难工。"据说唐寅就住在阊门皋桥附近，他的父亲唐广德曾在这里开了家小酒馆。唐寅在酒馆里挂上了字画，而文徵明父亲文林是这家店的常客，唐寅也因此与文徵明相熟。

具体而言，明代阊门一带较具代表性的商市有灯市、书市和船市。明王鏊《姑苏

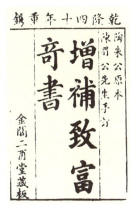

金阊书业堂刻书书影　　　金阊步月楼刻书书影　　　金阊二酉堂刻书书影

明张宏《舟泊吴门图》局部（上海博物馆藏）　　　明袁尚统《晓关舟挤图》（故宫博物院藏）

志》载："往时吴中最多，范成大诗有琉璃球、万眼罗二灯为奇绝。他如荷花、栀子、葡萄、鹿犬、走马之状及掷空有小球灯，滚地有大球灯。又有鱼鲵、铁丝及麦秆为之者。一种名栅子灯，在鱼行桥盛氏造，今不传，即云南所谓缭丝灯也。"据《苏州通史（明代卷）》所考证，灯市集中处位于苏州阊门一带："正德《姑苏志》记载，有荷花灯、栀子灯、葡萄灯、鹿犬灯、走马灯、栅子灯、夹纱灯等，阊门一带灯铺集结。"[1]

　　苏州较早的书业，也诞生在阊门一带。晚明时期，苏州的书业汇集于金阊，至清代中期，金阊的书肆发展达到鼎盛。从古籍文献上看，金阊地区的书坊云集，除了其中的翘楚扫叶山房（苏号）外，许多书坊在店号前多冠以"金阊"两字，比如绿荫堂、书业堂、大业堂、梅园堂、二酉堂、文雅堂、簧玉堂、文业堂、存仁堂、宝仁堂、古讲堂、素政堂、函三堂、经义堂、步月楼、世德楼、宝翰楼、尚友堂、东观阁、文宝堂、惟善堂、会文堂、三槐堂、传书斋、拥万堂、玉夏斋、十乘楼、宝鼎堂、宝善堂、世裕堂、黄玉堂、贯华堂、振郢堂、嘉会堂、同文堂、留耕堂等。也有的在店号前冠以"金阊书林"四字，比如宁寿堂、传万堂、大观堂。亦有在店号前冠以"金阊书坊"四字，比如舒载阳、大雅堂。此外，还有阊门文秀堂、阊门内水关桥斯雅堂、阊门外桐泾芸芬堂

---

1. 吴建华主编：《苏州通史（明代卷）》，苏州大学出版社，2019，P541。

等，不胜枚举。然而，谈起其中最具代表性的书坊，则数明代万历年间开设在阊门西中市的扫叶山房。扫叶山房的老板是洞庭东山席家的席启寓，系出洞庭东山名人席本桢的二房，世居东山，在购得常熟毛氏汲古阁书板后开了扫叶山房。康熙帝南巡，席老板献新雕之百家唐诗，皇帝很开心，对其奖勉有加。

张宏《舟泊吴门图》《阊门舟阻图》、袁尚统《晓关舟挤图》、王时翼《金阊舟楫图》、谢时臣《金阊佳丽图》等，都不约而同地展现了明代阊门内外船市的繁华。其中《舟泊吴门图》所描绘的便是阊门水城门口乌篷船争流的热闹场景。《阊门舟阻图》也是张宏的作品。张宏在扇页上有一段这样的题跋，讲述了在阊关（阊门）遭遇舟行受阻的经历："丁亥中秋，寓蒋氏酿花斋，同友游虎丘，返棹阊关，舟阻不前。偶有便面，作此图以记其兴，呵呵。张宏时年七十有一。"《晓关舟挤图》则是明代画家袁尚统所创作的纸本设色画，同样也描绘了阊门交通的繁华，展现了进城谋生的市民和权势者争道过桥的场面。但更为深刻的是，袁尚统用实景描绘的方式表达了对明代权贵仗势欺人的不屑，以及对百姓小民身处疾苦之境的理解与同情。此外还有明代太仓人王时翼绘制的《金阊舟楫图》及明代谢时臣的《金阊佳丽图》，都描绘了阊门内外的繁华景象。明崇祯《吴县志》载："西较东为喧闹，居民大半工技。金阊一带，比户贸易，负郭则牙侩辏集。胥盘之内，密迩府县治，多衙役厮养。而诗书之族，聚庐错处，近阊尤多。" 对于阊门成为苏州商业中心的转变，苏州历史文化研究会副会长、苏州科技大学张笑川教授认为："唐宋以来，苏州的商业中心主要在子城西北部的平权坊、干将坊一带，到了明代，商业中心逐渐转移到了府城西北，并且向城外发展，形成了以阊门为起点向西沿上塘、山塘街河一直延伸到枫桥、虎丘，向南沿护城河（南濠）延伸至胥门外扇状的商品集散和销售中心。与商业中心的西北移相联系，城市东西部之间出现了明显的功能分化。"[1]

---

1. 张笑川：《流动的苏州：近代的城与人》，社会科学文献出版社，2024，P46。

第三节　清代阊门商市景象

　　清代进士冯桂芬曾在《重修吴县学记》中提到金阊："所辖金阊内外，比屋连甍，通阛带阓。"其实冯桂芬是引用了汉代张衡《西京赋》中的词句来感叹阊门的繁盛，由此可想见昔日阊门内外街道纵横交错、屋舍鳞次栉比的热闹景象。清雍正十二年（1734）由宝绘轩主人题词、墨版套色敷彩印刷的《姑苏阊门图》描绘了清初阊门城内外热闹的商肆景象，其中一幅描绘了阊门城外上塘街商市的繁华。从当时店招上看，阊门城门口的左侧商肆有五香乳腐（进京小菜）、公茂号（红绿书笺）、京苏杂货、洋广货（檀花梨）、药材行（发兑生熟药材）、纸铺，城门口右侧有苏杭绒棉、粮店。再往前行，右侧的商业业态有兑换银钱、顾二房、三鲜鸡汁大面、天同号烟铺（浦城建烟发客）、杭粉膘朱颜料行、苏木礜培黄柏行、天宝斋（黄金纽扣）、生茂号（朱东扬海味），而左侧的业态则有烟铺（花素白云烟袋）、香铺（时样瓶袋荷包、香袋）、剪刀铺、茶室、帽店、布店等。

　　而从图中所描绘的阊门城内，阊门至皋桥段来看，当时东侧的商业业态则有布店（梭布）、天音号、日生号、手巾铺、䌷[1]绳铺、药材铺、鹤鸣酒馆等。西侧则显著标注了宝林寺，位于如今的15号街坊宝林寺附近。

　　那么清中期的阊门又是何种景象呢？在清乾隆二十四年（1759）宫廷画家徐扬创作的《姑苏繁华图》中则有生动呈现。对于图中阊门，下面分几个区域来介绍。第一个区域是阊门外，据《姑苏繁华图》所描绘，又分为三处商贸集聚的片区。首先是阊门外北码头附近，并包括了聚龙桥和头摆渡的范围，当时的商业业态有麻行、油行、布庄、看相摊（神相）、铜器铺、绸庄、濮院窑器铺、钱庄、灯笼铺。其中，值得一提的是浙江嘉兴濮院的官窑器铺。宋代学者楼钥（1137—1213）在日记中记载："午过崇德（今桐

---

1. 通"绸"。

清雍正《姑苏阊门图》局部（阊门外南码头、月城附近
及阊门内阊门大街）

清雍正《姑苏阊门图》局部（阊门外吊桥堍至上塘街）

清徐扬《姑苏繁华图》局部（阊门内西中市东、西段）

清徐扬《姑苏繁华图》局部（阊门外吊桥和南、北码头及月城附近）

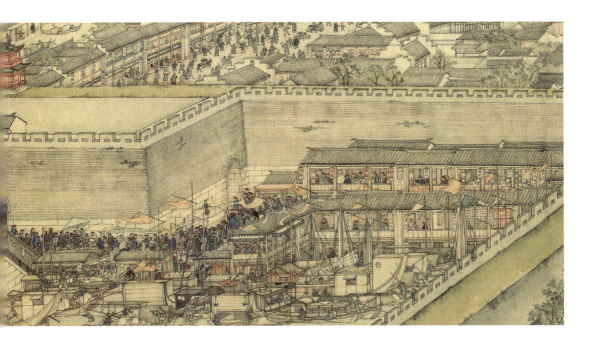

乡），……更初遇士颖弟于官窑。十二日甲子，饭时过永乐。行二十七里，至秀州。"旧时的永乐便是如今的濮院古镇，而《至元嘉禾志》亦谈及当时的嘉兴县"西南至崇德县界官窑铺四十五里"，该处隶属如今的濮院。由此可知濮院官窑之盛，附近百舟骈集，有货船也有游船，还有船餐，相当繁华。

其次是阊门吊桥。在当时的阊门吊桥上有着许多业态，比如香粉铺、丝货铺、煤货铺、苏广杂货铺、小吃铺等。当时官民皆从吊桥入城，故《姑苏繁华图》中描绘了挑担的伙夫，也呈现了官轿过桥的场景。

再次是阊门外南码头及月城附近。与雍正时期的《姑苏阊门图》相比，业态显著丰富，可谓是一处商贸民俗的大观园。这个区域地处月城的西侧，繁华的南码头上可以看到炭行、酒点、油行、药材铺、钱庄、绸行（其中一家来自吴江震泽）、银朱铺、丹粉铺、杂货铺、颜料铺、布行、手甲行、纸笺铺、金银首饰铺、馄饨铺、面馆（三鲜大面）、舡行[1]等，异常热闹。

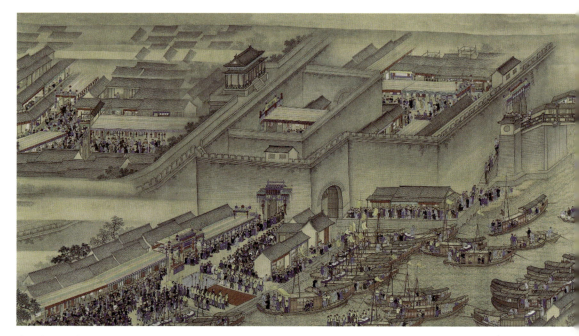

清王翚、杨晋《康熙南巡图》（卷七局部）中的阊门

---

1. 即船行。

1935年8月14日《苏州明报》第3版上的西中市大街绿荫堂
书局广告

第二个区域是闾门内，主要是闾门大街（西中市）区域的景象。从闾门往南的闾门大街的东侧，《姑苏繁华图》中依次详细描绘了绸缎铺（包括锦绸、纱罗、绸缎等）、药材铺（包括九散、人参、膏丹、道地茶、川供药材）、缎店（进京贡缎）、包子铺（纸皮包子）、皮货行、帽行、洋货行等业态

热闹的场景，而洋货行南侧还有庙缎衭褂，其绸缎衣物应与泰伯祭祀相关。此外，绿荫堂也值得一提。古籍中所记载的绿荫堂地址是"姑苏闾门内官廨左间壁绿荫堂书坊"，应当在近闾门的西中市附近。绿荫堂始创于明末，极盛于清康熙年间，历经清代和民国，一直持续经营到新中国成立初。到了清末，绿荫堂书局的经营到了无锡文瑞楼浦氏一脉（浦鉴庭支）手中，其所主营的业务是私塾中的蒙书和中医书。而闾门大街西侧的业态，在今天的专诸巷附近有古玩铺、玉器铺、珠宝铺等。由此可想见繁华的闾门商肆景象。

第四节　清末至新中国成立初的阊门商市

　　阊门西中市、东中市一带旧时商市非常繁盛。特别是清末、民国时期，西中市的店铺商号和钱庄、银行有近百家之多。比如广义上的百货业，诸如绣庄、绸缎行、皮货行、南北货、广货、眼镜铺、毯业、帽庄、毯业、茶业（茶庄）、玉器珠宝业、金融业（诸如钱庄、钱局、金铺、银楼、银行等）、餐饮业（诸如菜饭馆、面馆、糖果店、糕团店、肉店）、医药业（中医门诊、西药房、新式医院、医校）、浴业、书业（诸如纸号、书肆等）、报业、印刷业、须业（排须业）、丝边业、彩票业、茶馆、书场业、卷烟业、旅馆业、电器材料业、非铁金属业、米业、烛业、箔业、漆业等，可谓百花齐放。从外部因素看，清光绪三十二年（1906），沪宁铁路苏州段通车，阊门外马路与火车站衔接，而早在六年前，盘门租界一带便开始修筑北接

西中市中法大药房发票（苏州市档案馆藏）

民国时期东中市尚泰昌广告

民国时期东中市莫义昌绸缎庄广告

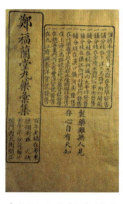

清代阊门大街（西中市）郑福兰堂药铺广告

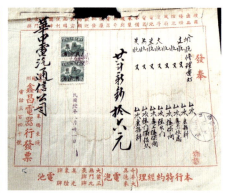

民国时期东中市皋桥东堍鑫昌电器行发票

东中市义丰号杭绵广告　　民国时期祥丰泰洋货布店广告　　1933年4月23日《苏州明报》第1版上的西中市文新印刷公司广告　　1929年6月6日《苏州明报》第4版上的东中市天章帽庄广告

阊门的延伸马路，因而在清末，苏州的水路交通中枢逐渐从盘门迁移到了阊门、上塘街和石路地段，客观上为阊门商市的复兴创造了良好的条件。1912年，阊门发生了一次兵变，部分商铺在兵祸中被烧毁[1]。但从整体而言，至抗日战争前，阊门商市在社会大变革中蜕变并显著发展。

阊门城门口许万兴象牙号

细说阊门老字号

　　下面介绍一些有代表性的老字号或特色店铺的历史及相关故事，以昔日西中市（阊门大街）为主，囊括上塘街（吊桥头）和东中市部分著名商号。这些老字号都是阊门商市繁华的缩影。比如阊门内中市大街及吊桥堍有著名的药业名号雷允上、乐寿堂、沐泰山堂，茶馆名所大观楼，徽（菜）馆名所六宜楼，金业名店西恒孚，茶业名号鲍德润，酒业名号王济美，布业名号祥大（辛昌），绸缎业名号同仁和，著名熟食业陆

---

1. 李嘉球：《"阊门兵变"始末记》，载录于中国人民政治协商会议江苏省吴县委员会文史资料委员会编：《吴县文史资料》（第8辑），1991年。据以上记载，当时正值1912年3月，由刘之洁所带的原革命军四十六标陆军在阊门借故起衅，行凶放火，抢劫杀人，数百家商店遭劫难，多名无辜百姓被枪杀，这便是"阊门兵变"事件。

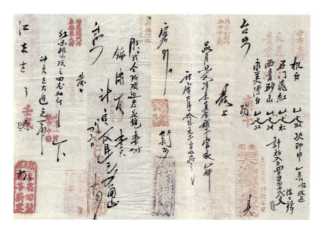

中市大街上的老商铺发奉票据［依次为皐桥东堍福成祥号、穿珠巷（后改称专诸巷）巷口同明祥、西中市仁昌德记成衣号、中市大街恒大成号棉夏俊布］

稿荐、杜三珍，书业巨头扫叶山房，面业名店四海春，茶食糖果业名店赵天禄，南货业名号孙春阳，腌腊业名号恒春阳，鞋业名号老瑞源，皮货业名店同发祥，皮件名店戎镒昌，糕团业名店万福兴，国画颜料老店姜思序堂等。清道光元年（1821），浙江慈溪人黄启庭曾在东中市都亭桥堍创办黄天源，但民国初年便已迁往观前。而许多清末民初的中市大街一带的商铺票据被保留下来，至今依旧鲜为人知。这些商品贸易的实物，见证了旧时阊门商市鲜活的互市贸易情景，亦是旧时阊门金融活动的生动缩影。

雷允上诵芬堂药铺

说起西中市的老字号，雷允上诵芬堂药铺是个响亮的名字。雷允上始创于清雍正十二年（1734），至今已有近300年历史。创始人雷大升（1696—1779，字允上，号南山）为清代苏州名医，也是"吴门医派"的集大成者。康熙五十四年（1715），雷大升弃儒从医。雍正十二年，为行医就诊，三十八岁的雷大升在苏州阊门内专诸巷天库前周王庙弄口开设了雷诵芬堂药铺。咸丰年间，药铺毁于战火，为躲避太平军与清军间的战乱，雷允上的曾孙绮三房雷子纯（1827—1869）和松五房雷骏声带

民国时期的雷允上诵芬堂药铺广告

民国时期西中市大街雷允上诵芬堂药铺旧影

领族人先后迁至上海。咸丰十年（1860）雷家在上海兴圣街口（今人民路永胜路口）分设雷允上诵芬堂药铺（也称"申号"）。后来苏州雷氏他房族人也因战乱迁沪。关于雷允上著名的品牌"六神丸"还有一段故事。当时雷允上迁到上海后，经营惨淡。又逢大旱，流落沪上灾民无数，雷允上医家仁心，昼夜熬粥，赈济灾民。不久，瘟疫蔓延，雷允上虽然布施了许多汤药，但收效甚微，疫情还在扩散。在此危急关头，一位不愿透露姓名的昆山顾姓高人伸出了援手，将祖传六味药的秘方交到雷允上老板手上。这六味药据民间传说便是麝香、牛黄、珍珠、冰片、蟾酥、雄黄六种名贵中药，麝

香开窍醒神，牛黄清热解毒，珍珠安神定惊，冰片化瘀止痛，蟾酥攻毒消肿，雄黄除湿杀虫，六味合一，产生了奇特的功效。而这位顾姓高人据

民国时期雷允上苏州总号门面图

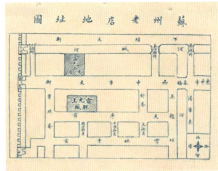

民国时期雷允上苏州老店地址图（图注标注了雷允上药铺及天库前的雷允上胶厂）

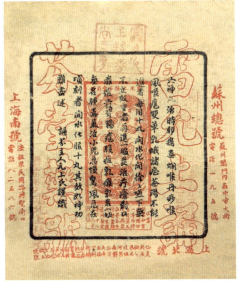

民国时期雷允上广告（苏州总号设在阊门内西中市大街）

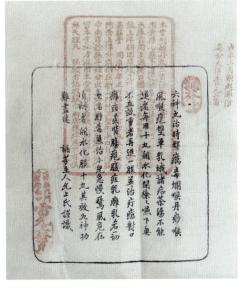

民国时期雷允上广告（纪事章讲述在阊门创店初期的情况）

说是昆山望族顾炎武家族的后代。后来雷允上凭借“六神丸”在医界闻名遐迩，又复归苏州。光绪三年（1877），苏州雷允上按前店后场的模式，设立加工厂，并逐步扩大规模。雷允上有四子，即楷、椿、桂、兰。后来雷氏家族中又分出了礼、耕、绮、蕉、松五房。20世纪20年代初，雷氏五房族人公推雷徵明、雷显之兄弟二人分别为苏州雷允上诵芬堂药铺（总号）和上海雷允上诵芬堂药铺（南北号及北支号）负责人。雷徵明任苏州总号经理。而雷显之则曾至上海整合民国路、天圣街的分店（后改名为雷允上南号）。1934年上半年，在拓宽西中市大街时，雷允上老店翻建钢筋水泥楼房，并于翌年下半年落成。翻建后的老店前楼高三层，后楼高四层，门面堂内焕然一新，气势不凡。石库门上端有石刻阳文“雷允上”三个擘窠大字，据说出自武进唐驼手笔。

西恒孚金业

程叔履像

西恒孚金业是旧时西中市响当当的银楼。恒孚由祖籍徽州的苏州香山人程桂（1805—1888，号蟾香）[1]始创于清嘉庆十一年（1806）。据赵孟韶《拙斋纪年》，这一年程氏分出原附股于杨姓开设的景孚金铺股份，设恒孚银楼于苏州南濠。后又租得观东天官坊陆冠曾的房产，迁至观前街。自此，观前恒孚银楼成为总号。创办之初，恒孚便确立了要以诚为本、信誉永存的营销战略和策略，取店名为“恒孚”，取店标为“上字地球”，以诚信第一、誉满天下为办店宗旨。恒孚银楼发兑赤足条锭，销售多种金银首饰，成色足，分量准，制作精美，饮誉苏、浙、沪一带。恒孚银楼的后代经营者中有程桂的孙辈程椿（号志范）及曾孙辈程叔履。程椿于光绪三十年（1904）在西中市创设西恒孚（恒孚西号），紧接着，又在无锡、盐城、杭州等地开设分号，进一步拓宽市场。程叔履，程椿三子，曾主持西中市恒孚西号。而程椿的弟弟程榛（号听渊）则从曹沧洲学医，后至上海行医。1936年，程叔履被公推为江苏省银楼业同业筹

1. 其父程德济（1772—1824），曾在阊门外南浩街开木行，后与人合股创设景孚金铺，即恒孚银楼前身。程蟾香去世后，恒孚的产业传到孙子程志范（其幼时失怙，家业由母亲代管）手中，得以壮大，恒孚在鼎盛时期有过8家分店。

西恒孚金业旧址今貌

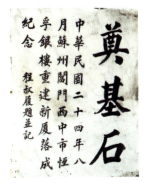

恒孚银楼奠基石（严命刚提供）

备会主席团主席[1]，后任苏省银楼业同业公会联合会执行委员[2]。当时召开会议的地点在阊门刘家浜吴县金银业公会。1937年，程叔履又被选任为吴县红十字会特别委员[3]。

恒孚银楼的建立也有一个故事：当时这位程老板创立恒孚银楼的时候，苏州城内有一家瑞福银楼，是业界翘楚，特别是瑞福有一件传家宝——凤钗，精细到凤尾上的每根羽毛都能锤揲敲打出来，活灵活现。程老板很是不服气，于是请来了一位姓白的金匠师傅。这位白师傅是"老法师"，经验丰富，然而年龄已高，眼力已经不行，恰恰这个行当眼睛非常重要。白师傅做了两个月，发现做不出能超越瑞福银楼那件凤钗的东西，于是便向程老板请辞，程老板无奈为他饯行。后来到了年三十的晚上，大雪纷飞，恒孚银楼的门口不远便是阊门的城门洞，程老板听到城门洞有声音，开店铺门一望，看见从山西逃难到苏州的徐师傅一家三口，小孩才十岁。程老板很热心，把剩下的年夜饭热了给他们吃，还送了几件御寒的旧衣服给他们。徐师傅非常感激，便和程老板闲聊了起来，并告知已经听说恒孚银楼和瑞福银楼在凤钗上较劲的事情，说自己有一手好的打铁手艺，又随手拿出了一匹他为儿子打造的铁马玩具给程老板看。这铁马虽然是玩具，但制作得相当精致。徐师傅表示已经十多年没有碰这个活了，但程老板说时间不是问题，只要达到让瑞福银楼甘拜下风，成为业界翘楚的目的就行。于是徐师傅就留在了恒孚银楼。传说这位徐师傅举止乖张，也不要家属帮工，自己在房子里独干，而且性格也很狷介。更为离奇的是，徐师傅每顿都要吃炒猪肝。而程老板却对他百依百顺。当时恒孚店里还有个阿大，是程老板的叔父，店里的二当家。徐师傅在恒孚银楼半年后，依旧没有锤打出什么精品，猪肝倒是供养了大半年。有次，程老板不在店中，阿大去找

1.《苏州明报》（1936年3月25日第6版）载录。

2.《苏州明报》（1936年12月18日第6版）载录。

3.《苏州明报》（1937年4月23日第5版）载录。

徐师傅，见其白天做工时间却在休息，于是实在气不过，便与徐师傅产生争执，气走了徐师傅。徐师傅当时在恒孚银楼留下了一只金手镯，但阿大认为这只朴实无华的金手镯只是学徒做出来的水平，认为徐师傅骗吃骗喝。程老板知道后，拿起金手镯细致观察，发现手镯上暗藏玄机，轻按一下，便有一个小开口，里面滑出一串珠子，每个珠子上都有微雕的黄金人像，系天罡三十六星形象。程老板气得直跺脚，但徐师傅去后便再也没回来。后来因为这个金手镯，恒孚银楼获得了业界的称誉，其名与竞争对手瑞福银楼不分上下。而程老板也找了徐师傅一家十年，杳无音讯。后来有一天，京城钦差来苏州采办首饰，苏州知府便找了恒孚银楼和瑞福银楼两家，并表示如果哪家的东西被选中入大内，那便可说是平步青云。钦差看了恒孚银楼的金手镯，感觉精美绝伦，但唯一惋惜的是没有成对，因为当时手镯是需要成对的。程老板急寻能工巧匠，一连几天也没有人敢接这样的"瓷器活"。正在为难之际，突然出现一位少年，程老板看着眼熟，原来他正是十年前那位徐师傅的儿子。少年告诉程老板，他父亲眼花了，而他则继承了父亲的手艺，在其教导下，打出了一只银手镯，虽然不是金手镯，但内里亦是天罡三十六星，惟妙惟肖。如今金、银手镯凑成一对，既解了程老板的围，也算报答了程老板。程老师也明白了为什么徐师傅当年要吃猪肝，原来是猪肝明目，只有视力维持完好的状态，一鼓作气，才能制作出绝世精品。后来，民间又传说恒孚银楼的这对手镯供入大内，获赐御匾，赶超了瑞福银楼，成为业界翘楚。

江苏裕苏官银钱局

江苏裕苏官银钱局由江苏巡抚衙门领属，归藩库管理，管辖苏、松、常地区，由江苏布政司陆元鼎[1]负责筹款，开办于清光绪二十九年（1903）五月，设址于阊门德馨里，由藩库拨15万银两作为资本。同年，江苏裕苏官银钱局又在靖江设分局。至清光绪三十二年，又在上海、镇江、无锡、平望设四处分局。江苏裕苏官银钱局的分支机构除了发行票币以外，同时经营存款、放款、汇兑等业务。光绪三十二年（1906）江苏裕

---

1. 陆元鼎（1839—1910），字春江，号少徐，清浙江仁和（今杭州）人。同治十三年（1874）进士。从光绪六年（1880）起，曾先后任江宁知县、泰州知州、惠潮嘉道，调补江苏粮储道、江苏按察使。光绪二十六年补授江苏布政使。后官至湖南、江苏巡抚。

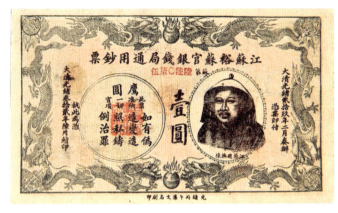

清光绪三十二年(1906)江苏裕苏官银钱局发行的通用钞票

江苏裕苏官银钱局旧址今貌

苏官银钱局发行的通用钞票上印有江苏巡抚陈夔龙[1]的头像。

大观楼茶馆

　　原位于西中市146号,是民国时期的一家茶馆,原址曾称为德源馆,亦称德元馆。大观楼的老板是一位镇江人,俗呼"王长子",原是德馨里丰泰钱庄里面的老司务,而丰泰钱庄的股东便是当时孝友堂张宅的主人张季常。大观楼昔日生意红火,从早上四五点钟开业直到傍晚六七点才歇业。当时大观楼内有两部楼梯上二楼,非常气派。许多老闾门人回忆大观楼有苏式生煎的巨头哑巴生煎[2]售卖,其实哑巴生煎只是大观楼大门靠西的一个摊子。说起哑巴生煎的创始人俞二媛师傅,也是位逆境中奋斗出来的人物,9岁因大病失声,13岁到大观楼做学徒,并曾在汤家巷梅园茶馆当伙计。

1963年苏州市饮食服务公司写给市商务局的《关于撤销德元馆恢复大观楼菜馆的报告》(苏州市档案馆藏)

大觀茶樓落成新屋擇於國曆九月十二日開始售茶通告

1935年7月24日《吴县晶报》上的记载

1. 陈夔龙(1857—1948),字筱石,号庸庵、庸叟,室名花近楼、松寿堂等,贵州贵筑(今贵阳)人。清光绪十二年(1886)进士,历官顺天府尹、河南布政使、河南巡抚、江苏巡抚、四川总督、直隶总督。
2. 江浙一带把有馅的包子也叫"馒头",故生煎全称为生煎馒头。

这位俞师傅虽然不能说话，但手脚麻利，锅铲盆盖响，有板有眼，非常爽利。哑巴生煎成名的时候，俞师傅大概也就20多岁的样子。当时去大观楼喝茶的人会顺道点哑巴生煎。后来哑巴生煎在苏安新村的一间车库又重新开业，至于2000年后才在临顿路上开张的哑巴生煎分店，则是后话了。在江浙一带民间对于哑巴生煎有过这样的评价标准："皮薄不破又不焦，二分酵头靠烘烤，鲜馅汤汁满口来，底厚焦枯是败品。"这也许就是哑巴生煎经久不衰的秘诀吧。大观楼后来因债台高筑，便转让了店铺。据苏州市档案馆商会档案，大观楼负责人曾为莫金荣[1]。大观楼也曾一度改名为群乐饼馒店，也曾改为金阊区饮服公司的办公地，后此楼又被拆除，如今已不复旧貌。

鲍德润茶庄

系民国时期开设在阊门西中市的一家茶庄。其始创于清乾隆年间，创始人是安徽歙县蕃村人鲍世通（1736—1827），当时在鲍德润总号还曾设茶商公所。鲍德润茶庄曾与当时同在苏州的茶号吴世美、汪瑞裕、方裕泰、吴馨记、严德茂等五家一同被茶界推为"六大名店"。说起鲍德润茶庄，还有一个民间传说：有一次乾隆帝微服私访到苏州阊门一带，口渴难耐，于是便来到附近的鲍德润茶庄想要杯茶水来解渴。由于当时茶行有业规，每包茶叶都记有斤两钱数，所以茶庄的伙计不敢擅自取一包茶叶来泡茶，而是从每包中都取一小勺来泡茶，可能是不同品类的茗茶混合后起到了出其不意的效果，茶香浓郁，乾隆帝品尝之后连连叫好。事后苏州府派人到鲍德润茶叶店纳贡茶，弄得店主莫名其妙，待差役道明缘由，方知是

1934年11月19日《苏州明报》第2版上关于鲍德润茶庄的广告

1936年《皖事汇报》关于鲍德润茶庄在苏州观前开设分号的报道

1. 苏州市档案馆：《吴县茶馆书场业同业公会会员名册》（档案号：I14—040—0002—006），1946年。

西中市鲍德润茶庄的茶叶罐头

鲍德润茶庄旧址今貌

乾隆帝曾驾临本店。鲍家上贡茶叶后，乾隆帝还御赐了"鲍家名茶"招牌。因为有乾隆帝的"代言"，鲍世通在苏州的茶叶生意越做越红火。赚到钱后，鲍世通于乾隆五十二年（1787）在歙县蕃村老家修了占地680平方米、三进三开间的鲍氏宗祠（惇叙堂）及社屋，光宗耀祖。据民国商会档案，清末鲍德润茶庄曾在阊门内西中市开设鲍德润（北）及鲍德润西号两家店铺，当时的负责人是安徽歙县人鲍聚生。直至新中国成立前，鲍德润（仁记）在苏州阊门内有一间三进的仓库，仓库后门有自家小码头，运输货物极其方便。但后来公私合营，仓库不再私有，鲍德润（仁记）后人鲍宜中及其母亲靠收房租度日，在皋桥西堍、吴趋坊北口西侧拐角处剩一家店面，直到2015年歇业，历经6代人。1936年，鲍德润也曾在苏州观前开设分号，在该年的《皖事汇报》上有详细记载。当时吴县茶叶同业公会常委主席汪巨川[1]曾撰有《鲍德润分号乔迁志喜》一文，简述了徽州望族鲍氏家族的来龙去脉[2]。

扫叶山房书局

最初创于明朝万历年间，因与本地刻书家叶氏刻书争利，故称"扫叶"，取双关之意。扫叶山房书局起先设于阊门西中市（后称"苏号"），在咸同兵燹时受损严重。光绪六年（1880），又设分店于上海城内彩衣街，之后又在租界棋盘街设分店，称"扫叶

1.《苏州明报》（1930年10月28日第2版）载录。

2.《皖事汇报》1936年1月创刊于苏州，1936年12月停刊，由汪己文主编，皖事汇报社发行，旬刊。汪巨川此文载于1936年《皖事汇报》（第16—17期）第17页。

山房北号"。店主席启寓，藏书颇丰，其先世为居苏州洞庭东山的席本桢二房后裔，远祖为唐武卫将军席温。席启寓（1650—1702），字文夏，号治斋，明崇祯时太仆寺少卿席本桢季子。他于明末清初购得常熟毛氏汲古阁书板，而设此扫叶山房。席启寓从小读书，后为监生，清康熙二十一年（1682），由县令积赍得部郎，两年后补工部虞衡司主事。席启寓去世后，他的孙子席鉴继承了席启寓的藏书事业。席鉴（1700—1722），字玉照，别号荣荫山人。他藏书较丰，有"虞山席鉴玉照氏""荫山珍本"等藏印。席鉴23岁便去世了，但从目前的史料可知他不仅藏书亦刻书，还得到了学界的公认。

到了席世臣（字邻哉，一字郢客）接管后，扫叶山房才进入了繁盛时代。席世臣是商贾，也是藏书家，更精于校勘，故曾于乾隆四十九年（1784）充任四库三分书总校（议叙）之一，即分校官，参与《四库全书》的校勘工作。后来他又回到苏州继续经营书业。扫叶山房经过席家先辈的经营积累，财力雄厚，这也为藏书、刻书奠定了必要的经济基础。坊间所见的许多扫叶山房的刻书多为席世臣所刊印。比如《大唐六典》《贞观政要》《东观汉记》等典籍。19世纪中叶，西方的石印技术传入中国，扫叶山房用洁白的连史纸石印出版经、史、子、集的大部头著作多种，光绪后，扫叶山房的石印本开始流传于坊间。清末民初，扫叶山房亦顺应时势，自我革新，其出版各书，多用新法石印，逐步代替了刻板刷印。扫叶山房在经营上颇为长久，直至1954年才歇业，1955年正式停业，历时近300年。这300年间，在东山席氏家族的浓厚书香气氛中，也诞生了许多藏书家，比如席启图、席启寓、席鉴、席世臣、席世昌、席恩赞、席璞等。旧书业前辈江澄波先生的曾祖父江椿山因战乱于咸丰年间从湖州织里迁苏，曾是扫叶山房的店伙计。关于扫叶山房的位置，笔者询问了江澄波老人，他表示应在阊门城门口附近，如今街区面貌大变，已然无存。

四海春面馆

民国时期由无锡洛社叶家创设于西中市，初名老聚兴面馆，因拓宽中市大街原有店面不敷应用，故迁移至察院场南首（九胜巷口）[1]，而其原址转手给其外甥后改名

1.《苏州明报》（1935年6月22日第5版）载录。

老聚兴面馆

本店开设阊门内西

中市历有年所嗣加

和记之後各种食品

特别卫生且夏令於

的更宜注意如蒙惠

顾无游就迎

四海春。1934年6月26日《吴县晶报》上刊载有老聚兴的广告，其中谈到老聚兴曾嗣加"和记"标识后对食客亦作出卫生保障的承诺。旧时，面馆内老派一点的堂倌也会一声长吆："要末来哉……红两鲜末两两碗。"吆喝得抑扬顿挫，余音绕梁。苏州有句老话"吃面要吃汤，听戏要听腔"，"汤"是苏式面的重头戏。在苏式汤面中，汤的基本要求是清冽、鲜美、不见任何杂质，汤要清而不油，味要鲜而食后口不干。苏州人吃面的习惯也是不断传承的，比如爷爷带着儿子吃面，儿子带着孙子吃面，正所谓口味习惯的传承。那时的面馆堂倌也曾有耳熟能详的顺口溜："诶——来哉，三号台老面孔，三两鳝丝面，要龙须细面，清汤、重青、重浇过桥……"因而旧时苏州人的一碗汤面，早已超出了简单的早饭范畴，深深地融入了日常生活中。叶家经营有方，在苏州发迹后，便在阊门西街旁的桃花坞打铁弄4号建造了点亦堂楠木厅。据说叶家家教极严，家中长辈曾立下规矩：每天起床后、就寝前，爷爷奶奶和父母端坐在太师椅上，兄弟姐妹都要过来请安。

六宜楼菜馆

六宜楼是一家徽菜馆，清光绪九年（1883）创办于皋桥西堍。"六宜"之名取自饮食六宜：宜淡、宜软、宜早、宜缓、宜少、宜暖。徽菜馆在苏州的历史可以追溯到清代咸丰年间。在咸丰初年，徽州府绩溪县程姓商人于苏州的阊门外首创万通馆，或可视为徽菜馆在苏州的起源。清末至民国时期，徽菜馆发展迅速，大量徽厨涌入苏沪一带。民国时期，六宜楼的老板为绩溪人邵子曜[1]当时同业推定反对认商压迫勒收现捐的代表，苏馆为三雅园钱缙瑞、德元馆孙柱昌、义昌福钱吟梅、维新楼王祥云、中央朱福林，京馆为宴月楼王耘耕、久华楼萧含文，徽馆为六宜楼邵子曜、太白园汪永福、万福楼汪槐卿，由此可见六宜楼不仅是徽菜馆的翘楚，在苏州当时各大菜系的饭

1.《苏州明报》（1929年11月17日第3版）载录。

馆中亦是声名显著。

1948年11月19日《苏州明报》第2版上曾刊登六宜楼吃白食事件的报道。当日有三位青年到六宜楼，点了清炒肉丝、汤头尾、什锦砂锅、酒，并命代购大前门香烟，后算得这顿饭共花费金圆九十二元。三人酒足饭饱后，其中二人离去，留一人在店，当堂倌来开单结账时，那人竟耍起了赖，于是那人被扭送到当时阊门派出所北区分局后，真相大白。原来此人叫杨长根，做南货生意，逢两位朋友来，好面子却付不起馆子费用，赖账吃白食。六宜楼作为百年老店，曾一度销声匿迹。近年，六宜楼在阊门外南新路重新开张，重挂老字号招牌，作为百年老店的六宜楼在历史传承中融合形成源于徽菜、兼容苏州菜的独特风格，比如炒虾仁、青菜狮子头、黄焖河鳗、蜜汁火方、熏肠熏肺砂锅，还有创新菜苏徽复合版臭鳜鱼，皆为特色。六宜楼东侧原为民国时期的北一救火会。

1929年11月17日《苏州明报》第3版上关于推定六宜楼邵子曜等为反对业外认商包办代表的报道

1948年11月19日《苏州明报》上关于六宜楼吃白食事件的报道

陆稿荐熟食店

始创于清康熙二年（1663），创始人为陆蓉塘。清末朱枫隐《饕餮家言》称有"陆蹄赵鸭方羊肉"，其中"陆蹄"即陆稿荐的糖蹄。咸丰十年（1860），陆稿荐因遭战乱兵火，损失殆尽。同治五年（1866），陆氏后裔陆秦轩在原址中市街崇真宫桥堍重振家业，传至光绪年间，后裔陆炜、陆念椿等不善经营，连年亏损。光绪二十七年

1935年3月30日《苏州明报》第8版上特别提及的陆稿荐酱汁肉

蘇有陸稿薦熟肉店，所售皆為豬魚雞鴨之已熟者，其市招無一非陸稿薦。相傳陳氏之先設肆，吳門有丐者日必來食肉不名一錢也，後且寄宿店廡，亦不以為嫌。丐無貲物惟一稿薦，一日忽蛻之而去，久之店偶丁薪析薦以代，則燔炙之時香聞數十里，因以馳名。繼此凡肆是菜者即非陸姓亦假託其名以冀增重於時。

清人徐珂《清稗类钞》中对陆稿荐的评语

（1901），陆炜、陆念椿将陆稿荐牌号租押给吴县西津桥人倪松坡。而倪租得陆稿荐牌号后，于光绪二十八年将自己开设在观东醋坊桥堍的肉铺改为"陆稿荐"（后称"大房陆稿荐"），并在阊门大街都亭桥、临顿路兵马司桥、道前街养育巷口开设分号。当时陆稿荐的五香酱肉、蜜汁酱鸭、酒焖汁肉、糖蹄、酱蹄筋等誉满苏城。学者臧寿源《陆稿荐的灶头，杜三珍的师傅》一文中称："清光绪三十四年（1908）二月，'陆稿荐'陆氏后人陆炽、陆炜出面状告肉业同行中倪松坡、丁少卿两家肉店冒用'陆稿荐'招牌。吴县县衙批转给了苏州商务总会。商会当即派人去实地查看，发现古市巷口倪松坡肉店称'杜陆稿'，胥门外万年桥丁少卿肉店称'老陆稿'，店名中都没有'荐'字，于是回复称：'市井习俗大都如是，犹如观前街声名素著之稻香村，后人有开桂香村及谷香村等，较今陆稿荐与杜陆稿牌面字意益觉易混，亦未闻稻香村店东有何责问也。'因此得出结论，构不成'冒牌'。""1927年《旅游必读》载苏城'猪肉业'，倪松坡名下有5店：临顿路'协兴'，吊桥西'杜家老三珍'，醋坊桥'太记陆稿荐'，皋桥西'老陆稿荐'，泰伯庙桥'顺记陆稿荐'。"[1]1920年，倪松坡为巩固家业曾进行了产业划分，据说除了第四子外，其他的四房皆分到了产业。他的大儿子和孙子倪肇基分得皋桥头老陆稿荐，二儿子倪矩香和孙子倪肇鸣分得醋坊桥堍陆稿荐，三儿子倪慎安和孙子倪肇鸿分得阊

1. 臧寿源：《陆稿荐的灶头，杜三珍的师傅》，《苏州日报》（2015年6月5日）载录。

门吊桥杜三珍，五儿子倪子衡分得临顿桥协兴肉店。1935年起，大房陆稿荐由倪矩香的外甥陈士贤代理，当时行业中著名的师傅张寿根把作烧镶，后将其技艺传授于徒弟王茂大、倪阿大，再传至张兴福、王凤泉、陶华昌、祁招宏，由此相传至今。二房陆稿荐曾在察院场口开设朝北双开门面，采办常州细脚肥猪，还有酱鸭、酱蹄、酱肉及肉鸭、鱼虾等美味[1]。20世纪40年代，大房陆稿荐曾经营艰难，一度衰落，直到1963年又恢复陆稿荐工场。1966年，大房陆稿荐更名苏州熟肉店。陆稿荐如今已是商务部认定的第二批中华老字号。

恒春阳腌腊店

系一家腌腊名店，创设于民国时期，位于东中市374号，张广桥堍。1947年时该号负责人为镇江人颜以顺。老阊门人都记得恒春阳的腌腊名品，比如苏式香肠和咸肉。谈到苏式香肠，注重原味，以原料取胜，只加酒、盐、糖，采用传统制作方法，因而肉质松紧适中，入口鲜甜有嚼劲。再说咸肉，老苏州人制作一块咸肉可是大有讲究，足量的盐和花椒，要经过25天的腌制和15天的自然风干发酵，足足40天才能腌制出一块"肥而不腻，瘦而不柴，肉质紧致"的上好咸肉。此店原有广告语对联"自运兴化桂圆元香荔枝，拣选川庄银耳暹罗官燕"（后被涂

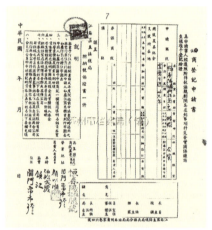

1947年恒春阳的登记申请书（苏州市档案馆藏）

1934年4月21日《苏州明报》第4版关于皋桥东堍德昌祥南货号开幕通告

恒春阳腌腊店旧影

1.《苏州明报》（1929年8月13日第4版）载录。

抹）。另据1934年4月21日《苏州明报》第4版关于皋桥东堍德昌祥南货号开幕通告旧闻[1]，联系历史建筑信息，可知在抗日战争前，此处应为德昌祥南货号旧址。

从左至右依次为《苏州明报》（1930年11月9日、1929年10月24日、1931年11月18日）关于同发祥皮货局的记载

同发祥皮货局

系一家皮货局，全称为"同发祥仁记皮货局"（总号）。1929年创设于闾门内西中市德馨里西首坐南朝北的石库门内，以交城滩皮、同洲羔皮为大宗[2]，还有同州平毛、张家口狐肷[3]、灰鼠[4]及全色狸猫皮马褂[5]等皮货。1930年，同发祥曾举办滩皮大会[6]。其皮货业务做大后于1931年在观前大街平安坊口开设分号[7]。

孙春阳南货铺

位于闾门内吴趋坊北口，始建于明万历年间，创始人孙春阳，系宁波孙氏家族后裔，后曾传至孙松年手中，当时已为八开间店面。孙氏后人孙菊堂回忆，原来的孙春阳南货铺在太平天国战火中烧毁，后来，未听说苏州有孙春阳的产业，亦无孙氏亲属在苏州经营南北海货业[8]。清钱泳《履园丛话》载："苏州皋桥西偏有孙春阳南货铺，天下闻名，铺中之物亦贡上用。案春阳宁波人，明万历中年甫冠，应童子试不售，遂

---

1. 其中提及专销有四川银耳、吉林哈士蟆、关东红旗参、两洋海味、闽广洋糖、关山桃枣等。
2. 《苏州明报》（1930年11月28日第2版）载录。
3. 指狐狸胸腹部和腋下的毛皮，系珍皮。
4. 《苏州明报》（1929年10月24日第4版）载录。
5. 《苏州明报》（1931年11月18日第2版）载录。
6. 《苏州明报》（1930年11月9日第2版）载录。
7. 《苏州明报》（1931年1月12日第2版、1931年1月24日第3版）载录。
8. 王景南、孙无痕：《苏州孙春阳南货铺小考》，苏州市地方志编纂委员会办公室：《苏州史志》（总第十五辑），1990，P43。

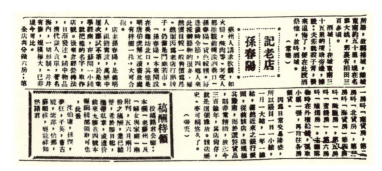

1947年7月16日《苏州明报》第4版上关于孙春阳的故事

弃举子业为贸迁之术。始来吴门开一小铺，在今吴趋坊北口。其地为唐六如读书处，
有梓树一株，其大合抱，仅存皮骨，尚旧物也。其为铺也，如州县署，亦有六房，曰南北
货房、海货房、腌腊房、酱货房、蜜饯房、蜡烛房。售者由柜上给钱，取一票，自往各房
发货。而总管者掌其纲，一日一小结，一年一大结。自明至今已二百三四十年，子孙尚
食其利，无他姓顶代者。吴中五方杂处，为东南一大都会，群货聚集，何啻数十万家，
惟孙春阳为前明旧业。其店规之严，选制之精，合郡无有也。"《苏州府志》《吴县志》
多引用抄录钱泳的记载。咸同兵燹，孙春阳店铺被毁。王景南、孙无痕在《苏州孙春
阳南货铺小考》中谈到清光绪三十四年（1908），苏州商务总会的18家南货店中已无
孙春阳店铺。而1931年71户南北货店中，盘门有一家名为孙春阳的南货店，店主为孙
安之，但1950年《苏州市区南北海货糖业商店一览表》载，该店创设于1912年2月。故
未有证据表明它是明代孙春阳店铺的延续[1]。《苏州孙春阳南货铺小考》一文中也考
证了观前街渌泗巷口生春阳腌腊店，并引用《苏州文史资料选辑》（第九辑）的说法：
"观前街渌泗巷口生春阳腌腊火腿店，清同治中开业，原名巨成祥腿铺，店主姓祝，
绍兴人士，光绪十五年（1889）病危时，将店传给其婿同乡人许瑞卿经营。翌年，许向
隆兴寺主持僧借得银洋300元，作为增资，获利甚巨。光绪十七年（1891），许正式将
巨成祥改为生春阳。"[2]由此可见，同治年间的生春阳与明代孙春阳并没有传承关系，
故旧报刊上或有店名字误而误导研究者信以为真，值得学界留意。

---

1. 王景南、孙无痕：《苏州孙春阳南货铺小考》，苏州市地方志编纂委员会办公室：《苏州史志》（总第
　十五辑），1990，P39—41。
2. 同上，P41—42。

辛昌绸布号（祥大布店）

民国时期辛昌绸布号的广告

辛昌绸布号旧址今貌

　　1949年初门牌号为西中市40号，今址为西中市91号。其前身为镇江大族唐少起所开设的祥大布店，当时的祥大布店采取了"厘金制"的奖励办法，并与诸多成衣铺有账务往来，凭该店往来手折，赊欠货物，三节结账，因此该店门庭若市。1919年，唐少起曾参加金阊市民公社改选[1]。1922年，唐少起当选为苏州总商会议员[2]。1924年，唐少起出任上海德商富来倍富洋行经理[3]。1926年，他又当选为苏州总商会会董[4]。1936年，世界性经济危机爆发，苏州银线业银根紧缩，故到了这一年的年终，与祥大布店有业务往来的钱庄、银行组团向其催讨货款。唐少起打了长途电话到上海国华银行告急，上海国华银行立即拨付了十万元到祥大账上。来催讨的大伙见状，知唐家实力不凡，故纷纷告退或自愿"开期"（续约至明年归还）。一场催债风波被唐少起不费吹灰之力便平息了下去。祥大布店因淞沪战争歇业，后由朱汝鹏、周维然等合伙在原址开设辛昌绸布号，亦称辛昌布店[5]。其中朱汝鹏曾为吴县商会第四届理事[6]、吴县北区救火会理事[7]。《金阊区志》对辛昌绸布号的

1947年辛昌绸布号发票

记载则稍有差异："民国二十七年（1938）4月，由原养育巷天昌布店职工朱汝鹏、齐门怡记布店职工吴庸夫、纪得友等3个布摊业主合伙在西中市原利纶绣庄旧址开设，

1.《申报》（1919年8月13日第7版）载录。

2.《申报》（1922年11月30日第11版）载录。

3.《申报》（1924年10月11日第1版）载录。

4.《申报》（1926年6月17日第10版）载录。

5.　王缄三：《阊门附近几家品牌老店的琐事·祥大布店》，政协苏州市金阊区委员会编：《金阊文史资料》（三），1994，P59—60。

6.《苏州明报》（1948年11月2日第2版）载录。

7.《苏州明报》（1946年12月23日第3版）载录。

1958年辛昌绸布号发货票

以资本3600元注册，专营批发，翌年开始门市零售，内庄批发，迅速发展成为布业中的大户。该店为争取城乡顾客，将大众喜爱的士林布在上海加工，以低于同业的价格发卖；为取得农民信任，将土布检验后，质量好的卖给农民，质次的低价批给成衣店。经营者敢冒风险，通过套用对方资金，以1万元本钱，却以5万元货源周转……新中国成立后，该店转向纯零售，1956年公私合营，'文化大革命'中改名'永新布店'，1979年恢复老店号。由于阊门石路商业发展较快，西中市市面衰落，1980年辛昌绸布号落为小型布店类。1987年划归苏州劳动防护用品批发部，改名劳动防护用品商店。"[1]

同仁和绸缎庄

旧时苏州丝绸业中的著名商号，起初开设在西中市，店主为苏州商会领袖尤先甲，后在上海开设分号，起初称为同仁和绸缎号[2]，创办于清末，后又称同仁和绸缎庄、绸缎顾绣局。到1928年3月，其规模进一步扩大，涉足洋货生意，故称作同仁和绸缎洋货局。当时下设6个部门及绸缎部、洋货部、饰品部、顾绣部、制衣部，花色齐备，是西中市一带著名的绸缎商号。当时的经理是吴县人朱尔昌（景伯）。1928年，同仁和绸缎庄从西中市迁至观前街大成坊口（今址为苏州新华书店），当时为五开间洋式门面。同仁和绸缎庄的股东中有苏州商人尤养和。尤养和曾在苏州梵门桥弄42号建有二层欧式别墅。报人包天笑曾回忆他的姑丈顾文卿："姑丈的职业，

从左至右依次为1923年3月14日《吴语》、1928年3月22日《申报》第2版、1922年3月17日《吴语》关于同仁和绸缎庄的记载

---

1. 《金阊区志》编纂委员会编：《金阊区志》，东南大学出版社，2005，P310。
2. 《申报》（1897年1月15日第4版）载录。

是同仁和绸缎庄的内账房。这一家绸缎庄,就是二姑丈家尤氏所开的。在苏州开绸缎庄,也是一种大商业,因为苏杭两处,都以产丝织物出名的。同仁和绸缎庄,开在阊门内西中市大街,最热闹繁盛之区。"[1]

王济美绍酒栈

民国范烟桥《苏州的酒》中曾谈及王济美

王济美在苏州商务总会的注册商标(苏州市档案馆藏)

俗称王济美酒店,曾开设分店于张广桥南堍西首,与恒春阳腌腊店对望,是民国时期苏州著名的绍酒店。王济美始创于清光绪年间,由绍兴路家庄富商王宗瑞创办。当时王济美的店铺遍布苏城,比如道前街、临顿路、张广桥、察院场口(东号)等,故旧时在酿酒业有"王半天"之称。王济美自创的长春药酒曾参加国际巴拿马万国博览会,取得优等奖。王济美还生产其他药酒(比如虎骨药酒)、花露等,深受大众青睐。范烟桥曾提及王济美生产的"瓶头花雕"发行最早,但他觉得远不及零沽的醇美[2]。王济美的负责人是绍酒业老板马方瑛。1926年,烟酒同业公会曾公推马方瑛接办江苏第三区烟酒公卖分局。王济美与同业的不同之处在于不设堂吃,而当时西中市的其他酒店诸如章万源、东升等则皆有堂吃。据说虎骨药酒是使用地道中药材配虎骨浸制而成,故有强身健体的功效。王宗瑞去世后,此店当时未有后人承继,因而逐渐淡出人们的视野,但谈到张广桥的名店,除了恒春阳,至今许多老阊门人依旧能记起王济美酒店的名字,绍酒业名号王济美也成了那一代人的群体记忆。

---

1. 包天笑:《钏影楼回忆录 钏影楼回忆录续编》,三晋出版社,2014,P15。
2.《苏州明报》(1934年8月18日第3版)载录。

戎镒昌皮件店

　　清末开设在东中市虹桥头的一家皮件公司，最初开设于桃花坞兴隆桥，系皮革业（旧称革制业[1]）老字号，兼做鞋帽，并设有制造厂。清光绪二十七年（1901），皮件大王、丹阳籍爱国实业

1926年《商标公报》上刊载的戎镒昌商标（审定商标第五七二○号）

1929年6月6日《苏州明报》第4版上的戎镒昌广告

戎镒昌广告

家、吴县皮革制品业同业公会理事长、吴县商会第五届理事长戎法琴（1878—1952）在桃花坞兴隆桥开办戎镒昌鞋底坊。光绪三十一年，戎镒昌鞋底坊迁至东中市虹桥头（旧门牌东中市102号），更名戎镒昌皮件店，经营各类皮件，因讲究精工，货真价实，而声名鹊起。1934年11月26日上海《时代日报》第4版上亦曾有一篇《皮件大王戎法琴之黄粱梦》，其中谈到戎法琴于光绪二十二年来苏，起初曾在齐门外周龙祥鞋底作坊当学徒。1925年，戎法琴当选金闾市民公社副社长[2]。1937年，戎法琴组织创设丹阳旅苏同乡会，出任主席[3]。戎法琴热心社会公益，曾出任北区救火委员会主席。1934年，士绅李楚石曾登报就救火会事宜请求嘉勉北区救火会戎法琴，其中有"予以精神慰勉，勖其继续努力，充实力量，精益求进，期为各区之模范，而谋地方之福利"[4]寄语。戎镒昌售卖的物件有真皮旅行箱、皮件。1933年10月15日《苏州明报》第1版报道，戎镒昌曾扩充营业，自建三层厂屋，当天报纸上曾刊登《戎镒昌大厦落成》一文。1934年12月11日《苏州明报》第1版上曾刊载戎法琴的申明，其中提到："法琴旅苏四十年，由

1934年11月26日《时代日报》关于戎法琴的记载

1.《苏州明报》（1931年7月27日第2版）载录。

2.《苏州明报》（1925年9月14日第2版）载录。

3.《苏州明报》（1937年5月10日第8版）载录。

4.《苏州明报》（1934年2月8日第7版）载录。

依人作嫁而自创工厂，承社会各界对国货爱护扶持而得有今日，铭感五中[1]，终身不忘本，应奋斗图存，振兴实业。"1934年11月24日上海《时事新报》上刊登了苏州戎镒昌号宣告闭歇的报道。据说抗日战争时期，日军"梅机关"特务头子影佐祯昭曾指示汪伪76号特务头子李士群到戎镒昌定制公文包，在民族大义面前，戎法琴斩钉截铁地说，给日本人做皮包，要用汉奸的皮才能做！

1933年10月15日《苏州明报》关于戎镒昌大厦落成的记载

1934年12月11日《时代日报》关于戎镒昌宣告闭歇的记载

戎法琴像

姜思序堂颜料号

位于东中市崇真宫桥堍。姜思序堂国画颜料制作技艺始于明崇祯元年（1628）。

姜思序堂店铺由明末进士姜图香的后代创设于苏州阊门内都亭桥，新中国成立前已搬迁到崇真宫桥左近[2]。因姜图香这一宗支的堂名为"思序堂"，因此该铺以"姜思序堂"命名。据相关报道，如今的姜思序堂已是苏州现存旧商号中历史排名第二悠久的老字号，仅次于明永

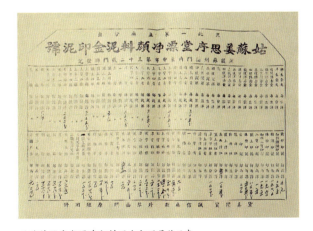

姑苏姜思序堂漂净颜料泥金印泥号价目表

---

1. 铭感五中，指由衷地铭记在心。
2. 《苏州明报》（1947年1月8日第5版）载录。

乐十一年(1413)创立的苏州御窑金砖。姜思序堂制作的国画颜料、书画印泥闻名四海，国画颜料制作工艺大多依赖手工，过程繁杂。选料、敲碎、研磨、分色、沉淀……光研磨这一步，便要每天磨8小时，连续20天以上，才能达标，而每个颜色的制作都要历时3个多月。几百年姜思序堂经久不衰的秘诀，便是在于其所有颜料都坚持采用天然原料，比如青绿色原料大多来自山林深处的铜矿石、孔雀石，而花青原料来自一种名叫"蓼蓝草"的植物。新中国成立后，姜思序堂亦经历一系列变革。1956—1957年，姜思序堂成立国画颜料生产组。1958—1959年并入文化工艺美术厂。1960—1969年，重新设立了姜思序堂国画颜料生产合作社。1970—1972年，又并入油墨厂。1972—1978年，改组为国画颜料厂。

万福兴糕团店

原位于东中市都亭桥堍，1968年搬迁至东中市东段今址。始创于清宣统三年(1911)正月，是一家糕团名店，创始人为宋之芳。"万福兴"三字寓意为万福送万家，万家祈万福。2006年4月，万福兴被列入中华老字号名单。万福兴常年上市各类松糕、猪油糕、寿桃等，肥润香软、甜松糯韧。此外，还有随时令上柜的应景糕点，比如二月初二的撑腰糕、四月十四的神仙糕、九月初九的重阳糕等。万福兴店内珍藏着三只斗糕模具，据传这是苏州苏式糕团制作领域仅存的孤品。20世纪80年代，万福兴出品的特色炒肉面、炒肉馅团子，是当时的爆品。据说苏州名医黄一峰每天出诊结束后都会到万福兴买鲜肉大包。作为东中市地标的万福兴，以及对面的糖果糕饼店、旧货铺、日用品杂货店、桃坞影剧院(在万福兴的隔壁)，已成为老老苏州人的时代记忆。

乐寿堂药号

位于西中市25号，皋桥西首，创建于清光绪三十三年(1907)前，原业主不详，后由航运业老板郑馥棠以银币2000元盘入。由于郑氏本非药业出身，故对国药业生意较生疏，因此聘请经理主持业务。1935年，拓宽西中市马路，该店曾暂迁吴趋坊北口。待马路竣工后，仍

金受承在乐寿堂
坐堂的广告

迁回原址。1936年，郑馥棠去世，店务由其子郑维彬继承，聘俞存仁为经理，后两人不睦，俞存仁请辞，郑维彬自任经理。1937年后，该店曾聘请名医俞济人为坐堂医生。1956年7月，良心堂、同春堂并入乐寿堂。1959年改为雷允上第二门市部。1965年，雷允上第一门市部并入第二门市部，统称雷允上国药店。1966年10月，改名朝阳药店，同年12月上升国营，称"国营朝阳药店"。1969年网点调整后撤销。

1948年1月1日《苏报》第3版关于杜三珍的广告

杜三珍肉铺[1]

亦称杜三珍肉店[2]，是位于西中市的一家熟食老字号，老阊门人称为杜三珍熟食。此店初名杜家老三珍斋肉铺，俗称老三珍，由陆炜创建于清光绪十二年（1886），以糟肉、酱鸭、酱肉等熟食闻名苏州。后来陆炜因与合伙人意见不合，央请中间人将阊门外老三珍出售。光绪二十七年，店伙计倪松坡以洋银七百三十二元的绝价，从陆炜手中买下阊门吊桥堍杜家老三珍（即杜三珍）的牌号及生财家什。1920年，倪松坡将老三珍交到儿子倪慎安手里，老三珍被改名为杜三珍。画家颜文樑先生粉画作品《肉店》，画的便是杜三珍。1956年公私合营，杜三珍合并到苏州食品公司。杜三珍的特色食品随着季节灵活变化，比如春天主打酱汁肉、酱大排等"酱"系列产品，夏天主推糟鹅、糟白肉等"糟货"系列产品，秋冬则以燂鸡、燂鹅、燂凤爪等"燂"系列为主，成为经久不衰的老字号。

赵天禄茶食糖果号

位于阊门上塘街，始创于清乾隆二十八年（1763），系一家知名茶食糖果号。"天禄"者，取"天官赐禄"之意。坊间曾有"先有阊门赵天禄，后有城内稻香村"的说法。民国时期原址在上塘街31号，今已恢复店面，迁址到原址对面的杜三珍旁。旧时赵天禄作坊有"三台一炒"（糕点、水油锅、野味三张台板及炒货），制作考究，讲求卫生，

1.《苏州明报》（1936年3月5日第7版、1948年9月17日第2版）均载录此名。
2.《苏州明报》（1947年3月24日第3版、1948年12月2日第3版）均载录此名。

精益求精，深蒙食客青睐。干湿蜜饯、什锦糖果、按时
茶点、清水楂糕、香水瓜子、炙炼熏鱼和透味肉松一应
俱全，水晶猪油年糕、玫瑰猪油年糕、雪片糕、京果、
酥糖等茶食久享盛名，是许多老阊门人的儿时回忆。
民国时期，曾有一则赵天禄的广告："本号开设苏州阊
门外渡僧桥南堍，坐南朝北门面。佳制著名土产，干湿
蜜饯，十景糖果，按时茶点，清水楂糕，剔拣各种香水
瓜子，炙炼熏鱼，透味肉松，一应俱全。而本号久已驰
名，所制各种食品，亦皆讲求卫生，精益求精，以顾诸
君之雅意，荷蒙惠顾者，不胜欢迎之至，尚希认明本
店招牌，庶不致误。"赵天禄在乡村也有广泛影响，其
影响力遍布到当时枫桥、西津桥、东渚、光福等乡村。
1967年8月23日，发生了火烧赵天禄事件，百年老字号
自此销声匿迹。时隔多年，如今其在阊门吊桥头西侧
杜三珍的西旁又恢复了老字号店面，隶属于杜三珍旗
下，在苏城亦开设了多家门店，已失传多年的老字号赵
天禄又再次得到了恢复和传承，以全新的面貌出现在
苏州的各个角落。

异地重建的赵天禄今貌

民国时赵天禄广告（如今已被恢复
的赵天禄继续传承，用作外宣广告）

老胡开文（郁文氏墨庄）

说起老胡开文，许多老阊门人依旧有印象。老胡
开文后来改成郁文氏墨庄。这是怎样的一段故事呢？
据茶庄后人[1]所述，大致情况与一位名叫冯郁文的人有
关。冯郁文（1913—1973），又名润泽，安徽绩溪屯村
人，其祖上与胡适母亲冯顺弟同宗，其父冯观五在其

1948年9月14日《苏州明报》第3版中
的老胡开文（郁氏）广告

---

1. 冯宜明：《我的祖父和郁文氏墨庄》，郁文轩墨业（微信公众号）2017-02-03。

三岁时便离世。冯郁文走出大山，至沪上一家徽州人开设的屯镇老胡开文墨厂里做学徒，因他奋发刻苦，故很快就熟练掌握了制墨的整套工艺，之后又拜徽墨雕刻大师余松山为师，学艺大进。1931年，冯郁文来到苏州，与当时在苏州谋生的兄长冯志泽一起，在苏州阊门吊桥旁开了一家胡开文墨庄。冯氏兄弟热情周到，加上墨锭材料讲究，油烟、松烟、精烟俱全，故生意逐渐兴隆。后来，冯郁文到上海商标注册局注册了郁文氏墨庄的招牌，进一步扩大业务，其产品远销日本、东南亚，并且有许多文人专程来预定高标准的墨锭。冯郁文能书能画，尤善绘画折扇，他与寒山寺住持通如亦有交往。新中国成立后，冯郁文曾动员工商界人士为抗美援朝捐款捐物。1956年，公私合营后，郁文氏墨庄也完成了历史使命。

1948年2月14日《苏州明报》第1版的老胡开文启事

1946年12月27日《苏州明报》第4版的老胡开文启事

沐泰山堂药号

1922年12月7日《吴语》刊载的沐泰山堂广告

位于阊门外上塘街，渡僧桥南堍东侧，由宁波人沐尚玉（字元璧）创设于清乾隆二十四年（1759）。沐尚玉自幼从事药业，创办药铺后勤恳经营，至嘉庆十六年（1811）药铺已积资六万两纹银，成为苏州药铺同业中的佼佼者。沐泰山堂的得名，源自东岳泰山，泰山为五岳之首，意

沐泰山堂香连丸广告单

垂久远，希望药铺能"稳坐泰山，执行业之牛耳"。清末，苏州人张镜[1]、张惟钺成了沐泰山堂的大股东，其中张镜还兼任经理一职。咸丰十年（1860），药铺毁于兵燹，但兵乱发生之前，富有远见的张镜已及时将药铺内贵重药材与器械转移到了吴江笠泽湖南面的梅湾里。故在清同治初

---

1. 张镜（1827—1899），字容亭，一字蓉亭，号存耕，光禄寺署正街，系御医后人，著有《刺疔捷法》。明末其先祖迁居苏州，遂为吴人。张镜之孙张绍懋（辅之）系苏州商团董事。

年，因为药铺的"软件"完好，沐泰山堂得以在原址迅速重建。沐泰山堂所创制的小儿八珍糕、虎骨木瓜酒、人参鳖甲煎丸、消痞狗皮膏、退云散眼药等成药，深为江浙医界称道，其祖传药方曾汇编为《沐泰山堂丹丸总考》《良方簿》等书。1966年，沐泰山堂更名大庆药店。1979年恢复原名，称沐泰山堂国药店。1999年，沐泰山堂国药店并入雷允上。

老瑞源鞋庄

开设于清光绪末年，系西中市上的一家著名的履业（鞋业）名店，亦兼营百货，原门牌为西中市41号，而发行所则在36号，其创始人是吴县冯老先生。当时冯家有六个儿子，因生意衰败，经济上入不敷出，故其将小儿子送给西中市陶启仁为螟蛉子，改名陶家荣。后来冯老先生故去，冯家负债累累，分了家。长子冯清卿曾在西中市开设晋丰鞋庄，不久因经营不善而歇业，二子冯茂卿则在观前街开设大陆饭店茶房，三子冯如卿则在石路开设瑞生鞋庄，四子冯润卿接管了原老瑞源鞋庄，五子冯瑞卿在观前

1926年9月23日《申报》上的老瑞源鞋庄启事

1934年8月4日《苏州明报》第1版关于老瑞源鞋庄的报道

老瑞源靴鞋发行所票据

1924年3月12日《申报》第3版上有关老瑞源鞋庄店主被公推为鞋履业同业公会主席的报道

开设瑞华鞋庄。老瑞源鞋庄以批发业务为主营，薄利多销，其出名的直贡呢布鞋式样新颖，保质包换，因而深受中老年人喜欢。在冯润卿的苦心经营下，负债累累的老瑞源经营情况有了很大改观，一时成为履业中的翘楚。冯瑞卿后来在宋仙洲巷横街建了西式洋房。1931年，老瑞源曾参与赈灾捐款[1]。其二兄冯茂卿由于没能分得家产，在律师的挑唆下与冯润卿打了一场官司，后来冯润卿出了几千元大洋，平息了风波。冯润卿去世后，其二子冯恒一承继父业，直到公私合营，鞋庄停业[2]。

杨恒隆戏衣号

杨恒隆戏衣号旧址今貌

位于西中市122号，创设于清同治、光绪年间，创始人为杨鉴卿，小名巧生，苏州人，行头戏衣业同业公会常务[3]。此戏衣号专做贡品昆剧行头，故时有"三泰（申泰、吴生泰、叶森泰）不及一隆"之说。清代，杨恒隆曾在京城开分店，据说还曾为慈禧太后的宠宦李莲英的戏班定制戏衣，因而红极一时。1937年八一三前夕，上海杨恒隆戏衣号迁往苏州合并。1946年，杨鉴卿病故，戏衣号因此闭业。杨鉴卿的徒弟金清生后曾入上海戏校服装工场，而杨恒隆戏衣号的雇员卫新生、杨寿南后来亦进入苏州剧装厂工作[4]。历史学家顾颉刚先生在《苏州史志笔记》中曾谈道："戏剧本以苏州为最盛，故戏衣业即萃于是，农村妇女借是以为其副业。自昆曲消沉，戏剧中心不复在苏，然戏衣业中心则仍未移。"清光绪年间，桃花坞官库巷的财神弄里曾设有戏衣业组织霓裳公所，成员有二十余家。1930年，在霓裳公所基础上发展成为吴县行头戏衣业同业公会。

---

1. 《苏州明报》(1931年9月1日第6版、1931年9月11日第3版、1931年9月20日第3版) 载录。

2. 王缄三：《记阊门两家百货老店：旧时苏州鞋业执牛耳——老瑞源鞋店》，政协苏州市金阊区委员会编：《金阊文史资料》(二)，1992，P8。

3. 《苏州明报》(1936年4月3日第7版) 载录。

4. 以上内容为秦云龙先生提供，系早年采访杨家后人所得。

吴县田业银行（阊门办事处）

　　位于今西中市144号，近新马路西侧，成立于1921年，由时任苏州典当业会长、吴县田业公会董事的潘子起，与尤宾秋、张紫东等士绅共同发起。筹办处设在养育巷海红坊37号。1922年，吴县田业银行在观前街开业。因阊门是重要的商业街区，故在这里设立了阊门办事处。田业银行阊门办事处旧址原为小青瓦双坡屋顶的中式民居，为了顺应当时的潮流，建筑在沿街面加上了西式元素。该建筑为三层，外立面从二层起为四柱三间冲天式西式外墙，中开间顶部形成拱券，拱券下有"吴县田业银行"六个大字，至今犹存，略有缺损。此外，界碑犹存。该银行由当地田业公会发起设立，国民政府财政部发给银字第1967号营业执照。市内分设营业部、储蓄部、信托部、阊门办事处。1935年，吴县田业银行管理层调整，档案中的董事长为丁春芝，常务董事则有张紫东、尤宾秋、潘景恒、吴仲培四人，潘利谷（子义）、潘景郑、宋友裴等六人任董事。潘贞谷（子起）出任总经理，协理任命二人：申璋（士峨）、潘博山（承厚）。丁春芝亦作丁春之，即曾居大儒巷的士绅丁怀榮（1876—1938），系苏州蓊溪丁氏第十六世孙，曾任清末山西定襄县知事。丁氏济阳义庄便

1935年吴县田业银行管理层人员架构

民国二十四年（1935）吴县田业银行营业报告

吴县田业银行旧址今貌

吴县田业银行定期存款单

丁怀榮像

有他题额的"遗泽流长"门楼。丁怀榮也是大阜潘氏姻亲，更是苏州电气厂的创办人。此外，他还担任过田业公会的会长、吴县田业银行董事长、苏州红十字会常务理事等职，其女儿即后来捐出大盂鼎、大克鼎的潘达于。日本学者夏井春喜《民国前期苏州的田业会》一文曾对丁怀榮为代表的田业会士绅研究后认为："田业银行的资金来源是租栈田租收入和田业银行股东投资的苏州电气厂的运营资金，田业会租栈的田租，通过田业银行或者信孚银行，其一部分已成为苏州电气厂等近代工业和苏州现代化的资金。"[1]1937年苏州沦陷后被迫停业。1946年11月14日复业，资本增至法币一亿元。1947年3月1日改名为田业银行，在无锡开设分行，1949年停业[2]。

永泰昌号人造丝庄

位于西中市皋桥东首，坐北朝南，始于清末，起初的业务为专办各省灯彩、排须、龙凤帐须、满汉轿须、文武朝带、绣花女带、京式阔狭扣带、清水扎带、圆绳、绒缠。当时招牌广告有八个字"童叟无欺，货真价实"。辛亥革命后，此号主营品类转变为人造丝。据《苏州明报》（1927年1月5日第3版）所载，该丝庄庄

皋桥东首永泰昌号老广告

主为董士元。《苏州明报》（1927年3月8日第1版）亦载，由于"原处房屋不敷"，该庄后又迁至都亭桥西首，当时主营品类除人造丝外，还有东洋缎。

---

1. 〔日〕夏井春喜：《民国前期苏州的田业会：与吴县田业银行、苏州电气厂的关系》，唐力行主编：《江南社会历史评论》（第6期），商务印书馆，2014，P278。
2. 姜建清编：《近代中国银行业机构人名大辞典》，上海古籍出版社，2014，P424。

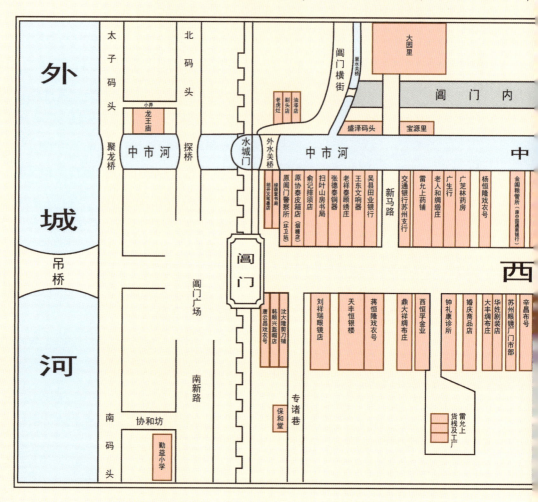

感谢老苏州秦云龙、郑凤鸣、金华森、赵宽仁等先生为本图提供线索及指导。本图所展示的时段是新中国成立初期，具体为1949-1954年这一时段，即公私合营前西中市地区的商业业态。1912年《金阊市民公社区域草图》上所示中市河上未见宝源桥。综合相关资料研判，在1954年前，中市河上也尚无宝源桥，但当时南北向路已有。据1987年苏州市金阊区编史修志办公室、苏州市金阊区档案馆所合编《金阊区志（初稿）》所载，宝源桥系1958年所兴建的水泥平桥，而《苏州市志》则认为是1956年改建，均在1954年之后，从50年代地图上也可得佐证，大园里可连通盛泽码头和宝源里，但无桥梁联通西中市，故不体现。此外，1954年前，勤益小学尚未更名南马路小学，特此说明。

市主要商铺情况示意图

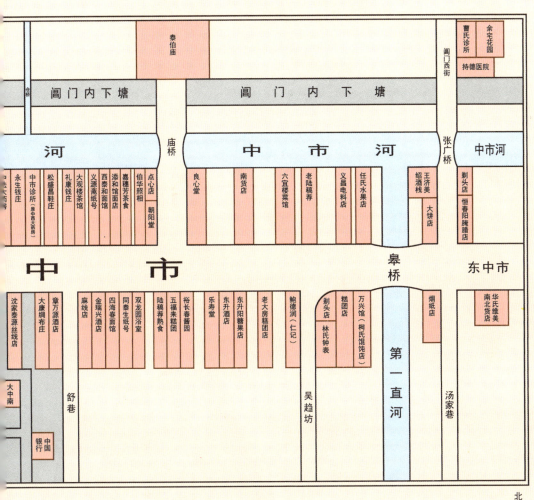

阊门西街 · 曹氏诊所 · 余宅花园 · 持德医院

阊门内下塘　　　阊　门　内　下　塘

河　　庙桥　　中　市　河　　张广桥　　中市河

中市诊所（原中西大药房）· 松盛昌鞋庄 · 礼康钱庄 · 大观楼茶馆 · 义源高纸号 · 西泰和面馆 · 添和馆面店 · 嘉穗芳茶食 · 伯华照相 · 点心店 · 朝阳堂 · 永生钱庄

良心堂 · 南货店 · 六宜楼菜馆 · 老陆糟莠 · 义昌电料店 · 任氏水果店

绍酒栈 · 王济美 · 大饼店 · 剃头店 · 恒春阳隆腊店

皋桥

中　市　　东中市

沈家泰源丝线店 · 大康绸布庄 · 章万源酒店 · 麻线店 · 金瑞兴酒店 · 四海春面馆 · 双龙园浴室 · 陆糟莠熟食 · 五福来糕团 · 裕长春酱园 · 乐寿堂 · 东升酒店 · 东大房糕团店 · 鲍德润（仁记）· 剃头店 · 糕团店 · 林氏钟表 · 万兴馆（柯氏馄饨店）· 烟纸店 · 华氏维美 · 南北货店

大中南 · 中国银行

舒巷　　吴趋坊　　第一直河　　汤家巷

北
↑
东

阊门历史文化街区7号街坊鸟瞰（孙士杰摄）

苏州十咏（其五）·阊门　[宋]范仲淹

吴门耸阊阖，迎送每跻攀。一水帝乡路，片云师子山。

落鸿渔钓外，斜柳别离间。白傅归休处，盘桓几厚颜。

第五章

文风鼎盛：文学视野中的

金阊意象

第一节　汉唐时期

汉以降至唐，中国历史进入了中古时代的前中期。从长时段来看，汉、唐时期也是中国历史上两大黄金时期，历经数百年，绵延千年的历史传承。《苏州通史》认为："唐代苏州的经济和文化均有了长足发展，尤其是安史之乱后，众多文人学士纷纷避居今苏州一带，正如苏州人顾况所言：'天宝末，安禄山反，天子去蜀，多士大奔吴为人海。'推动了苏州文化的进步。在文学方面也是群星辈出，异彩纷呈。"[1]这一时期，古人也留下了许多描写金阊的诗文，从这些诗文意境中，亦可感悟当时金阊地区的繁盛。

兴平中吴中童谣[2]　〔汉〕无名氏

黄金车，班兰耳。阊昌门，出天子。

吴趋行　〔西晋〕陆机

楚妃且勿叹，齐娥且莫讴。四坐并清听，听我歌吴趋。

吴趋自有始，请从阊门起。阊门何峨峨，飞阁跨通波。

重栾承游极，回轩启曲阿。蔼蔼庆云被，泠泠祥风过。

山泽多藏育，土风清且嘉。泰伯导仁风，仲雍扬其波。

穆穆延陵子，灼灼光诸华。王迹颓阳九，帝功兴四遐。

大皇自富春，矫手顿世罗。邦彦应运兴，粲若春林葩。

属城咸有士，吴邑最为多。八族未足侈，四姓实名家。

文德熙淳懿，武功侔山河。礼让何济济，流化自滂沱。

淑美难穷纪，商榷为此歌。

---

1. 孙中旺、刘丽：《苏州通史（秦汉至隋唐卷）》，苏州大学出版社，2019，P303。
2. 《三国志·吴书》注："昌门，吴西郭门，夫差所作。"

登阊门闲望　［唐］白居易

阊门四望郁苍苍，始觉州雄土俗强。十万夫家供课税，五千子弟守封疆。

阖闾城碧铺秋草，乌鹊桥红带夕阳。处处楼前飘管吹，家家门外泊舟航。

云埋虎寺山藏色，月耀娃宫水放光。曾赏钱唐嫌茂苑，今来未敢苦夸张。

忆旧游寄刘苏州　［唐］白居易

忆旧游，旧游安在哉？

旧游之人半白首，旧游之地多苍苔。江南旧游凡几处，就中最忆吴江隈。

长洲苑绿柳万树，齐云楼春酒一杯。阊门晓严旗鼓出，皋桥夕闹船舫回。

修蛾慢脸灯下醉，急管繁弦头上催。六七年前狂烂漫，三千里外思徘徊。

李娟张态一春梦，周五殷三归夜台。虎丘月色为谁好，娃宫花枝应自开。

赖得刘郎解吟咏，江山气色合归来。

白太守行　［唐］刘禹锡

闻有白太守，抛官归旧溪。苏州十万户，尽作婴儿啼。

太守驻行舟，阊门草萋萋。挥袂谢啼者，依然两眉低。

朱户非不崇，我心如重狴。华池非不清，意在寥廓栖。

夸者窃所怪，贤者默思齐。我为太守行，题在隐起珪。

别苏州二首（其二）　［唐］刘禹锡

流水阊门外，秋风吹柳条。从来送客处，今日自魂销。

阊门怀古　［唐］韦应物

独鸟下高树，遥知吴苑园。凄凉千古事，日暮倚阊门。

送豆卢策秀才　［唐］韦应物

岁交冰未[1]泮，地卑海气昏。子有京师游，始发吴阊门。
新黄含远林，微绿生陈根。诗人感时节，行道当忧烦。
古来濩落者，俱不事田园。文如金石韵，岂乏知音言。
方辞郡斋榻，为[2]酌离亭樽。无为倦羁旅，一去高飞翻。

阊门即事　［唐］张继[3]

耕夫召募逐楼船，春草青青万顷田。试上吴门窥郡郭，清明几处有新烟？

送从弟戴玄往苏州　［唐］张籍

杨柳阊门路，悠悠水岸斜。乘舟向山寺，着屐到渔家。
夜月红柑树，秋风白藕花。江天诗景好，回日莫令赊。

寄苏州白二十二使君　［唐］张籍

三朝出入紫微臣，头白金章未在身。登第早年同座主，题诗今日是[4]州人。
阊门柳色烟中远，茂苑莺声雨后新。此处吟诗向山寺，知君忘却曲江春。

河内诗二首（其二）湖中　［唐］李商隐

阊门日下吴歌远，陂路绿菱香满满。后溪暗起鲤鱼风，船旗闪断芙蓉干。
倾身奉君畏身轻，双桡两桨樽酒清。莫因风雨罢团扇，此曲断肠惟北声。
低楼小径城南道，犹自金鞍对芳草。

---

1. 一作始，又作水。
2. 一作已。
3. 一说此诗为唐柳公权所作。
4. 一作异。

阊门书感　［唐］顾非熊

凫鹥踏波舞，树色接横塘。远近蘼芜绿，吴宫总夕阳。

送徐五纶南行过吴　［唐］顾非熊

吴门东去路三千，到得阊门暂泊船。老父出迎应倒屣，贫居江上信谁传。

过吴门二十四韵　［唐］李绅

烟水吴都郭，阊门架碧流。绿杨深浅巷，青翰往来舟。

朱户千家室，丹楹百处楼。水光摇极浦，草色辨长洲。

忆作麻衣翠，曾为旅棹游。放歌随楚老，清宴奉诸侯。

花寺听莺入，春湖看雁留。里吟传绮唱，乡语认歈讴。

桥转攒虹饮，波通斗鹢浮。竹扉梅圃静，水巷橘园幽。

缝堵荒麋苑，穿岩破虎丘。旧风犹越鼓，余俗尚吴钩。

故馆曾闲访，遗基亦遍搜。吹台山木尽，香径佛宫秋。

帐殿菰蒲掩，云房露雾收。苎萝妖覆灭，荆棘鬼包羞。

风月俄黄绶，经过半白头。重来冠盖客，非复别离愁。

候火分通陌，前旌驻外邮。水风摇彩帗，堤柳引鸣驺。

问吏儿孙隔，呼名礼敬修。顾瞻殊宿昔，语默过悲忧。

义感心空在，容衰日易偷。还持沧海诏，从此布皇猷。

送阎二十六赴剡县　［唐］李冶

流水阊门外，孤舟日复西。离情遍芳草，无处不萋萋。

妾梦经吴苑，君行到剡溪。归来重相访，莫学阮郎迷。

无题（其二）　［唐］李商隐
闻道阊门萼绿华，昔年相望抵[1]天涯。岂知一夜秦楼客，偷看吴王苑内花。

姑苏台　［唐］曹邺
吴[2]宫酒未销，又宴姑苏台。美人和泪去，半夜阊门开。
相对正歌舞，笑中闻鼓鼙。星散九重门，血流十二街。
一去成万古，台尽人不回。时闻野田中，拾得黄金钗。

和袭美咏皋桥　［唐］陆龟蒙
横截春流架断虹，凭栏犹思五噫风。今来未必非梁孟，却是无人继伯通。

皋桥　［唐］皮日休
皋桥依旧绿杨中，闾里犹生隐士风。唯我到来居上馆，不知何道胜梁鸿。

壮游　［唐］杜甫
往昔十四五，出游翰墨场。斯文崔魏徒，以我似班扬。
七龄思即壮，开口咏凤凰。九龄书大字，有作成一囊。
性豪业嗜酒，嫉恶怀刚肠。脱略小时辈，结交皆老苍。
饮酣视八极，俗物都茫茫。东下姑苏台，已具浮海航。
到今有遗恨，不得穷扶桑。王谢风流远，阖庐丘墓荒。
剑池石壁仄，长洲芰荷香。嵯峨阊门北，清庙映回塘。
每趋吴太伯，抚事泪浪浪。枕戈忆勾践，渡浙想秦皇。
蒸鱼闻匕首，除道哂要章。越女天下白，鉴湖五月凉。
剡溪蕴秀异，欲罢不能忘。归帆拂天姥，中岁贡旧乡。
气劘屈贾垒，目短曹刘墙。忤下考功第，独辞京尹堂。

---

1. 一作尚。
2. 一作南。

放荡齐赵间，裘马颇清狂。春歌丛台上，冬猎青丘旁。

呼鹰皂枥林，逐兽云雪冈。射飞曾纵鞚，引臂落鹙鸧，

苏侯据鞍喜，忽如携葛强。快意八九年，西归到咸阳。

许与必词伯，赏游实贤王。曳裾置醴地，奏赋入明光。

天子废食召，群公会轩裳。脱身无所爱，痛饮信行藏。

黑貂不免敝，斑鬓兀称觞。杜曲晚耆旧，四郊多白杨。

坐深乡党敬，日觉死生忙。朱门任倾夺，赤族迭雁殃。

国马竭粟豆，官鸡输稻粱。举隅见烦费，引古惜兴亡。

河朔风尘起，岷山行幸长。两宫各警跸，万里遥相望。

崆峒杀气黑，少海旌旗黄。禹功亦命子，涿鹿亲戎行。

翠华拥英岳，螭虎啖豺狼。爪牙一不中，胡兵更陆梁。

大军载草草，凋瘵满膏肓。备员窃补衮，忧愤心飞扬。

上感九庙焚，下悯万民疮。斯时伏青蒲，廷诤守御床。

君辱敢爱死，赫怒幸无伤。圣哲体仁恕，宇县复小康。

哭庙灰烬中，鼻酸朝未央。小臣议论绝，老病客殊方。

郁郁苦不展，羽翮困低昂。秋风动哀壑，碧蕙捐微芳。

之推避赏从，渔父濯沧浪。荣华敌勋业，岁暮有严霜。

吾观鸱夷子，才格出寻常。群凶逆未定，侧伫英俊翔。

杂曲歌辞（其一）　杨柳枝　［五代］孙光宪

阊门风暖落花干，飞遍江城[1]雪不寒。独有晚来临水驿，闲人多凭赤阑干。

---

1. 一作南。

第二节　宋元时期

　　唐宋变革是中国历史上重要的分水岭，在这一时期，中国的经济重心从北方转移到南方，人口重心也逐渐从北方转向南方。随着漕运的繁盛，运河两岸包括当时苏州在内的城市群也逐渐兴起。北宋政和三年（1113），宋徽宗升苏州为平江府，其名沿用至明初。因而有坊间俗议，平江是藏于苏州的绝代风华，而苏州则是平江宋韵的秀美延展。帖木儿时代之后的苏州，更是登上了世界的舞台。元人阎复曾断言："惟两浙，东南上游，襟江带湖，控扼海外诸番，贸迁有市舶之饶，岁入有苏湖之熟，榷货有酒盐之利，节制凡百余城，出纳以亿万计，实江南根本之地。"这一时期，苏州的诗坛也是佳作频现，金阊地区的繁华在诗文中跃然纸上，以下所选的便是其中的代表之作。

游虎丘诗　　[宋]晁迥
饯别阊门复少留，故人邀我浣离愁。旋沽美酝乘渔艇，急棹斜阳到虎丘。
千古剑池呀怪石，一方金地枕清流。归时眷恋情无限，不得从容秉烛游。

阊门舟中戏作呈伯原　　[宋]米芾
其一
蘋风忽起吹舟悍，雨打图书藏裹乱。阊门咫尺不安流，星宿浮槎寄江汉。
其二
吴王故苑古长洲，潮汐池边一伫留。秀蕙芳兰无处所，荒芜丛苇满清流。

岁暮江南四忆（其二）　　[宋]吴激
天南家万里，江上橘千头。梦绕阊门迥，霜飞震泽秋。

秋深宜映屋，香远解随舟。怀袖何时献，庭闱底处愁。

醉落魄·苏州阊门留别　［宋］苏轼

苍颜华发，故山归计何时决。旧交新贵音书绝，惟有佳人，犹作殷勤别。　　离亭欲去歌声咽，潇潇细雨凉吹颊。泪珠不用罗巾浥，弹在罗衣，图得见时说。

半死桐　［宋］贺铸

重过阊门万事非。同来何事不同归。梧桐半死清霜后，头白鸳鸯失伴飞。　　原上草，露初晞。旧栖新垄两依依。空床卧听南窗雨，谁复挑灯夜补衣。

添声杨柳枝·太平时　［宋］贺铸

九曲池头三月三。柳毵毵。香尘扑马喷金衔。浣春衫。　　苦笋鲥鱼乡味美，梦江南。阊门烟水晓风恬。落归帆。

阊门夜发　［宋］周密

春露沾衣夜气浓，吴波不动柳无风。倚篷觅句清无寐，一片蛙声月色中。

即事八首（其二）　［宋］郑思肖

栖迟破屋下，书史自徜徉。道不嫌清苦，人皆笑独狂。
晚花亏雨露，老树惯风霜。莫望阛[1]门北，愁云天外长。

绝句十首（其四）　［宋］郑思肖

阊门城外水涵空，雁影凄凉落照中。一望秋风数千里，不知何处是行宫。

---

1. 清抄本作阛。

阊门初泛二十四韵 ［宋］范成大

好在驰烟路，平生载酒行。摧藏身久病，契阔岁频更。
昨夜灯花晓，今朝稻把晴。出门新梦境，触目旧诗情。
水远推篷眩，天宽倚柁惊。转湾添纤挽，罨岸并篙撑。
舫后装儿女，舻前酌弟兄。醅香新麹嫩，茗味小春轻。
红皱分霜果，黄葌捻夕英。缲林疏露屋，朱阁静临城。
桃坞论今昔，枫桥管送迎。山腰樵担动，木末酒旗明。
竟日窑烟直，中流塔影横。数帆残照满，一笛暮江平。
晒网枫边桁，牵罾柳际棚。岫云萦石住，田水穴堤鸣。
过渡牛归速，穿篱犬吠狞。鱼寒犹作阵，雁远更闻声。
急橹潮痕出，疏钟暝色生。邻翁欣问讯，逋客愧寒盟。
一昨成归卧，于今负耦耕。生涯都塌飒，心曲漫峥嵘。
猿鹤休多怨，菰莼尚可羹。药囊吾厌苦，扶惫且班荆。

苏州十咏（其五）·阊门 ［宋］范仲淹

吴门耸阊阖，迎送每跻攀。一水帝乡路，片云师子山。
落鸿渔钓外，斜柳别离间。白傅归休处，盘桓几厚颜。

送僧之姑苏 ［宋］林遄

被请阊门寺，扁舟积水遥。几程冲腊雪，一饭泊村桥。
岑色晴空映，檀烟远吹飘。公台悉余镇，讲罢即相招。

与苏州守十诗以兵卫森画戟燕寝凝清香为韵（其四） ［宋］周麟之

城西连柂枫桥夜，城东接舳阊门下。细听来往棹讴声，一一歌呼颂仁化。
尔知德政并龚黄，我慕风流到王谢。会当临景赋新诗，写得吴中有声画。

寄龚立道　［宋］陆游

龚子吴中第一流，老农何幸接英游。难逢正似玉杵臼，易散便成风马牛。

清夜话端思滚滚，暮年心事恐悠悠。何由唤得阊门榷，一醉千岩万壑秋。

物外杂题八首（其三）　［宋］陆游

晓入姑苏市，阊门系短篷。老人元不食，买饼饲山童。

舟中作二首（其一）　［宋］陆游

蒹葭作帆三版船，渔灯夜泊阊门边。烟波四万八千顷，造物推排作水仙。

戏赠詹安世　［宋］杨时

彩舟驻阊门，初与子相识。长空矗秋隼，爽气横八极。

擒辞镂圭璋，吐论森剑戟。邓侯不愿仕，志在书竹帛。

长缨系单于，落落蕴奇策。气吞流沙外，意无燕然北。

虎牙有余勇，戎虏非强敌。会当朔风劲，伏钺控鸣镝。

老夫惭衰谢，见子徒感激。平生谬经纶，此意已寥寂。

信哉功名会，事道古难必。穷通付时命，未足为悦戚。

余生如鼷鼠，满腹微分毕。行矣脱鞶缨，翛然适吾适。

虞美人（其一）即事　［宋］王质

绿阴夹岸人家住。桥上人来去。行舟远远唤相应。全似孤烟斜日、出阊门。

浪花拂拂侵沙嘴。直到垂杨底。吴江虽有晚潮回。未比合江亭下、水如飞。

送行甫　［宋］韩淲

师门讲绝学，淡泊易荆榛。锱铢利害牵，不暇能亲仁。

君侯志意高，面无三斗尘。越从武夷来，邂逅京华春。

抵掌顾我谈，文彩天麒麟。归哉吴阊门，太湖漾无垠。

修名恐不立，何必问屈伸。

皋桥　［宋］周文璞

伯鸾出京师，慷慨歌五噫。岂无济时心，升降与我违。

有来适吴中，舂粱救寒饥。吴人皋伯通，舍之慰穷栖。

方志虽或除，此桥犹可稽。伯鸾号逸民，佳传昭绿绨。

伯通赖有此，庶几与之齐。至今阊门外，两冢陪要离。

累累各高大，冥冥春草萋。古者贤哲人，不计凤与鸡。

焜耀亦偶尔，埋没何凄兮。出语贺两公，亦以昌吾诗。

苏州第五十四　［宋］文天祥

嵯峨阊门北，朱旗散广川。控带莽悠悠，惨淡凌风烟。

姑苏有赠　［宋］俞德邻

画楼珠翠列娉婷，辽鹤重来失故城。商女不知宁有恨，徐娘虽老尚多情。

一帘花雨谈幽梦，双桨菇波急去程。却倚阊门重回首，笳声呜咽暮云横。

竹枝词　［元］宋无[1]

莫折阊门杨柳条，带将离恨过枫桥。向道春愁不禁荡，兰舟长放橹轻摇。

骑马行答赠吴中张子潜乡贡　［元］戴表元

君不见天上续弦胶，又不见海外切玉刀。傍人错愕心自快，痕迹过眼无秋毫。

吴江先生淮海客，长篇大章歌落托。白袍只作东土音，黑头曾射南宫策。

霜清水落芙蓉开，酒酣独上吴王台。缄书右望寄飞鸟，乘风忽拟穿蓬莱。

人生相逢不在早，贾生太少颜生老。兴来亦欲向西游，约君骑马阊门道。

---

1. 此诗一说为明杨基所作。

寄陈敬初郏九成　［元］张翥

忆昨阊门绾柳条，远烦相送过枫桥。夕阳陌上东西路，春水江头早晚潮。

老境此心惟白社，英年何处不青霄。诗林别后应俱进，时遣邮筒慰寂寥。

绝句（其一）　［元］马祖常

侬家姑苏阊门外，能唱春风白纻词。为君艳歌三五曲，只愁别后苦相思。

要离墓　［元］周南老

细人胆气雄，一坐挫壮士。臣吴许申胥，垂气刺庆忌。

两勇苦相厄，多君囊底智。弃妻固非仁，杀身始全义。

西出金阊亭，亭下幽扃闭。年年草自春，举目山河异。

游虎丘回宴舟中　［元］宋褧

名郡值佳境，良朋谐胜游。阊门暂弭节，虎丘同泛舟。

岸莎欲佐舞，波鱼能听讴。对酒写高兴，不乐复何求。

发通州　［元］贡师泰

日日思归未有期，及归翻恨数年迟。开船听得吴歌起，绝似阊门送别时。

吊郑征君悦心　［元］王恽

春风双节入阊门，吴市东廛遇异人。大易有灵蟠化笔，天星飞跳见凝神。

灯幽窀室惊娲画，槎泛银潢挂析津。反袂两行尼父泪，定中台下泣吾麟。

雁门集（其一）　［元］萨都剌[1]

阊门杨柳自春风，水殿幽花泣露红。飞絮年年满城郭，行人不见馆娃宫。

---

1. 一说此诗为元李孝光所作，题为《姑苏台》。

泊阊门　［元］顾瑛

枫叶芦花暗画船，银筝弹绝十三弦。西风只在寒山寺，长送钟声搅客眠。

自阳山归舟中作　［元］释善住

小麦青青大麦黄，涧松风急夜声长。轿穿细路春泥滑，花落清渠野水香。
岭上独留云作盖，村边多见石为梁。枫桥寺转阊门近，回首西山已夕阳。

忆昨四首（其二）　［元］潘伯修

灵岩好在涵空谷，图画天开两洞庭。云日长天摇积水，蛟龙九月弄飞霆。
舟归范蠡江湖远，兵压阊门草木腥。欲就吴王借秋剑，砚池星月洗秋萍。

第三节　明清时期

　　明清时期的苏州，经济结构出现了某种程度上的"转型升级"，即从过去的以农业为重心发展为以工商业为中心，并且城市经济呈现出了具有区域乃至超区域的开放性功能。人口和物产的频繁流动带动了商品经济的繁盛，而苏州的市井风情亦是以其独特的商业繁盛、文化底蕴及人文气息，生动展现了当时江南社会的风貌和人们的生活状态。学者熊月之认为，明清时代的苏州是江南文化的中心，他通过比较城市的历史进程，得出过这样的论断："同样地处江南的南京、杭州，同样地处太湖之滨的常州、湖州，尽管自然禀赋、经济发展也相当了得，但是，比起苏州来还是稍逊一筹。乾隆时人刘大观评论：'杭州以湖山胜，苏州以市肆胜，扬州以园林胜。'所谓'以市肆胜'，即指苏州商业较杭州、扬州更为繁荣。清中期人就苏杭二城进行比较：'苏州为水陆冲要之区，凡南北舟车，外洋商贩，莫不毕集于此……其各省大贾，自为居停，亦曰会馆，极壮丽之观。近人以苏杭并称为繁华之都，而不知杭人不善营运，又僻在东隅。凡自四远贩运至者，抵杭停泊，必卸而运苏，开封出售，转发于杭。即如嘉、湖产丝,而绸缎纱绮,于苏大备。'"[1]金阊一带特别是阊门内外,作为明清时期苏州的重要商贸中心,亦是"以市肆胜"的代表性街区,自然深刻体现了这一时期的时代背景,成为许多文人墨客所重点描绘的对象,因此留下了众多精彩纷呈的诗文篇章,从这些文学意象中可以感悟出明清时期阊门的繁盛与兴衰。

客舍雨中听江卿吹箫　〔明〕高启

客中久不闻丝竹,此夕逢君吹紫玉。断猿哀雁总惊啼,我亦无端泪相续。

数声袅袅复呜呜,散入寒云细欲无。愁望洞庭空落木,梦游秦苑总荒芜。

曲中识诉君心苦,不道人听更凄楚。关山灯下叹羁臣,江浦舟中泣嫠妇。

忆昨阊门费酒赏,玉人邀坐弄参差。彩霞深院花开处,明月高楼鹤去时。

如今忽在他乡外,风雨寒窗两憔悴。恨无百斛金陵春,同上凤凰台上醉。

始知嶰谷枯篁枝,中有人间无限悲。愿君袖归挂高壁,莫更相逢容易吹。

将赴金陵始出阊门夜泊　〔明〕高启

乌啼霜月夜寥寥,回首离城尚未遥。正是思家起头夜,远钟孤棹宿枫桥。

阊门舟中逢白范　〔明〕高启

十载长嗟故旧分,半归黄土半青云。扁舟此日枫桥畔,一褐秋风忽见君。

皋桥　〔明〕高启

阊门啼早鸦,拂面见飞花。绿水通螭舫,红桥过犊车。

谁寻伯通宅,只问泰娘家。

次复东先生纪行之什二十首（其十三）苏州　〔明〕胡奎

船过阊门得顺风,此身如坐太虚中。晚凉移向枫桥泊,人在西头月在东。

---

1. 《明清苏州为何能成为江南地区文化中心?｜熊月之:"城市比较优势与江南文化中心转移"(二)》,文汇客户端(2019-10-11)。

姑苏道中　　［明］龙霓

又从书剑去，旅梦落金阊。野鹤巢难定，春蚕茧自忙。

空江鸣急濑，高树隐斜阳。归计何时决，《移文》动草堂。

登五城门　　［明］徐有贞

其一

阊阖门开近帝州，丽谯新建倚高秋。人间尽看三千界，天上移来十二楼。

往事名传吴伍相，平生心在汉留侯。斗牛宫阙当头是，何必乘槎海外游。

其二

碧城楼子耸秋空，声振江山鼓角雄。高下亭台花雾里，往来舟楫水云中。

赋才世岂无王粲，饮兴时应有庾公。双手可将红日捧，扶桑只在画栏东。

早春漫兴　　［明］皇甫汸

春迟今岁因逢闰，独往寻春春望赊。日午阴崖初散雪，夜深微雨乍催花。

星桥已见收灯市，山郭频闻觅酒家。自是金阊嘉丽地，不缘兵火减繁华。

元夕二首（其一）　　［明］汤珍

吴趋西去接金阊，烂熳灯球月让光。春色不教拘束住，可怜罗绮夜生香。

送王古庵侍御之夜郎　　［明］郭谏臣

金阊门外柳条春，客舫悠悠指去津。江畔寒梅迎棹发，天涯芳草映袍新。

怜君旧是乌台使，老我今为白社民。别酒临行须强饮，云山万里共谁亲。

日出入金阊门行寄友　　［明］沈一贯

日出入，金阊门，朝随明星暮紫云。素食经秋亦何意，素心空自生氤氲。

群英绕毂不得前，白发萧萧蒙少年。当关者谁奋怒言，何以处我山之巅。

可怜神龙不见日，满身烟雾相随出。可怜尧舜不见人，龙车遥遥度紫旻。

康衢之家难上闻，土阶三尺深重闉。相如肺病犹著书，子云天禄寥寥居。
西山白云谢逋客，故园丛桂今何如。

午日访吴文仲使君适湖上燕集寄柬二律（其一）　　〔明〕胡应麟
午日寻芳候，千秋祝圣年。楼船浮别岛，箫鼓列长筵。
紫翠仙城出，丹青梵刹悬。金闾折垂柳，何似越门前。

王司寇还自金陵寄讯四首（其一）　　〔明〕胡应麟
百辟衣冠饯道傍，琅琊云色倚徜徉。千秋职位符司寇，一代文章擅子长。
乘兴已回娄水棹，遂初聊记弁山堂。鲈鱼正熟金闾外，斜日秋风尽意尝。

招戏设席于吴门舟上晚泊虎丘　　〔明〕范景文
歌板初传酒渐催，金闾桥下放船开。香风低散飘罗袂，艳舞轻翻簇锦堆。
渔唱依林吹笛和，莲舟拂水送花来。当场已自销魂甚，莫近生公说法台。

舟夜即事（其一）　　〔明〕徐𤊹
金闾亭下解兰桡，一水吴江去渐遥。秋梦缠绵浑不醒，月明齐上度僧桥。

金闾别李二　　〔明〕徐𤊹
天涯摇落正深秋，一别亲知双泪流。不但思家心独苦，断肠今日是苏州。

泊金闾　　〔明〕张金
金闾门下灯火明，吴姬水调歌入城。曲终夜静不知处，凉月满船春水生。

入闾门　　〔明〕谢肃
乱后闾门暂得归，莫春三月马骓骓。桃花也复如人面，柳絮依然点客衣。
画舸神仙流水远，彩云楼阁劫灰飞。姑苏两度看游鹿，莫倚东风问是非。

阊门望虎丘　［明］谢肃

雄城百雉控江湖，虎气腾空失湛卢。唯有垂杨依绿水，棹舡游女唱吴歈。

和张员外次韵顾仲瑛柳花词十首（其三）　　［明］谢肃

依依杨柳并阊门，歌断吴歈黯别魂。落絮看时和泪点，柔条折处带啼痕。

过苏州二首（其二）　［明］瞿佑

桂老花残岁月催，秋香无复旧亭台。伤心乌鹊桥头水，犹望阊门北岸来。

阊门即事　［明］唐寅

世间乐土是吴中，中有阊门更擅雄。翠袖三千楼上下，黄金百万水西东。
五更市买何曾绝，四远方言总不同。若使画师描作画，画师应道画难工。

明唐寅《金阊送别图卷》局部

观袁永之乐府戏裁子夜歌二首寄之（其一）　　［明］李梦阳

为问阊门柳，年来青若何。馆娃明月夜，醉拥越儿歌。

姑苏行（节选）　［明］王廷相

阊门水绿春如锦，春水盈盈片帆稳。游人唱彻江南词，共说姑苏美不尽。
姑苏山海自天开，佳丽今从圣代回。九州天府兹良是，估客帆樯万里来。

雨泛长荡夜归阊门　〔明〕伊策

一舟长荡冲烟雨，山光树色空蒙里。惊人白鹭过前滩，枯苇摇风浸寒水。

月夜登阊门西虹桥与子同赋　〔明〕文徵明

白雾浮空去渺然，西虹桥上月初圆。带城灯火千家市，极目帆樯万里船。
人语不分尘似海，夜寒初重水生烟。平生无限登临兴，都落风栏露楯前。

阊门曲　〔明〕申钦

君住阊门东，妾家阊门西。
门前一水东西流，上有高楼相对齐。高楼日日望春色，柳暗花明愁欲迷。
芳心自与芳信通，去雨来云本无主。流黄织成比目鱼，锦机绾取同心缕。
罗帏绣幕围晴昼，未信人间有离别。却恨风流不长在，肠断秦云万里雪。
鸾翅憔悴为谁容，羞把菱铜妆晓鬓。无端忽近寒食天，蕉叶青青庭草翳。
钩帘乍靠曲栏畔，怕见酴醿开并蒂。当时折尽桥头柳，今日垂垂已堪系。
妾颜如花心似石，花纵飘零石不转。宁教绣阁闭重重，夜夜凉州梦中见。

阊门曲　〔明〕屈大均

姑苏台上柳花开，飞落西施碧玉杯。一自吴王春宴罢，宫莺衔过若耶来。

阊门寓目　〔明〕区大相

蓼花风起渚莲飘，处处菱舟趁晚桡。吴苑几年无伯气，胥门终古有归潮。
枫林竹岸斜连郭，水寺溪村尽带桥。独有馆娃宫外柳，年年烟雨锁长条。

阊门杨柳枝词　〔明〕王衡

行春桥下是侬家，月月关门不见花。老大争如少年乐，清明好作柳头茶。

阊门谣　[明]王彛

苏州繁华天下闻，苏州繁华数阊门。门外狭斜不容毂，人声杂沓洪涛翻。

大店小店如列栅，南货北货山委积。黄金论斛钱论车，到此消磨水沉石。

文罗绣缎成落机，烂如春云映日飞。岁供上用苦不足，连箱去作豪家衣。

小瓶装酒满瓶腹，软蒲作包细绳束。千船万船走湖海，京师不饮葡萄绿。

红楼百尺翠柳遮，中有绝艳如桃花。琵琶箜篌聒天响，郎醉不知西日斜。

高樯巨舸衔尾泊，贵客豪商往来错。水夫收帆植大鼓，霹雳连声飞火炮。

鸳针刺枕绣丝联，龙须编席青锦缘。悦柔叠素莹欺雪，漆老远光轻抹烟。

赤毫缚笔利戈戟，茧纸铺花呈五色。合欢帐带双鸾骞，官样髻鬟云一尺。

百需琐碎何所无，十万缠腰到处娱。夜阑酒醒人已散，隔浦还歌山鹧鸪。

诸生送别阊门　[明]殷奎

衰柳阊门道，丹枫远浦桥。泪容行路惨，别恨几时消。

羁旅情虽恶，师生义自饶。成才吾所望，相见亦非遥。

阊门竹枝词（其一）　[明]李孙宸

十五吴儿学弄潮，潮去潮来惯使篙。只为秦淮人不喜，非关风浪怕山高。

江南乐八首代内作　[明]徐祯卿

生长在江南，不爱江北住。家在阊门西，门垂双柳树。

阊门歌送郭令　[明]祝允明

鸡鸣角乌乌，阊门将启涂。船头卒徒拥，屋底翁媪呼。

呼将儿孙起，来送郭大夫。大夫强汝柔，大夫明汝愚。

大夫饱汝饥，大夫康汝痡。教汝兴礼节，教汝诵诗书。

大夫舍汝去，汝能不思乎？君子悦其文，细人念其劬。

说向君子道，能歌歌大夫。

阊门开，百姓怀。

云帆指金台，天王御宇万国来。

万国来，仰帝力，王道荡荡，平康正直，天子岂不思？思哉建皇极。

皇极建，若三五大夫忠良伍，志岂在朝暮？

清风穆如去者慰，存者怀。穆如清风怀其存，慰其去。

穆如吉甫，以永今古。

阊门夜泊　〔明〕沈愚

丝丝杨柳拂官河，烟际楼台隔岸多。此夜阊闾城下泊，满船明月听吴歌。

阊门柳枝词二首（其一）　〔明〕沈愚

枝枝摇翠绾香车，占断春风日未斜。记得皋桥旧游处，绿烟深锁泰娘家。

吴娃　〔明〕屠本畯

吴娃如白雪，妆成薄膏泽。若使吴王见，不爱西施色。

西施入吴宫，吴俗遂成风。至今阊门女，效颦安可穷。

鱼戏莲叶北，侬住莲叶西。阊门三五夕，流月到耶溪。

金陵送徐子昭　〔明〕祝允明

阊门虽不远，白下忽相同。仲氏金兰契，征君木石风。

抱琴登蒋阜，拖杖吊吴宫。拟下陈君榻，书囊又向东。

简伊金宪　〔明〕祝允明

七朝熙洽世臣家，班序丘樊势并华。忠孝到君传不匮，韫沽如玉总无瑕。

园同涑水青山下，扉掩阊门小曲斜。老去高情澹如水，著书观物是生涯。

中表甥陈鳌子鱼久抱微疾，怀之得句，因寄　〔明〕祝允明

俊鹤祥鸾陈子鱼，阊门楼阁事亲居。想因别墅聊行药，却得云窗漫校书。
俗驾向来虚下榻，德星何日见牵车。身为公子心为士，便是公侯已复初。

挽歌诗　〔明〕祝允明

清晨出阊门，丹旗何飞翻。问之路傍人，新鬼即幽坟。
翘望旗中题，知吾夙所敦。昨朝华屋间，哑哑相笑言。
日月略流转，幽明已异门。昔时强仁义，兹辰声益尊。
属徒送自返，妇子亦一喧。君独长甘眠，不知悲与欣。
由兹寿无垠，万秋如一昏。零霜杀宵草，绕山游微魂。
游魂不复贵，所慰行节存。

秋夜登阊门城楼　〔明〕张本

月白三吴晚，风清八月秋。芙蓉照江国，蟋蟀上城楼。
海思飞云乱，乡心落叶愁。忽闻黄鹤笛，清夜重淹留。

过吴门次萨天锡韵　〔明〕李祯

七泽三江通甫里，杨柳芙蓉照湖水。阊门过去是盘门，半掩珠帘画楼里。
靡芜生遍鸳鸯沙，东风落尽棠梨花。馆娃香径走麋鹿，清夜鬼灯明绛纱。
三高祠下东流续，真娘墓上风吹竹。西施去后靥廊倾，岁岁春深烧痕绿。

夜泊枫桥怀所知　〔明〕王恭

落日阊门外，枫桥暂泊舟。寒山初上月，吴苑欲含秋。
别梦千重远，残钟半夜愁。天明望乡树，迢递忆同游。

宿阊门　〔明〕谢缙

霜满乌啼夜月寒，客窗灯火对愁看。故园相去无多路，便觉今宵睡不安。

怀吴中冯秀才　　〔明〕陈赟

苕花溪上柳萧萧，西望阊门客路遥。记得与君停棹处，夕阳渔笛小长桥。

和沈愚阊门柳枝词三首　　〔明〕苏平

其一

此地吴王旧市朝，空遗衰柳日萧萧。行人不用频回首，炀帝宫前更寂寥。

其二

袅袅烟丝拂画桥，纷纷春日上长条。馆娃宫女能相妒，莫向东风学舞腰。

其三

拂水摇烟积翠深，阖闾城外昼阴阴。花飞便作浮萍草，恰似侬家荡子心。

题倪公礼隐居　　〔明〕郑文康

家近阊门市，清风一草庐。窗明人问卜，山晚仆收书。

蓍老神龟守，芸香宿蠹除。静眠过食肉，徐步当乘车。

客笑鸠巢拙，妻怜蚁瓮虚。城南炎热地，不识近何如。

题张志和恒轩　　〔明〕郑文康

一壶悬挂阊门市，不学壶公隐名字。手持百药亲㕮咀，调合君臣并佐使。

三因六气将无同，七表八里诚难工。诊疗时施七勺力，笑谈坐取十全功。

问君神巧何能尔，家法相传有微旨。利心不守守恒心，起死回生端在此。

呜呼！民病全凭州县治，州县几人识恒字。烦君磨砺古砭针，针起贪顽作良吏。

送盛春雨还吴　　〔明〕顾清

未来消息满长安，小住何妨趣驾还。海内正悬春雨望，山中谁放夏云闲。

每寻燕语多高论，转觉鸿飞不易攀。翘首阊门烟月路，几时携酒扣玄关。

送薛九南游　［明］张宁

旧家公子擅风流，十载江湖赋远游。一饮不辞鸲鹆舞，千金新买鹔鹴裘。
神游湘水云生浦，梦觉阊门月满楼。犹有故家遗烈在，几回含笑看吴钩。

东老朱廷美号　［明］沈周

东老老而贫，惟于一影亲。布衾身后襚，茅屋病中人。
白发偏相信，黄金却不仁。阊门是居第，富贵寄比邻。

送袁德淳还太平　［明］沈周

阊门送别当新暑，绿波芳草如南浦。袁侯玉雪照离尊，言貌温恭心独古。
谁道今时无古人，眼中之人仲山甫。天球河图东序物，置之市肆岂其所。
太平作县草创初，务在民安心独苦。诚格山川及鬼神，爱存父母无官府。
况于朋友急为义，援我亲丧离浅土。临岐感激一何深，默默扪心泪如雨。

挽吴下王处士二首（其一）　［明］周瑛

车马阊门路，生前多故知。青山映疏雨，有客为书碑。

韩节妇　［明］吴宽

阊门烟火万家稠，独掩深闺赋《柏舟》。曾识市中无二价，肯将从一负韩休。

赠释子芳草堂　［明］吴宽

出吴阊门走山塘，山塘北去七里长。平郊崛起虎丘寺，云树一簇攒青苍。
我昔家居绝尘事，两足只有登山忙。扁舟摇摇掠岸去，寻奇探胜时徜徉。
舍舟登岸纵所适，四尺古墩当道傍。道傍父老说遗迹，刘公佐邑殊循良。
邑人此地曾拜送，相与聚土示不忘。我欲题诗纪其事，碑亭淡淡余残阳。
翛然欲去更回首，忽见侧畔依僧坊。青松夹道荫寺额，大书金字何煌煌。
竹阴萧然槿花舍，中有丈室并回廊。一从京师住三载，东南引领徒相望。

旦朝忽有僧来谒，自言来自胥台乡。吾师出家修苦行，吴下知名芳草堂。

今年新领祠部檄，刘公墩边开道场。敢持绢素乞一语，南还留作山门光。

嗟哉后世重异教，三吴尤云炽而昌。穹楼杰殿涂金碧，直以壮丽充缁黄。

其间号称彼善者，屈指一二无留藏。白云寺建为范老，表忠观改因岳王。

只今此寺虽俭朴，寺名却为刘公彰。此墩可夷碑可仆，有僧世守庸何伤。

投簪还乡会有日，便拟入寺寻支郎。旧时诗句如可补，坐我草堂焚妙香。

出阊门与陈味芝诸公送德纯，舟经山塘，登寿圣寺阁。时雨初霁，西山益佳，还饮舟中，为陈允德题启南所写《春壑晴云图》。是日文宗儒谈龙事甚异，故及之　〔明〕吴宽

偶闻客谈万山中，灵湫一勺能藏龙。春来佳气满空谷，想见龙起云争从。

谁驱雪浪荡我胸，蓦然吹散浑无踪。半塘雨过登高阁，引手欲摘青芙蓉。

贺新郎·又答朱天昭　〔明〕吴宽

分袂嗟何久！天一方、望美人兮，吴趋坊口。今日喜重逢燕地，不见雪花如手。正残冬，晴明时候。贱子行年刚半百，征车来、带得阊门酒。歌一阕，酹三斗。况君本出睢阳后。便如五老来吾寿，更把筵中词客数，又合着香山九。眼底事、大都非偶。春半报君惟两语，唤小僮、急向西楼走。金榜首，题朱某。

司马司训延至阊门里刘氏园亭夜酌席上有作赠石田先生　〔明〕程敏政

舟行一月溅春泥，偶到城西似瀼西。客里正难祛俗累，市中何意得幽栖。

亭当竹外疑曾到，路绕花间步欲迷。却喜石田同夜话，每容新绢买鹅溪。

阊门行　〔明〕欧大任

朝望吴都城，夕入吴都郭。目送三江流，心怀五湖乐。

吴都郭外阊门西，阊门女儿娇欲啼。锦屏朱户唱桃叶，青丝玉壶唤客提。

皋桥泰娘年十七，起舞持杯向人泣。揽环掩袂不胜情，自说吴都异前日。

忆昔吴王都此邦，馆娃宫中兰麝香。三千珠翠空成队，十二金钗谩作行。
梧桐园中梧叶秋，西风飒飒吴王愁。黄金白璧竟何在，昨日红颜今白头。
可怜不特繁华事，富贵看成草头露。故国山河今已非，姑苏台前鹿麋路。
劝君对酒莫言归，华堂一曲白纻衣。千年往事如流水，且向尊前醉落晖。

泊阊门值闰月中秋　〔明〕徐渭
中秋只尺已蹉跎，更值中秋此地过。天上桂轮长苦满，人间酒盏莫嫌多。
虹桥一散能追不，海镜孤飞奈坠何。最是虎丘此时节，清歌不住水微波。

送长洲居山人士贞　〔明〕徐渭
客里尊罍每见陪，那能不饮送将归。歌长筑短堪流泪，雉叫鹰呼未解围。
雨雪尚淹春荠荇，清明还竟夜饧非。乡风处处从来异，曾宿阊门记忆微。

阊门送别　〔明〕徐渭
送别阊门日已西，自将光景比乌栖。平生不解依枝宿，今日翻成绕树啼。

问仲子归期　〔明〕王世贞
萧然襆被出词垣，时复持螯佐酒樽。为问淹留沧海楫，可能供奉茂陵园。
畏途冠盖谁终老，清世渔樵也自尊。何限吴山秋后色，好凭双屐过阊门。

张山人游吴留一月以诗画为赞赋此赠之　〔明〕王世贞
南中平子雅三绝，来向吴江歌四愁。自谓暂因双凤住，不然归作五羊游。
玉壶小醉阊门月，银管长骄艺苑秋。莫问区区借名姓，此生端拟不惊鸥。

吴中迎春曲八首（其三）　〔明〕王世贞
弓鞋罗袜细温存，偏爱春泥印齿痕。看到阊门天欲暝，六街灯月照黄昏。

送蒋子南归（其二） 〔明〕王世贞

潞水驿前双画桡，送君频上又相邀。征衣半湿离筵酒，心到阊门第几桥。

还吴初抵阊门夜泊独坐有怀 〔明〕王世贞

十载时时问故乡，归来朋旧又相忘。城头弦月乌栖曲，疑是幽州万树霜。

吴江赵令君特访我吴阊走笔得二绝句赠之（其一） 〔明〕王世贞

阊门祖道如干舫，谁似君侯一片情。此去吴江枫落候，好题红叶到留京。

赠沈郎歌 〔明〕王世贞

阊门昔时花满烟，沈郎落魄美少年。玉壶酩酊春风前，吴宫粉队人三千。
苏张舌底藏婵娟，氍毹月落红泪蔫。鸣鸡不断卢声颠，问着床头无一钱。
酬心未了双龙泉，中年顾景忽自怜。坐使万累空中捐，中丞高斋学士筵。
乌衣诸郎时见牵，秃衫踞坐风翛然。当尊雅语真珠圆，醉时有神醒不传。
兴剧便就东家眠，石湖虎丘花月天。手提鸱夷呼趁船，小景幻就菖蒲笺。
丹青自许前生缘，文君藜羹甘入咽。肯从方朔割炙肩，七尺不受朱门权。
人鸟山宫多酒仙，吾与沈郎俱剩员，不醉且诵逍遥篇。

阊门怀古 〔明〕佘翔

城下多春草，馆娃何处寻。惟有阊门水，前朝流至今。

白纻词二首（其二） 〔明〕郑学醇

天河荧荧横鹊梁，阊门半启秋风凉。吴娥窈窕斗华妆，越罗楚练蒙素襁。
促樽合坐飞瑶觞，樽前起舞摇明珰。引商激羽声琳琅，含情托意一何长。
东江月出西江光，芙蓉露下杨柳霜。

吴趋谣十二首（其三） ［明］张元凯

夫婿咸阳商，家住阊门右。千金买明珠，照耀翡翠首。

夜集得年字 ［明］孙继皋

逢君怀旧事，把酒惜流年。为问阊门道，垂杨几处眠。
青山不在郭，风雨且开筵。好作平原饮，莺花春正妍。

代文如答王郎（其一） ［明］孙继皋

欲上兰桡意转迟，别君生怕忆君悲。蘼芜一日阊门路，却似千山万水随。

洪葆原丈关政报满还朝 ［明］缪昌期

锦帆箫鼓出江湄，水冻黄河驿路迟。乡味久应忘荔子，客情偏自忆莼丝。
阊门柳色非前日，长乐钟声似旧时。闻道使君廉载石，江东父老望旌麾。

阊门访旧作 ［明］程嘉燧

怅望吴阊百里余，故园兄弟日应疏。多年华鬓丝相似，三月春愁水不如。
歌扇旧分桃叶渡，钓船今傍藕花居。扫眉才子何由见，一讯桥边女较书。

阊门庞隐居题画 ［明］程嘉燧

老去何辞嫌我真，疏帘元不隔红尘。春山染出还如笑，莫为栖栖也笑人。

吴子夜四时懊歌（其九） ［明］邓云霄

家住阊门外，笙歌搅独愁。三年空见雁，两鬓易惊秋。

阊门观竞渡戏作长歌（席上集诸词人醉后赋） ［明］邓云霄

端阳新雨涨平堤，柳暗长桥莺乱啼。万户楼台如镜里，千门弦管喧于市。
五丝系臂醉蒲觞，争看龙舟戏江水。红帘彩鹢木兰桡，锦缆牙樯奏玉箫。

簇簇黄头歌欸乃，重重翠扇伫娇娆。楼船画舫纷停泊，别上江亭开水阁。
两岸游人似堵墙，绮罗耀日相交错。游人开处使君来，伐鼓填填响若雷。
屏帐駊騀张巨舫，琼筵乐部递相催。使君重文兼好客，当筵载笔皆词伯。
未许丰容斗艳妆，直从险峻看标格。梨园曲罢报诗成，江上游龙急曒声。
鳞甲翻波风雨恶，江胥河伯避霆霆。输赢未决雌雄队，叠鼓催桡浪花碎。
锦标夺得快先登，两岸千人齐喝采。输者惭兮赢者矜，回舟赌胜更凭陵。
江波咫尺分吴越，往事千年感废兴。越兴吴废付东流，南国烟花恣浪游。
谁向澄潭伤屈子，空余兰杜结离忧。湘兰沅杜长江隔，吴门还有鸱夷革。
日暮潮来天地青，剑光袍铠如银白。江南士女自嬉嬉，话及前朝总不知。
赢输兴废浑闲事，莫怪山公倒接䍦。

专诸墓仄调排律十二韵（将离任作）　　［明］邓云霄
椒浆一奠吴门豪，感恩捐命如鸿毛。荒坟惨惨依古郭，白杨萧萧满黄蒿。
不知千年碧血化，犹闻昔日苍鹰高。地下风雷缠侠骨，天边星斗盘鱼刀。
游魂夜过朱亥里，浩气秋壮伍胥涛。舞阳死灰笑怯懦，要离燔子无勋劳。
吊君应击铅中筑，挥涕合赋湘流骚。辽东仙鹤久寂寞，江南杜鹃长叫号。
黄金结客觅死士，赤胆若辈真吾曹。吴下少年无意气，阊门竟日空游遨。
肥肉大酒浪相集，探丸喋血纷先逃。可勒哀些表坏土，丰碑百尺为君褒。

阊门即事　　［明］李流芳
江上凉风已似秋，客中歌吹亦生愁。金阊门外冶游子，灯火回船不自由。

乳燕飞　　［明］陈子龙
琼树红云滮。彩虹低、护花梢泻，腻凉香浴。珊枕柔乡凝豆蔻，款款半推情蔍。
更小语、不明深曲。解语夜舒莲是药，生憎人梦醒皆相属。凤箫歇，停红玉。　　娇莺
啼破东风独。移来三起阊门柳，馆娃遗绿。栽近妆台郎记取，年年双燕来逐。云鬟沉
滑藏雅足。漫折樱桃背人立，倚肩低问麝衾馥。浑不应，强他续。

九日泊吴阊　［明］陈子龙

画阁长堤暮水平，寒云初卷阖闾城。楚天秋后花犹润，吴苑人归月正明。
雁度西楼金管歇，霜飞南国玉衣轻。谁怜孤客多惆怅，耿耿千门永夜情。

入姑苏　［南明］释今覸

秋风放棹阖闾城，水国云帆一月程。岸叶欲飞黄日落，栖鸦寒噪早潮生。
地过建业连山少，江入阊门渚水清。风景不堪今古恨，凄凉空感子胥名。

望江南（其二）　［明］徐士俊

江南好，最爱是姑苏。石上夜深歌管聚，阊门晓起锦花铺。细语学莺雏。

秦淮花烛词十首为萧孟昉作（其八）　［清］钱谦益

生儿那可不如孙，璧月璃枝总莫论。娇小未知吴苑路，梦肠何事绕阊门。

永夜　［清］顾炎武

永夜刀鸣动箭中，起看征雁各西东。山怜虎阜从波涌，路识阊门与帝通。
待客荆卿愁日晚，舣舟渔父畏天风。当时多少金兰友，此际心期未许同。

寄怀渭臣弟客姑苏（其二）　［清］彭孙贻

阖闾城阙倚崔嵬，南面高台向越开。今日金阊门外柳，千条试舞待君来。

和钱象先茉莉曲十首（其五）　［清］彭孙贻

斑竹屏风屈曲廊，千盆茉莉绕山塘。买花莫泊阊门下，荡桨半塘花市傍。

舟泊阊门　［清］施闰章

我爱阊门好，停舟细雨时。伯通遗宅在，为问主人谁。

浣溪纱·有客为王校书索赠，漫题二阕，其字浣若，为调浣溪纱，其名西也，
以西字为韵　　［清］尤侗

家住阊门西复西，凤凰桥上夜乌啼。绿杨巷曲画帘低。　　宛转腰身飞乳燕，聪
明性格点灵犀。粉墙拂袖待留题。

怀人诗九首（其九）玄坦　　［清］徐枋

阊门尘坌区，依然栖静者。经户寂若无，何殊处林野。
素心重交游，高寄何潇洒。门巷旧乌衣，山林皈白社。
壶中成隐居，神契不可假。采药斸灵苗，赠我尝盈把。
余交真淡如，耐久世所寡。今日重思君，歌诗继风雅。

同吴江俞鹿床赴江觐臣蔡右宣阊门舟集即席分韵是日送施分司还宣州
　　［清］毛奇龄

画舫张筵泛水涯，衣冠吴会集来赊。近船歌散烟中柳，隔岸灯垂雨后花。
客至早吟江总赋，人如夜过蔡经家。松陵高士相违久，欲送宣州思转赊。

吴门灯夕即事（庚午）　　［清］钱澄之

阊门灯不见，归路与逢迎。巷咽邀红粉，街长过彩棚。
漫空妨月到，列拄碍车行。更说南巡口，遮天锦一城。

过苏州口号　　［清］钱澄之

尖头艇子快争先，早见姑苏塔影悬。夜半郎开催棹发，天明妇起换郎眠。
军妻船截平江闹，估客帆偷小港穿。急雨好风停不得，阊门回首隔昏烟。

奉母八首仍依前韵（其七）　　［清］张国维

舟度金阊拥万人，共扬有母勚为臣。导舆幕府欢堪忆，回首并州恋似迍。
每悯尘容仍顾我，相看素发忍违亲。越山一路皆娱目，偕隐情偏指富春。

寄怀扶曦即和金阊冬暮韵（其三）　［清］龚鼎孳

金阊花月路，不异可怜时。玩世兼歌哭，全生半黯痴。

浮名同雨散，薄俗任毛吹。却忆鸣珂日，春云压凤池。

望阊门雨不得泊有怀姜如农给谏　［清］钱澄之

扁舟急橹过阊门，小巷深居望里存。开口众中无可语，缄关闹处不闻喧。

书窗近夜应收卷，客坐何人共把樽。谁识晚来江上伴，孤篷独对雨昏昏。

山居杂诗（其八）　［清］叶燮

庭前两株松，屋后百个竹。竹韵戛尔清，松涛穆以谡。

入耳警幽凄，递听引深肃。静中怿然解，余怀共物足。

昨我过阊门，两岸画舫逐。轻飔扬曼管，妙讴发柔肉。

满坐欢绝缨，予聆翻凄廆。乃知欣戚怀，难语听者俗。

答吴孟举　［清］叶燮

更长烛明夜冥冥，吴生不来坐客醒。乌啼花翻吴生至，满堂词客心俱醉。

问君何事独暮来，为买阊门笑靥开。好诗首首双鬟诵，更写秋山一簇回。

阊门泛舟　［清］刘惠恒

偶然乘一叶，云水有深缘。山翠高低入，钟声早晚传。

鸟喧疏柳岸，人卧半塘烟。为问千秋事，多称梅尉贤。

发丹阳暮抵阊门　［清］申涵煜

三日枫桥路，高帆一日回。偶因风力好，遂使客愁开。

双橹摇江月，千峰度酒杯。夜来经虎阜，镫火照楼台。

臣飓有阊门夜泊见怀诗四首依韵答之（其一）　［清］彭孙遹

我如马客老幽燕，汝向吴江独泛船。一别暗惊青鬓影，三春又改白榆烟。

身同车铎郎当甚，心比帘旌上下悬。一一情怀难尽说，鱼书雁帛也空传。

姑苏竹枝词（其八）　［清］彭孙遹

红桥书巷至今存，四合红尘昼欲昏。试听吴歈君莫讶，此声元自起阊门。

吴门竹枝词二十首（其三）　［清］张英

节近清明看赛会，流传何日到于今。阊门内外人如蚁，一日姑苏损万金。

阊门即事　［清］查慎行

秾花刚被楼遮却，又见邻墙出好枝。一种风光谁管领，金阊门外暮春时。

雪后至阊门换船　［清］查慎行

北风吹楼台，白日雪打面。阊门十万户，咫尺不可辨。

归舟一叶轻，欲与严寒战。所欣吴中稔，酒价冬来贱。

我裘虽云敝，一醉暖堪恋。尚有无褐人，忍饥冒霜霰。

至阊门　［清］爱新觉罗·玄烨

明丽山川列象辉，光风轻艓带烟霏。云随御仗分河畔，雨洗微尘花点衣。

夜泊阊门　［清］刘大櫆

垂杨婀娜拂枫桥，阊阖门东驻画桡。此夜月明如白昼，吴娘犹唱雨潇潇。

出阊门游寒山即景二首　［清］爱新觉罗·弘历

其一　（乾隆壬午）

清晓出阊门，轻阴凉变暄。递来将雨意，虑致碍春温。

麦叶秀含润，菜花黄较繁。将兴耕作矣，爱听上农论。

其二　（乾隆壬午）

鸣鞭度庆桥，别墅见山椒。小憩支公阁，旋凭赵隐寮。

竹虚原自密，花冶却非妖。欲畅青莲想，法螺喜不遥。

出闾门复游西山诸胜遂驻灵岩得十四韵（乾隆乙酉）　　［清］爱新觉罗·弘历

五日驻金阊，从民愿觐光。宁宜耽室静，非为揽山芳。

日日徐鸣銮，依依近捧裳。睹兹亲切意，益勤养教方。

城市过繁庶，村亭接短长。麦才吐穗绿，菜遍绽花黄。

砜忆支公遁，泉临赵氏庄。岩菇争染绘，林鸟各调簧。

春暖雪犹落，涧飞千尺强。法空螺自现，寺具四禅匡。

小坐情何恋，一游兴足偿。范园便仍憩，吴馆近相望。

拟宿三更月，聊成五字章。青莲如有问，来去两俱忘。

过苏州赠庄容可大中丞其二（丙子）　　［清］袁枚

牙旗红闪夕阳明，许住南楼客亦清[1]。栀子花开春四面，女儿香赠月三更。

心惊海甸哀鸿色，肠绕闾门打麦声。笑索官仓一囊粟，故人今已是苍生。

题凌香坪中吴杂记其三（乙酉）　　［清］袁枚

鸿泥回首昔年缘，我亦金阊屡放船。底事酒旗歌扇地，不曾逢着杜樊川。

阊门偶兴　　［清］吴照

五湖浪迹笑西东，一棹吴门兴未穷。十里市声烟树外，百分春色酒船中。

平桥水暖弯弯月，画阁晴开面面风。千载姑苏行乐地，莫将身世感萍蓬。

---

1. 壁上题句："清到南楼客亦稀。"

夜泊阊门　〔清〕孙琮

阊门夜泊意踌躇，城郭犹传旧阖闾。画舫已过寒食后，红镫不减上元初。
元都几见花重发，皋庑宁无客更居。诗酒欲追唐祝兴，清狂只恐未能如。

阊门偶记（其一）　〔清〕汪端光

买断温柔水一乡，绿杨深见好梳妆。鲛绡掩护双龙镜，鱼钥周防七宝箱。
食少何妨茶笋贵，金多不惜绮罗香。巫山巫峡迢迢路，越女何因梦楚王？

戏柬桐门其一　〔清〕舒位

来是晴天去雨天，暂时离合也因缘。熟炊饭甑三升梦，湿扬茶炉七碗烟。
出巷泥深难着屐，进城水涨不通船。胥门只隔阊门路，费却先生雇轿钱。

金阊感旧　〔清〕张洵佳

雪中鸿爪久模糊，二十年来过隙驹。荡子青衫春梦蝶，秋娘废院夜啼乌。
题襟痕冷良朋查，挂剑情深宿草芜。今日重游惟剩我，金阊门外独踟蹰。

秋日偕式之过艺圃观荷姜贞毅旧居今为七襄公所地近阊门市廛而殊幽寂
〔清〕夏孙桐

红鹅馆外早凉生，水槛烟廊曲曲行。风露萧辰秋士影，园林陈迹党人名。
零丁坠粉凌波在，拨剌游鲦见客惊。我亦伯通从赁庑，此中谁识市尘清。

减字木兰花·重泊吴阊　〔清〕鲁超

锦帆行处，系艇当年垂柳树。渔火江枫，霸兴消沉向此中。　似曾相识，烟寺
晚钟霜浦笛。唤起离情，知隔云间第几程。

舟泊阊门作（甲午）　〔清〕易顺鼎

金阊门外哭秋云，城郭荒荒水二分。何不学仙丁令语，自然流涕子山文。

江南有地堪埋我，天下无人尚识君。犹有故交三两在，吹箫市上一相闻。

吴中感兴　　[清] 谢遵王
两月金阊住，听残纻白歌。山惟洞庭好，春是虎丘多。
良觌故人远，乡心寒食过。舵楼闲倚望，渺渺奈愁何。

阊门讴　　[清] 袁学澜
华堂酣高宴，客醉红袖扶。曲终宜奏雅，为君歌吴歈。
奥壤启甄匋，阖闾雄霸图。阊门郁嵯峨，周城环清波。
水陆门二八，腴田连山阿。夜市足鱼米，春船泛绮罗。
延陵通上国，公瑾威四遐。同里尚游侠，阀阅盛名家。
川泽尽秀美，人物竞才华。麋城猎烟草，娃馆舞朝霞。
台高路九曲，平看茂苑花。去古日以远，淫乐日以深。
筵携谢公妓，路献秋胡金。那堪限难业，逞此奢靡心。
愿将蟋蟀诗，编入吴中吟。一返勤俭俗，我歌实虞箴。

吴阊访旧（其一）　　[清] 王昊
载酒寻花暂一宵，满江寒水送兰桡。
可堪旧日销魂地，又在阊门白马桥。

首春吴阊杂感（其一）　　[清] 王昊
灯宵风景说金阊，踏遍天街兴自狂。火树影连丞相府，香车尘斗状元坊。
银筝处处夸新曲，珠箔家家爱晚妆。惆怅不堪归去后，一帘寒月到空床。

莫尔胤六十索赠尔胤善吹管为吴阊第一　　[清] 陆世仪
吴阊风月夜如年，丝管声稠沸远天。技到绝人方冠世，品能超俗始为贤。
千场纵酒仍高雅，是处征歌亦偶然。子孝妻贤心事足，如君不愧地行仙。

大小雅堂集四十五首（其一）　　［清］顾嗣立

吴山越水问耕蚕，盛世阳春万象涵。四海含生沾雨露，天心独眷在东南。
金简芝泥下凤凰，恩纶先自到吴阊。商民歌舞欣仁政，关市无征戴圣皇。

秀埜集八十五首（其一）　　［清］顾嗣立

吴阊竞渡翻新谱，谑柳西湖羯鼓催。细雨城边荡桨去，春风马上折花来。
孟郊几日为龙逝，丁令何年化鹤回。怕听龟年弹旧曲，声声到耳极悲哀。

仲冬五日阊关话别　　［清］王昊

如此方成别，从前岂算愁。断云归一雁，逆水上孤舟。
入眼仍吴市，伤心更楚囚。可堪微酒醒，回首夕阳楼。

阊门喂月（甲申）　　［清］易顺鼎

烛灭乌啼秋思多，姑苏城外奈寒何。不知一片西江月，照见谁家白苎歌。

琵琶仙·金阊晚泊　　［清］江声

斜日扬舲，堞楼下、一带荒凉吴苑。珠幌犹蔽何乡，秋空片云卷。风渐急、横
塘乍渡，便穿入、虎山西崦。野草低迷，寒鸦上下，浑是凄怨。　　看胥口、波面
灵旗，未输尔、鸱夷五湖远。无限乱山衔碧，闪烟樯斜展。排多少、荒台废馆，只望
中、破楚门键。料得遥夜钟声，梦回难遣。

雨泊吴阊送春同顾梁汾先生作　　［清］杜诏

吴宫花老泪胭脂，点点残红堕晚枝。自是东风无著处，本来西子有归时。
锦帆冷落青帘舫，玉管阑珊白苎词。双桨绿波留不住，半塘烟雨柳如丝。

由上海至苏州绝句其十三（壬辰）　　［清］易顺鼎

重城天远不闻歌，照鬓山塘渺绿波。珍重貂裘休换酒，金阊门外峭寒多。

霜花腴　［清］朱孝臧

谢堂倦客。唤酒醒、西风梦老吴皋。烟草横塘，玉梅妆榭，词仙去住无聊。赋情紫箫。又夜深、明月南桥。伴年年、老屋阊门，带鸦黄柳短长条。　　宾主百年逆旅，算莞裘一席，占了渔樵。朱邸尊空，青门春去，霜花醉墨飘萧。倦魂待招。料锦鲸，犹愁回潮。过江人、漫感山丘，燕来还定巢。

姑苏哀　［清］李龄寿

溃军十万仓皇来，三日城门扃不开。抚军下令拆民屋，城外万户成寒灰。

第四节　民国时期

　　民国时期，在经历民国初年的金阊兵变后，阊门的商品贸易开始复苏，聚居人口亦有所增加，但在1924年齐卢战争时，阊门地区的商贸活动曾一度停滞，后来再度复苏直至抗日战争爆发。总体来说，在复杂的历史背景下，阊门地区依旧显著发展，许多现代性的符号呈现在这一区域，比如现代意义上的道路拓宽，旧城墙拆除、改建，新社区的营造，新兴业态的调整（金融业，如钱庄）在此集聚等。但从区域肌理上看，这一地区总体街巷脉络变化不大，基本延续明清时格局，仅增加金门路、贻德里、德馨里等部分支弄。当时的金阊依旧是苏州城西北的重要交通枢纽和商市，因而亦有不少文人墨客留下题咏。

虎邱竹枝词二首（其一）　［民国］仁渊

画船载酒出阊门，携得如花伴玉樽。灯影摇红人薄醉，销魂最是近黄昏。

浪淘沙　［民国］张尔田

渌水漾轻鸥。红板桥头。秋千斜扬柳花球。卷上珠帘风半面，无限春愁。　　年少凤城游。老叹淹留。金阊门外舣兰舟。昨日浮萍前日絮，明日东流。

阊门 ［民国］金松岑

花草吴宫代已更，坊厢爱说旧时名。剑埋宝气人埋玉，花照高楼日照城。
握算笑看郎卖绢，数钱厌听女弹筝。痴儿那解人间事，日向仓桥跨马行。

夜宿阊门客舍口占 ［民国］叶德辉

垂老方知客绪忙，五年两度宿金阊。夜深明月应相识，人是他乡我故乡。

一剪梅·初至吴门即事（1907丁未） ［民国］高燮

湿云漠漠雨初收。才别杭州。又到苏州。金阊门外此勾留。花似颜羞。月比眉
修。　　山塘七里要穷游。春亦温柔。人亦温柔。今宵特地与妻谋。准备兰舟。去荡清流。

华清（此咏戊戌至辛丑间时事其十七） ［民国］汪荣宝

万里南风滞所思，清秋一首杜秋诗。阊门日下吴歌远，露畹春多凤舞迟。
朱槿花娇晚相伴，寒灰劫尽问方知。春窗一觉风流梦，记着南塘移树时。

吴门依易生韵十一首（其一） ［民国］苏曼殊

江南花草尽愁根，惹得吴娃笑语频。独有伤心驴背客，暮烟疏雨过阊门。

阊门登眺 ［民国］周容

人物千年尽，山川剑气平。要离何处墓，只有晚鸦声。

宿阊门旅舍有感 ［民国］黄侃

雨过城闉秋气深，萧然候馆动烦襟。可怜解舞阊门柳，不系思归楚客心。
万里关梁情脉脉，千家灯火夜沈沈。吴声已是堪肠断，更奈风飘几处砧。

春日阊门杂兴（二首）　［民国］范烟桥

莺飞草碧古山塘，是处疏篱问水杨。惆怅冶坊滨旧梦，灯船无分载鸳鸯。

澹烟疏雨阊间城，花落韩塘唱卖饧。破寺闲僧门不启，钟楼废除夕阳声。

莺啼序·壬子三月劫后过吴阊感赋，步梦窗韵　［民国］庞树柏

斜阳淡黄似旧，问莺栏燕户。去年事，吹破琼箫，可惜容易春暮。棹歌去，吴波自绿，销魂望断金阊树。待愁丝，轻系东风，数点飞絮。　　回首前尘，酒醒梦冷，早看花过雾。更何意、刻翠题红，泪痕空染毫素。恁飘零、扬州杜牧，怕吟鬓，微添霜缕。纵相逢，休话沧桑，且寻鸥鹭。　　荒台废苑，到处鹃啼，有谁伴倦旅。叹满眼、剩香零粉，料理无计，换了凄凉，半溪烟雨。湔裙侣散，凌波人杳，芳心先逐鸥夷逝，趁渔灯、为唤兰舟渡。清游已晚，依稀展步麇踪，转瞬一样焦土。　　繁华故国，最惹相思，漫访萝觅芷。算只是、吴春难赋。负尽流光，几度徘徊，罢歌休舞。茫茫对此，凭高怀远，青尊浇取千古恨，莫华年、闲数哀弦柱。何时携笛重来，一曲家山，尚能唱否？

清末西中市（阊门大街）旧影

春日阊门杂兴　[民国]范烟桥

莺飞草碧古山塘，是处疏篱问水杨。惆怅冶坊滨旧梦，灯船无分载鸳鸯。

澹烟疏雨圌阊城，花落韩塘唱卖饧。破寺闲僧门不启，钟楼废除夕阳声。

阊门历史文化街区15号街坊鸟瞰（孙士杰摄）

月夜登阊门西虹桥与子同赋 〔明〕文徵明

白雾浮空去渺然，西虹桥上月初圆。带城灯火千家市，极目帆樯万里船。

人语不分尘似海，夜寒初重水生烟。平生无限登临兴，都落风栏露楯前。

附

录

清徐扬《乾隆南巡图卷》中的阊门（美国大都会艺术博物馆藏）

附录一：旧时阊门知名商号统计表（东、西中市大街，探桥及吊桥堍）

序号	店名	旧时地址	行业	年代	备注
1	洪源祥	西中市专诸巷（路南）	眼镜	1919年开办	
2	振泰昌	西中市舒巷口（路南）	零售百货批发卷烟	民国	由原陶大昌学徒金霞卿（龙生）开设
3	辛昌绸布号	西中市63号（路南）	棉布	民国	系盘下祥大布店后改换门面
4	西恒孚金业	西中市60号	银楼	清嘉庆年间始创，光绪十一年（1885）开设西号于西中市	1947年称恒孚西号
5	老大房	西中市	糕团	民国	
6	蒋恒隆戏衣号	西中市	行头戏衣	民国	后改西药房
7	天丰恒仁记银楼	西中市65号	银楼	民国	
8	同泰生纸号	西中市	纸业	清	
9	郑福兰堂药铺	西中市	药业	清	
10	上海商业储蓄所苏州分行	西中市155号（路北）	银行	民国	1917年贝理泰开办
11	乐寿堂	西中市25号	药业	清	创设于清光绪年间，后由航运业老板郑馥堂盘入
12	大中南旅社	西中市154号（路北）	旅馆	民国	位置在裕苏官银钱局后，今严家淦故居
13	大中南书场	西中市	书场	民国	《苏州明报》（1948年9月29日）载录
14	裕苏官银钱局	西中市154号（路南）	钱业	清光绪二十九年（1903）官办钱局	
15	大观楼	西中市146号（路北）	茶馆	民国	莫金荣
16	吴县田业银行	西中市144号（路北）	银行	1922年开办	
17	鲍德润	西中市13号（路南）	茶业	清乾隆年间开办	
18	唐云昌戏衣铺	西中市123号（路北）	行头戏衣	清咸丰年创设，至民国	后曾为永进南酱店
19	锦昌	西中市46号	绣庄	民国	一说为戏衣店，原织带厂车间
20	仪泰承记	西中市53号	绣庄	民国	
21	允生钱庄	西中市113号（路北）	钱庄	民国	吴县朱调卿
22	中国银行苏州分行	西中市104号德馨里（路北）	银行	1914年开设在德馨里，1919年改为中国银行苏州支行。1933年外迁观前街	经理：江都叶之芹（云程）
23	雷允上诵芬堂药铺	西中市103号（路北）	药业	清雍正十年（1732）创设	

续表

序号	店名	旧时地址	行业	年代	备注
24	金和祥	西中市（路南）	菜馆	民国	张文炳创设,阊门吊桥堍
25	懋昌纸号	西中市	纸业	民国	
26	扫叶山房	西中市（路北）	书业	明万历年间初创,至民国时犹存	
27	陆琦记	西中市	眼镜行	民国	20世纪末已拆迁,不存
28	刘祥瑞	西中市	眼镜行	民国	20世纪末已拆迁,不存
29	国华银行阊门办事处	西中市	银行	1935年开办	
30	广生行	西中市	广货	清光绪后期	广东南海冯福田创办,生产双妹牌雪花膏,是本土化妆品行业的先驱
31	正兴馆	西中市舒巷口	菜饭馆业	民国	
32	石根记	西中市	广货	民国	
33	西乾泰毡毯店	西中市	毡毯	民国	
34	古松堂参号	西中市穿珠巷（今专诸巷）口对面	药业	清乾隆年间	浦氏先人创办,后继者为浦劲人
35	杨三溢参号	西中市穿珠巷（今专诸巷）口	药业	清乾隆年间开办	与古松堂参号毗邻,1933年经理为项勤甫。1937年歇业
36	五福来	西中市（路南）	糕团	民国	六宜楼斜对面,一说原为一枝春糖果店
37	屈臣氏大药房	西中市	西药业	清道光八年(1828)开办药房,光绪元年(1875)粤商在西中市设药房	
38	东吴大药房	西中市	药业	民国	穿珠巷口
39	江苏省银行苏州分行	西中市	银行	1912年	民国时苏州首家江苏省银行
40	交通银行苏州支行	西中市	银行	民国	程光洛
41	信孚银行办事处	西中市	银行	民国	
42	惠商银行	西中市	银行	民国	1921年创设,经理陈海平,翌年倒闭
43	淮海实业银行苏州分行	西中市	银行	民国	1921年创设,历经4年后撤销
44	中国国货银行苏州分行	西中市	银行	民国	1934年创设,3年后迁上海
45	东南植业银行苏州分行	西中市	银行	民国	1923年创设,2年后停业
46	上海商业储备银行苏州分行	西中市	银行	民国	1917年创设,1931年迁址观前

续表

序号	店名	旧时地址	行业	年代	备注
47	江苏典业银行	西中市	银行	民国	陈肃刚，1928年歇业
48	淮海商业银行苏州分行	西中市	银行	民国	王耀丰，1925年歇业
49	东南植业银行苏州分行	西中市	银行	民国	许博明，1928年歇业
50	诚康钱庄	西中市	金融业	民国	钱庄内开办光华保险公司苏州办事处，祝善耕
51	礼康医院	西中市	医院	民国	1948年
52	礼康钱庄	西中市	金融业	民国	
53	林仁和泰记	西中市	皮丝旱烟业	民国	皮丝号
54	中国通商银行苏州分行	西中市	银行	民国	卢少棠、金麟书设立于1933年，开设两年后迁址观前街
55	大众银行	西中市	银行	民国	1943年开设。李衡斋、胡明远、贝志九
56	中国瓷业银行苏州支行	西中市	银行	民国	1943年开设。俞希白、祝君硕
57	德大昌	西中市	广货	民国	皋桥分号，张淳德
58	同丰泰锡箔庄	西中市	箔业	民国	
59	四海春	西中市	面馆	民国	后改四季点心店
60	中法大药房	西中市	药业	民国	后改名新华药房
61	五洲大药房	西中市	药业	民国	
62	伯华	西中市	照相	民国	
63	王济美	西中市	酒馆业	民国	
64	嘉穗芳	西中市泰伯庙东侧	糖果	民国	
65	祥丰泰洋布店	西中市皋桥堍	洋布	民国	
66	老胡开文	西中市	笔墨	民国	
67	双龙园	西中市	浴业	民国	
68	华孚商业银行苏州分行	西中市	银行业	民国	1919年设，1922年倒闭
69	苏州储蓄银行	西中市	银行业	民国	洪少圃
70	福泰	西中市张广桥堍	鞋业（履业）	民国	丹阳夏连宝
71	广润昌	西中市	鞋业（履业）	民国	无锡谈文桢
72	晋丰	西中市	鞋业（履业）	民国	吴县冯清卿
73	老瑞源	西中市	鞋业（履业）	清末	吴县冯润卿
74	西义丰	西中市	响器	清光绪末年创设	系铜锡器号
75	汪同文唐记	西中市	铜锡器	民国	婺源查信之

序号	店名	旧时地址	行业	年代	备注
76	汪同文詹记	西中市	铜锡响器	民国	
77	杨恒隆戏衣号	西中市	行头戏衣	清至民国	杨鉴卿
78	张小泉剪刀店	西中市	剪刀	民国	后作缝纫店
79	同仁和	西中市	绸缎	清光绪二十二年（1896）创设	
80	同和祥皮货局	西中市	皮货	民国	
81	上海郑泰祥皮货局苏州总号	西中市	皮货	民国	总号设西中市，分号设观前北仓桥
82	章东明	西中市	绍酒业	民国	
83	大华帽庄	西中市	帽业	民国	
84	鸿源	西中市	钱庄	清道光年间	金家
85	詹大有	西中市	墨业	清光绪初年	鸿记
86	老人和	西中市	绸缎	民国	
87	天丰长	西中市	绸缎	民国	绸缎洋货局，老板孙仰丰
88	老九章	西中市	绸缎	民国	即久章
89	祥大	西中市	绸缎	民国	
90	瑞元	西中市	钱庄	民国	吴县刘恭礼（森禄）
91	德华	西中市	绣业	民国	苏绣货庄，吴县曹幼皋
92	余纶	西中市	绸缎	民国	绸缎局
93	老介纶	西中市舒巷西首	绸缎	民国	档案抽取时间：1920年
94	大纶	西中市	绸缎	民国	
95	典当银行	西中市	银行	民国	杭州陈贵三、江都徐介人
96	泰隆昌	西中市	棉绸	民国	负责人吴兴（今湖州）郑云笙，档案抽取时间：1917年
97	三鑫第二纱带厂	西中市	纱厂	民国	
98	绿荫堂书局	西中市	书业	民国	
99	同发祥仁记皮货局	西中市	皮货	民国	1929年，总号创设于西中市德馨里口西侧石库门内
100	天福祥皮货局	西中市贻德里口	皮货	民国	西中市宝丰祥旧址西首
101	宝丰源皮货局	西中市	皮货	民国	佘佩和
102	宝丰祥皮货局	西中市	皮货	民国	
103	义昇同毡毯号	西中市	毯业	民国	
104	天丰恒仁记金铺	西中市65号	金铺	清光绪三十三年（1907）创设	也称天丰恒银楼，周永年
105	广和洋行苏州分庄	西中市	皮货	清光绪九年（1883）	

续表

序号	店名	旧时地址	行业	年代	备注
106	上海总善会富强戒烟分善会	西中市	善会	清光绪二十八年(1902)创设	
107	和丰	西中市	钱庄	清末	经理：元和卢金鉴（少棠）
108	养成裕	西中市	钱庄	民国	吴县徐承斡（性柏）
109	复裕	西中市	丝业	民国	1920年，由胡翰卿创办
110	永豫	西中市	钱庄	清末	经理：丹徒徐恒巽（绎之）
111	仁和	西中市	钱庄	清末	经理：庞延祚（天笙）
112	裕源	西中市	钱庄	清末	经理：江都王恕宽（乐山）
113	鼎裕	西中市	钱庄	清末	经理：丹徒陶瑞彰（黼庭）
114	源康	西中市	钱庄	清末	经理：江都石福宏（寿山）
115	仁昌裕	西中市	钱庄	清末	经理：吴县吴国钟（莲生）
116	颐泰	西中市	钱庄	清末	经理：丹徒李庆善（燮堂）
117	怡德	西中市	钱庄	清末	经理：吴县杨元达（寿山）
118	永丰	西中市125号	钱庄	清末	经理：丹徒钱永清（浩波），后为郑范五
119	晋生	西中市	钱庄	清末	经理：吴县姚元彬（侣菊）
120	福裕	西中市	钱庄	清末	经理：吴县庞秉铨（少如）
121	鸿源	西中市	钱庄	清末	经理：吴县吴理果（似村）、吴理昌（润生）
122	永昌	西中市	钱庄	清末	经理：丹阳林训节（仰苏）
123	永生	西中市	钱庄	清末	经理：吴县朱鉴（子坚）
124	大康	西中市	钱庄	清末	经理：丹阳周锦荣（文炳）
125	庆丰	西中市	钱庄	清末	经理：长洲徐成钊（召棠）
126	公余	西中市	钱庄	清末	经理：王昭明（瑞亭）
127	顺康	西中市	钱庄	清末	老板：程觐岳，经理：歙县洪毓麟（少圃）
128	天生庄	西中市	钱庄	民国	
129	德和	西中市德馨里	钱庄	清末	经理：休宁黄传清（念萱）
130	德隆	阊门外吊桥	钱庄	清末	经理：丹徒左亨纯（厚甫）
131	近水台面馆	阊门外吊桥西堍朝北第一家	面馆	民国	
132	宝成银楼	阊门外吊桥西堍朝北，沐泰山堂对面	金融业	民国	
133	长安居旅社	阊门外吊桥西堍（朝北）与石路北口交汇处	旅馆业	民国	宝成银楼西侧
134	福大面粉总批发处	阊门外吊桥堍	面粉业	民国	

续表

序号	店名	旧时地址	行业	年代	备注
135	道德运输公司	阊门外吊桥堍	运输业	民国	
136	聚成楼	阊门外吊桥堍	菜馆业	民国	
137	李源昌	阊门外吊桥堍	彩票业	民国	后改为烟纸店
138	三益	阊门外吊桥	彩票业	民国	
139	广	阊门外吊桥西	彩票业	民国	
140	顾德其分号	阊门外吊桥	酱园业	民国	
141	许万兴	阊门城门口	牙骨器业	民国	《苏州明报》（1933年5月21日第3版）载录
142	恒裕洋货号	西中市	洋货	民国	丹阳王全锜（韹廷）
143	恒利协记	西中市	钱业	民国	江都丁安甫
144	永隆	西中市	钱业	民国	江都柏达夫
145	恒余	西中市	钱业	民国	
146	聚源斋纸铺	西中市	纸业	民国	
147	福大	西中市	丝业	民国	吴县毛养源、申厚伯
148	成裕	西中市	广货	民国	定海戴时绶
149	明泰	西中市	广货	清末	
150	和泰昌	皋桥	广货	清末	
151	义成裕庄	西中市	钱庄	民国	
152	镇丰泰	西中市	箔业	民国	绍县马新乔
153	乾泰恒	西中市	麻线业	民国	吴县徐培之
154	永泰羢线号	西中市	羢线	民国	后为服装六厂门市部
155	瑞泰绸布庄	西中市	绸庄	1935年创设	
156	久源钱庄	西中市泰伯庙桥西	钱庄	民国	
157	文新印书馆	西中市	印刷业	民国	后改文新印刷公司，当时地址称西中市红屋，负责人罗季眉，并入驻印刷业同业公会
158	华商印刷所	西中市	印刷业	民国	
159	苏省同丰永金铺	西中市	金铺	清末	
160	东源茂	阊门吊桥东堍	百货	清末民初	徐联芳开设，又名"徐源茂百货店"
161	义昌电器行	西中市皋桥	电器材料	民国	
162	叶永年寿衣板栈	西中市皋桥	寿器店	民国	
163	协泰祥皮货号	西中市	皮货	民国	
164	大章帽庄	皋桥堍	帽业	民国	
165	陶大昌	阊门吊桥东堍	百货	清末民初	陶东明开设
166	江同盛毡毯庄	西中市	毯业	清末	

续表

序号	店名	旧时地址	行业	年代	备注
167	俞记	西中市	排须	民国	
168	宝康恒缎庄	西中市贻德里	绸缎	民国	
169	同盛	皋桥东	绸缎	清末	
170	万昶绸布局	西中市	绸缎	民国	
171	杜三珍	阊门吊桥西堍北侧	熟食	清	
172	赵天禄	阊门吊桥西堍南侧	茶食糖果	清	
173	沐泰山	阊门上塘街北侧、渡僧桥南堍东侧	药业	清	
174	人和邃绸缎庄	西中市	绸缎	民国	
175	仁昌德记成衣号	西中市	衣业	民国	
176	王东文铜器	西中市115号（旧门牌），后改97号	响器（后统称非铁金属业）	民国	江宁王凤祥
177	集成皮货局	西中市51号	皮货	民国	
178	郑祥泰皮货（总号）	西中市	皮货	民国	
179	天丰恒	西中市65号	金银	民国	
180	大元帽庄	西中市28号	帽业	民国	朱耀铨
181	永源	西中市29号	绣业	民国	
182	俞长春酱园	西中市	酱园业	民国	《苏州明报》（1926年11月5日第3版）载录
183	黄恒泰盆帽店	西中市	帽业	民国	
184	恒泰	西中市110号	绣业	民国	后改为福大钱庄
185	利纶	西中市63号（路南）	绣业	民国	
186	恒隆	西中市104号	绣业	民国	
187	顺昌	西中市99号	绣业	民国	
188	义盛	西中市94号	绣业	民国	
189	万顺泰	西中市126号	绣业	民国	
190	韩顺兴	西中市73号	绣业	民国	亦做盆帽
191	杨万源皮箱店	西中市	皮业	民国	
192	蒋顺新	西中市89号	绣业	民国	
193	孙源隆皮件号	西中市97号	皮业	民国	
194	达康土布号	西中市113号	布业	民国	张公权
195	同泰元麻线店	西中市30号（德馨里口）	麻业	民国	徐寅生、谢海涛

续表

序号	店名	旧时地址	行业	年代	备注
196	大丰棉布号	西中市48号（旧门牌）	布业	民国	疑即为大丰绸布局
197	源成协绸布号	西中市21号（旧门牌）	布业	民国	
198	永丰润棉布号	西中市34号（旧门牌）	布业	民国	
199	鼎大祥布号	西中市	布业	民国	后曾改为苏州电器门市部
200	大昌祥	西中市	布业	民国	
201	万源祥棉布号	西中市55号（旧门牌）	布业	民国	
202	万昶棉布号	西中市25号（旧门牌）	布业	民国	
203	宰东升	西中市	纱缎业	民国	慈溪孔憩棠
204	协大棉布号	西中市243号（旧门牌）	布业	民国	
205	大康绸布庄	西中市31号（旧门牌）	布业	民国	
206	莫义昌绸缎庄	西中市（路南）	绸布业	民国	
207	宏裕祥记	西中市	京缎业	民国	系慈溪人创设
208	瑞丰元（邃记）洋货布庄	西中市	布业、洋货业	民国	
209	缪兆熊诊所	西中市	诊所	民国	
210	钟礼康诊所	西中市	诊所	民国	
211	褚良瑞诊所	西中市	诊所	民国	
212	丁复盛铜锡号	西中市	非铁金属业	民国	分号设西中市。载录于《苏州明报》（1930年10月13日第1版）
213	荣华旅馆	西中市下塘	旅馆业	民国	
214	许记（正兴）	西中市舒巷口	菜馆业	民国	1945年
215	乾昌森	西中市	烟花业	民国	江都孙文林
216	德泰兴	西中市	烟花业	民国	一说为香烟店，吴县金礼卿
217	孙春阳	吴趋坊北口（路南）	南北货	民国	
218	载香室香粉店	西中市	香粉业	民国	
219	杜五房	西中市	肉食	民国	1919年，江阴徐坤泉创办杜五房肉铺
220	六宜楼	皋桥西堍160号	菜馆业（徽菜）	清光绪九年（1883）创办	初为振泰祥腌腊店，今好又多超市
221	恒大成号棉夏俊布	中市大街	布业	清末	

续表

序号	店名	旧时地址	行业	年代	备注
222	方九霞银楼	西中市	金融业	民国	
223	同明祥	西中市穿珠巷（今专诸巷）口	眼镜	清末	
224	慎兴	西中市	布业	民国	
225	江苏日报馆	西中市118号	报业	民国	1941—1945年其原址后改为苏州中国银行
226	苏州晚报馆	西中市	报业	民国	1938—1939年
227	苏报馆	西中市	报业	民国	1945—1949年
228	刚报馆	西中市	报业	民国	1948—1949年
229	老陆稿荐	皋桥头西侧	生、熟肉	清	
230	西瑞龙	张广桥	烛业	民国	即王瑞龙（西号），王德林、王庆五
231	振泰祥	皋桥	烛业	民国	沈德胜
232	新松盛昌	西中市	鞋业（履业）	民国	吴县萧庚棠
233	正茂兴	西中市	须业	民国	蒋松林
234	老裕生	西中市	须业	民国	俞振庭
235	张德泰铜器	西中市92号	非铁金属业	民国	绍兴张松筠
236	添和馆	西中市149号皋桥头	菜馆业	民国	档案抽取时间：1942年
237	大亨昌五金店	西中市	五金	民国	后改百货店、亚洲理发店
238	新协和	西中市5号	菜馆业	民国	档案抽取时间：1942年
239	汪云从铜锡	西中市68号	非铁金属业	民国	常州孟河董邦干
240	天丰恒	西中市	金银商业	民国	档案抽取时间：1947年
241	恒丰	西中市	金银商业	民国	
242	信孚记	西中市	金银商业	民国	
243	老天宝	西中市	金银商业	民国	
244	杨庆和	西中市	金银商业	民国	
245	天慎	西中市	金银商业	民国	
246	义兴慎	西中市128号	箔业	民国	档案抽取时间：1930年
247	同福泰	西中市96号	箔业	民国	
248	王嵩年	西中市	箔业	民国	
249	徐锡隆	西中市	箔业	民国	
250	镇丰泰	西中市	箔业	民国	
251	马新乔	西中市	箔业	民国	
252	梅苑	西中市	箔业	民国	
253	良心堂药铺	西中市皋桥西43号	药业	民国	1948年周金宝开设

续表

序号	店名	旧时地址	行业	年代	备注
254	同亿商栈	西中市	旅馆业	清末	清光绪十八年（1892）始创，即同义公
255	民生	西中市	旅馆业	民国	
256	同仁昶	西中市	纸业	民国	
257	三记公寓	西中市	旅馆业	民国	
258	圣源斋纸号	西中市	纸业	民国	《苏州明报》（1929年7月13日）载录
259	义源斋纸号	西中市	纸业	民国	
260	兴泰电气行	西中市（老邮局对门）	电器材料	民国	《苏州明报》（1936年8月2日）载录
261	鸿春	西中市	箔业	民国	
262	林德泰皮丝烟号	西中市	卷烟业	民国	林志广
263	德康源	西中市143号	卷烟业	民国	
264	新源祥	西中市	卷烟业	民国	
265	万兴馆（馄饨店）	西中市	餐饮业	清末	清宣统三年（1911）开业
266	源泰兴	西中市176号	箔业	民国	
267	荣泰戏衣店	西中市	行头戏衣	民国	
268	天成	西中市皋桥东堍	旅馆业	民国	
269	金瑞兴	西中市	酒馆业	民国	正记绍酒栈，另外在都亭桥、石路口有多家分店
270	章万源	西中市	酒馆业	民国	绍酒号
271	东升	西中市	酒馆业	民国	后改为永丰陶瓷茶叶店
272	恒丰仁	西中市	百货业	民国	
273	祥大	西中市	布业	民国	
274	新开鼎泰昶	西中市	五金	民国	五金号
275	恒裕	西中市	百货业	民国	
276	光明（和记）	西中市	电器材料	民国	电料公司
277	协丰	西中市	钱庄	民国	内设上海中南银行钞票苏州代兑处
278	西泰和面店	西中市	面馆业	民国	
279	苏报馆	西中市	报业	民国	陈桂清（社长，江阴）、王柏年（副社长，常熟）
280	老祥泰绣庄	西中市	绣业	民国	
281	二鑫第二纱带厂	西中市	纱业	民国	
282	怡生土布店	中市街	布业	清光绪末年	
283	懋兴祥	中市街	布业	清光绪末年	
284	鲁诚忆漆店	闾门水关桥	漆业	清光绪末年	

续表

序号	店名	旧时地址	行业	年代	备注
285	戴香室香粉	西中市	香粉	清宣统三年（1911）	
286	华成大药房	西中市穿珠巷（今专诸巷）口	药业	民国	1935年开业
287	义昌和	西中市	瓷器业	民国	李昆峰
288	马敦和	中市街	帽业	清宣统三年（1911）	
289	天章帽庄	东中市皋桥堍	帽业	民国	山阴（今绍兴）傅达生
290	陆稿荐	东中市崇真宫桥堍	生、熟肉	清康熙二年（1663）始创	后迁西中市
291	诸寿记号	东中市253号	百货	民国	
292	正丰昌号	东中市216号	百货	民国	
293	同顺昌号	东中市108号	百货	民国	
294	瑞大号	东中市204号	百货	民国	
295	源昶祥皮件作	东中市97号	皮货	民国	
296	恒春阳	东中市174号（路北侧）	腌腊零售业	民国	
297	协大昌号	东中市172号	百货	民国	
298	姜思序堂	东中市	国画颜料	明代始创	
299	陈荣昌	东中市109号（旧门牌）	熟皮（皮件）	民国	陈荣林
300	戎镒昌	东中市102号（旧门牌）	皮革	清光绪三十一年（1905）创设	戎法琴创设，售卖真皮旅行箱、皮件
301	福成祥号	东中市皋桥堍	洋货	清	
302	奚协和金箔号	东中市	箔业	民国	
303	老恒顺梳箕号	东中市	梳篦业	民国	
304	裕记号	东中市	华洋杂货业	民国	周澄泉
305	天益祥翠毛店	东中市	皮毛油骨	民国	
306	尚太昌	东中市105号（旧门牌）	顾绣	民国	吴县人尚眉卿（南号）
307	恒瑞昌	东中市	广货	清末	
308	永年祥	东中市122号（旧门牌）	寿器	民国	吴县人叶韶龄
309	翠昌烟店	东中市	烟业	民国	
310	瑞泰成棉布号	东中市64号（旧门牌）	布业	民国	
311	天成纱布号	东中市	布业	民国	与瑞泰成共用店面
312	中兴纱布号	东中市181（旧门牌）	布业	民国	

续表

序号	店名	旧时地址	行业	年代	备注
313	利民纱布号	东中市84号（旧门牌）	布业	民国	
314	久丰祥棉布号	东中市25号（旧门牌）	布业	民国	
315	德新祥	东中市121号（旧门牌）	布业	民国	
316	允昌布号	东中市185号（旧门牌）	布业	民国	
317	公正祥布号	东中市8号（旧门牌）	布业	民国	
318	伟大永棉布号	东中市14号（旧门牌）	布业	民国	
319	义大	东中市、中街路东首	丝边业	民国	负责人朱志明，档案抽取时间：1921年，注册商标为德胜
320	义源	东中市	丝边业	民国	负责人江都王克明，档案抽取时间：1920年
321	源和	东中市	丝边业	民国	负责人彭文敬，档案抽取时间：1921年
322	俊泰钧	东中市、中街路口	丝边业	民国	负责人王椒坡，档案抽取时间：1921年，注册商标为久纶
323	久昌裕	东中市	京苏缎业	民国	负责人：休宁吴雅泉，档案抽取时间：1920年
324	朱义大	东中市	丝边业	民国	负责人：吴县朱云峰，档案抽取时间：1920年
325	义兴厚	东中市	洋货、广货	民国	《申报》（1926年6月28日）载录
326	同裕顺记	东中市	缎带花边号	民国	萧山龚荫甫
327	慎昶	东中市	铜锡业	民国	吴县章培荪
328	陈吉昌	东中市	鞋业（履业）	民国	丹阳陈吉林
329	贡源昌	东中市	鞋业（履业）	民国	丹阳人
330	裕成坚	东中市	烟花业	民国	吴县沈堃泉
331	天茂祥	东中市	杭线业	民国	江宁张云钦
332	陈永昌	东中市	杭线业	民国	绍县陈植卿
333	俊泰钧	东中市	沟丝边号	民国	也称丝线业
334	源和	东中市	沟丝边号	民国	丹徒彭文致
335	元丰泰	东中市	人造丝庄	民国	松江董士元
336	春和楼	东中市虹桥	茶馆书场业	民国	无锡章德馨，原名中和楼
337	德仙楼	东中市	茶馆书场业	民国	吴县戈海泉
338	苏州日报馆	东中市	报业	民国	扬州周绍成（董事长）、吴县梅祖光（经理）、吴县石斯坚（发行人）

续表

序号	店名	旧时地址	行业	年代	备注
339	存德纱布号	东中市152号	纱线	1949年6月	金深永,也称存德棉纱庄
340	鑫昌电器行	东中市132号	电器材料	1949年6月	亦称鑫昌典料行,洪长霖
341	大生	东中市83号	丝织业	民国	镇江曾兆海,资料提取时间:1945年
342	大生祥	东中市	须业	民国	朱广能
343	添顺永	东中市	须业	民国	吴松涛
344	许敬记	东中市	须业	民国	许敬泉
345	天生祥	东中市	丝边业	民国	顾子林
346	魏锦泰	东中市	须业	民国	魏凤卿
347	震大振	东中市	须业	民国	邹振卿
348	锦泰春	东中市	须业	民国	仇开贵
349	春和祥	东中市	须业	民国	王锦章
350	大盛祥	东中市	须业	民国	王增祥
351	公正祥	东中市	须业	民国	邹振卿
352	高万兴	东中市	营造厂	民国	高鸿庆
353	鑫昌	东中市129号	绣业	民国	
354	天恒祥	东中市99号	非铁金属业	民国	镇江赵孙氏
355	朱祥顺	东中市196号	非铁金属业	民国	南京朱福祥
356	陆长兴	东中市都亭桥	面馆	民国	
357	德大昌华洋杂货号	东中市143号	百货	民国	
358	老万源	东中市都亭桥11号	菜馆业	民国	档案抽取时间:1942年
359	万福兴	东中市	糕团业	民国	1911年
360	西德福	东中市221号(与中街路北交叉口)	菜馆业	民国	档案抽取时间:1942年,后因醋坊桥西设新店,改名老西德福
361	黄森泰木器号	东中市223号	木业	民国	黄金生,创设于1935年
362	依尔影照相馆	东中市	照相	民国	
363	润华照相馆	东中市崇真宫桥	照相	民国	
364	广大昌华洋百货号	东中市	百货	民国	
365	洪金泉浴室	东中市	浴业	民国	
366	双凤泉浴室	东中市	浴业	民国	
367	金康颜料号	东中市	颜料	民国	
368	大丰颜料号	东中市	颜料	民国	
369	大华面粉厂	东中市	面粉	民国	

序号	店名	旧时地址	行业	年代	备注
370	德发粉麸号	东中市	面粉	民国	陈瑞生
371	大新粉麸号	东中市	面粉	民国	江少英
372	美新百货号	东中市	百货	民国	
373	吴县第六信用合作社	东中市	合作社	民国	
374	姚正和	东中市	纬线	民国	
375	协奚和	东中市	箔业	民国	金箔号
376	同泰漆店	东中市	漆业	民国	参见苏州电话局:交通部苏州电话局号簿(1934年)
377	江苏银行苏州分行	东中市	银行业	民国	
378	徐同泰酒坊	张广桥堍	酒业	民国	系分号
379	萃昌烟店	东中市	烟业	民国	
380	天生德	东中市	中药业	清	清光绪三十二年(1906)始创
381	高益寿	东中市	中药业	清	清同治九年(1870)始创
382	陈顺兴京缎庄	东中市	绸缎业	民国	陈纬臣
383	怡大京缎庄	东中市	绸缎业	民国	陈廉方
384	亚东理发店	东中市虹桥堍	理发店	民国	资料抽取时间:1930年
385	大鸿楼面店	东中市虹桥堍	面馆业	民国	资料抽取时间:1930年
386	华新电料行	东中市虹桥堍	电器材料	民国	资料抽取时间:1932年
387	新民社	东中市	学校	民国	补习学校
388	丰大	东中市111号	典当	民国	余寿堂
389	源大	东中市227号	典当	民国	朱子瑜
390	美丰糖果号	东中市接驾桥	糖果业	民国	
391	大昌银行	东中市	银行	民国	1945年5月开设,林万五
392	吴县日报馆	东中市	报业	民国	
393	苏州日报馆	东中市	报业	民国	
394	江南日报馆	东中市	报业	民国	存在年份:1939—1945年
395	中报馆	东中市	报业	民国	
396	大光明报馆	东中市	报业	民国	
397	实报馆	东中市	报业	民国	存在年份:1947—1948年
398	苏州新闻报馆	东中市	报业	民国	存在年份:1947年
399	申报苏州分馆	东中市9号	报业	民国	驻苏州
400	钱业公所	东中市	会馆公所	民国	
401	赵一大	东中市	水烟袋	民国	
402	义丰号杭棉	东中市虹桥西首	布业	民国	

续表

序号	店名	旧时地址	行业	年代	备注
403	来青阁春记	东中市216号	书业	民国	张春生,系来青阁主杨云溪寄子
404	漱芳斋(顾悦廷)刻字铺	东中市桑叶巷口	刻书业	清末	清同治年间
405	乾丰恒米栈	东中市	米业	民国	
406	同义公皮货	东中市虹桥	皮货业	民国	
407	尚泰昌	东中市	行头戏衣	民国	
408	鸿昌	东中市	行头戏衣	民国	
409	日新公司	东中市	瓷器业,洋货、广货、杂货业	民国	《苏州明报》(1926年8月26日第2版)载录
410	蒋氏诊所	东中市266号	中医	民国	蒋穆韩(吴县),住所在阊门下塘街,诊所原在西中市211号,《苏州明报》(1947年8月14日第2版)载录
411	永康板栈	东中市、中街路口东侧	堆栈业	民国	
412	涌昌祥	东中市	丝边业	民国	
413	天福祥	东中市皋桥东	丝边业	民国	
414	乐泉浴室	东中市	浴业	民国	
415	苏州惠尔登华洋百货商店	东中市198号(旧门牌)	洋货	民国	
416	德新昌(福记)电料行	阊门吊桥东堍	电器材料	民国	
417	吴新慎席店	阊门吊桥	席业	民国	《苏州明报》(1933年5月12日第3版)载录,殷桂生
418	恒兴瓷料器百货号	阊门吊桥东首	瓷器业	民国	《苏州明报》(1936年11月28日第4版)载录,王怀玉
419	新华旅馆	阊门吊桥头	旅馆业	民国	《苏州明报》(1933年5月12日第3版)载录,徐士杰
420	春记客栈	阊门探桥	旅馆业	民国	《苏州明报》(1936年5月26日第6版)载录
421	福来客栈	阊门探桥	旅馆业	民国	《苏州明报》(1946年6月8日第3版)载录
422	人和旅馆	阊门探桥	旅馆业	民国	《苏州明报》(1935年2月10日第7版)载录
423	和顺客栈	阊门探桥头	旅馆业	民国	《苏州明报》(1933年7月13日第3版)载录,1935年改名和顺旅社

注:以上资料综合参考来源于苏州市档案馆藏清末和民国商会、同业公会档案,《金阊区志》及民国时期关于苏州的旅游介绍资料、旧报刊文献(如清末《申报》、民国时期《苏州明报》、《苏州晨报》、《大光明》、《吴语》、《苏报》、《中报》等)。备注中人名若无特别说明,均为当时各业态负责人。备注中时间为所见抽取史料的时间,以兹备考。在漫长的历史变迁中,部分业态会出现在同一地点取代之前业态的现象,但法人及商号名称均已变更,此外,亦有少数不同业态出现同名者。为清晰呈现,均分别列具。

附录二：新中国成立初西中市部分著名老商号现址一览表

序号	店铺名称	业态	现址
1	老陆稿荐	肉业	西中市12号
2	鲍德润	茶业	西中市13号
3	六宜楼	菜饭馆业	西中市18号
4	老大房	糕团业	西中市17号
5	乐寿堂	药业	西中市25号
6	裕长春	酱	西中市29号
7	五福来	糕团业	西中市31号
8	陆稿荐	熟食业	西中市33号
9	良心堂	药业	西中市34号
10	双龙园	浴业	西中市43号
11	大观楼	菜饭馆业	西中市50号
12	礼康钱庄	钱业	西中市52号
13	中市诊所	医业	西中市60号
14	大华帽庄	帽业	西中市62号
15	中法大药房	药业	西中市64号，朱康如创办
16	沈氏泰源丝线店	丝线业	西中市71号（德馨里），沈五如，亦称同泰源
17	大中南旅社	旅馆业	西中市71号内（德馨里）
18	中国银行旧址	银行业	西中市71号内（德馨里）
19	褚良瑞诊所	医业	西中市72号
20	苏州眼镜厂门市部	眼镜业	西中市81号
21	辛昌绸布号	布业	西中市91号
22	华姓（锦昌）剧装店	行头戏衣业	西中市101号
23	大丰绸布庄	布业	西中市103号
24	金闾粮管所	行政单位	西中市104号
25	李鸿錩戏衣庄	行头戏衣业	西中市107号
26	仪泰戏衣庄	行头戏衣业	西中市115号
27	婚庆商品店	百货业	西中市119号，即协大仁
28	杨恒隆戏衣号	行头戏衣业	西中市122号
29	钟礼康诊所	医业	西中市125号
30	广芝林药店	药业	西中市128号
31	西恒孚金业	银楼业	西中市129号
32	雷允上药铺	药业	西中市134号
33	交通银行旧址	银行业	西中市136号
34	吴县田业银行旧址	银行业	西中市144号

附录三：金阊历史片区特色古井统计

序号	名称	所在街巷	年代	备注
1	艺圃井	文衙弄	清	世纶堂前1口，园内2口
2	留韵义井	专诸巷	1934年	保大钱庄老板沈惺叔
3	平阳义泉	五爱巷	1934年	平阳衍庆堂
4	周王庙济急井	高墩弄	民国	周王庙济急会
5	周王庙古井	周王庙内	清康熙十三年（1674）	周王庙
6	源源泉	天库前（西口）	1924年	金门市民公社
7	乐益泉	周五郎巷	清	
8	让水泉	官宰弄	清	
9	混堂弄义井	五峰园弄	清	
10	双眼井	迴龙阁	民国	已废
11	真泽泉	崇真宫桥（南堍）	宋	
12	神仙庙官井	阊门内下塘街	清	
13	官井	阊门西街	清	西街61-5号，花岗石圆井圈
14	舒巷井	舒巷口	清	青石六角井圈

附录四：民国时期阊门地区部分寺庵道观及社会救济慈善组织统计表

序号	名称	当时地址	类别	主持人	概况
1	定光寺	刘家浜36号	寺庵道观	僧净安	创设于唐代，屋舍38间
2	宝林寺	宝林寺前	寺庵道观	僧春松	创设于宋淳熙年间，屋舍17间。另有田10亩，房屋4所
3	玉祖庙	石塔后街9号	寺庵道观	僧善道	创设于清嘉庆年间，屋舍36间
4	如来庵	十间廊屋23号	寺庵道观	尼性善	创设于清同治年间，屋舍6间
5	三三禅林	周五郎巷28号	寺庵道观	王素贞居士	创设于清光绪十三年（1887），初名福慈庵，嗣后改名三三禅林
6	西关帝庙	穿珠巷97号（专诸巷）	寺庵道观	道胡魁元	创设于宋代，屋舍3间
7	火星庙	天库前102号	寺庵道观	道顾杏林	创设于清嘉庆年间，屋舍25间，即火神庙
8	周王庙	周王庙弄15号	寺庵道观	道顾杏林	创设于明代，屋舍38间
9	关帝楼	天库前、文衙弄北口	寺庵道观	汤顺兴董事	创设于清同治年间，屋舍1间
10	关帝阁	西中市4号	寺庵道观	严志均董事	创设于清同治年间，屋舍1间
11	大母堂	大马堂7号	寺庵道观	汪鲍氏女居士	创设于清同治年间，屋舍1间
12	云岭庵	官宰弄	寺庵道观	尼姑云生	清光绪二十三年（1897），庙主席姓独建

续表

序号	名称	当时地址	类别	主持人	概况
13	陈成训义庄	刘家浜	义庄	程绍安、王漱石	由同族组织,所办事业周济同族
14	推仁善局	宝林寺前	善局善堂	杨肇安、严志均	创设于清同治七年(1868)七月,义葬性质(代葬无主尸体或死囚)
15	体仁局	尚义桥	善局善堂	徐衡澜、顾贤麟	创设于清光绪二十八年(1902),当时年捐款额达500元,专为代送葬幼童棺柩
16	乐济堂、慈善惜字会	尚义桥北	善局善堂	宋启宝、顾有成	创设于1924年,当时年捐款额达40余万元。所办事业包括惜字、路灯、施茶、放生、夏季施送痧药水、冬季施送棉衣
17	宁吴泽仁代赈会	尚义桥	善局善堂	轮值	创设于1914年,当时年捐款额达三百余元。专为施棺代葬

附录五:20世纪80年代东中市重要业态情况表

序号	20世纪80年代业态	20世纪80年代门牌号	1949年上半年业态(同一地点)	方位	备注
1	住户	东中市1号	阿发咸鱼店	坐南朝北	
2	利民药店	东中市2号	大利堂药材店	坐北朝南	1966年创办
3	华丰糖果店	东中市3号	药材店、酒店2家	坐北朝南	1963年创办
4	羊肉店、茶摊	东中市4号	凤宝银楼	坐北朝南	1982年创办
5	仓库	东中市5号	蜡烛店	坐南朝北	
6	新苏杂货店	东中市7号	先后为新香村糕饼店、棕棚店	坐南朝北	
7	杏花村糕团店	东中市8号	东中市6—8号为肉店,夹弄住居民,东中市8号另设豆店	坐北朝南	1958年创办
8	羊肉店	东中市9号	东元顺秤砣点	坐南朝北	
9	采香村糖果店	东中市11号	戒烟馆、丝编店、潘家墙门	坐南朝北	1937年创办
10	万福兴糕团店	东中市12号	宏兴园徽菜馆	坐北朝南	
11	机电公司门市部	东中市13号	钟表店、炒货店、魏宏兴纸店、新和祥菜馆4家	坐南朝北	
12	桃坞电影院	东中市14号	同味和干货店、徐同泰南货店、服装店、豆腐店4家	坐北朝南	
13	海燕照相馆	东中市16号	运输公司、剪刀铺2家	坐北朝南	1962年创办
14	华丰水果店库	东中市17号	项宅	坐南朝北	
15	三阳南货店	东中市21号	面店	坐南朝北	

续表

序号	20世纪80年代业态	20世纪80年代门牌号	1949年上半年业态（同一地点）	方位	备注
16	海燕服装店	东中市20号、22号	吴万春纱布号	坐北朝南	
17	联合诊所	东中市23号	奚家玻璃店、奚凤林诊所2家	坐南朝北	
18	厨房设备厂门市部	东中市24号	大光明理发店	坐北朝南	
19	一轻门市部	东中市26号	管家面店	坐北朝南	
20	家用电器一厂	东中市27号	迎仙楼	坐南朝北	
21	家具门市部	东中市28号	伊尔影照相馆	坐北朝南	
22	乐泉浴室	东中市29号	乐泉浴室	坐南朝北	清光绪二十九年（1903）创办
23	养路征收站（原同羽春茶馆）	东中市30号	如意阁茶馆	坐北朝南	曾为苏州运输市场管理所
24	眼镜店	东中市32号	胡鸿大酒店	坐北朝南	
25	皮革门市部	东中市33号	大康南货店	坐南朝北	
26	广播通讯门市部	东中市34号	福建桂圆店	坐北朝南	
27	桃坞腊店	东中市36号	洪顺兴鸡鸭店	坐北朝南	
28	群力饼馒店	东中市37号	华二房针店	坐北朝南	
29	住户	东中市39号	钢笔修理店	坐南朝北	
30	年糕店	东中市40号	吴三珍肉店	坐北朝南	
31	住户	东中市41号	棉花店	坐南朝北	
32	星光杂品商店	东中市42号	九九袜厂	坐北朝南	
33	冲电门市部	东中市43号	久福南货店	坐南朝北	
34	新风理发店	东中市44号	三星理发店	坐北朝南	曾改风光理发店
35	油漆门市部	东中市45号	顺元祥布店	坐南朝北	
36	新光陶器店（陶瓷门市部）	东中市47号	棺材店	坐南朝北	
37	新造大楼门楼	东中市49号	马福兴糕店	坐南朝北	
38	车行、套鞋店	东中市51号	回民牛肉店	坐南朝北	
39	百货照相器材店	东中市50—56号	太和酱园店	坐北朝南	
40	向阳百货店	东中市52号、54号、56号、58号、60号	52号绿康寿布店、54号沈亮棉花店、56号绍成蜡烛店、58号火腿店、60号广州食品店	坐北朝南	
41	香雪服装厂门市部	东中市53号	广货店	坐南朝北	
42	丝印工艺厂门市部	东中市57号	馄饨店	坐南朝北	
43	香海服装厂	东中市59号	谢天寿药材店	坐南朝北	

序号	20世纪80年代业态	20世纪80年代门牌号	1949年上半年业态（同一地点）	方位	备注
44	朝阳南酱店	东中市62号、64号	62号曾为吴如景电料店、汪隆裕泰茶叶店2家，后又开过胡福兴鸡鸭铺。64号开过酱园店和万福兴糕团店2家	坐北朝南	
45	老陆稿荐熟肉店	东中市63号	潘万成酱园	坐南朝北	
46	平江建筑公司办事处	东中市65号、67号	咸鱼店	坐南朝北	
47	吴县纸皮厂	东中市66号	水果店	坐北朝南	
48	吴县印刷厂门市部	东中市68号	仁寿天药材店	坐北朝南	
49	住户	东中市69号	韩永兴鸡鸭铺	坐南朝北	
50	住户	东中市70号	煤炭店	坐北朝南	
51	桂香村糖果店	东中市71号	桂香村糖果店	坐南朝北	
52	平江搭建工程队	东中市72号、74号	72号乾丰元南货店、74号袁三珍熟肉店	坐北朝南	
53	菜市场	东中市73—75号	恒裕酱园	坐南朝北	
54	竹器店门市部	东中市76号	大有恒香烟店	坐北朝南	
55	都亭小吃店	东中市78号	烟纸店	坐北朝南	
56	香烟店	东中市79号	住户	坐南朝北	
57	都亭桥豆浆摊	东中市108号			
58	都亭桥熏肠摊	东中市110号			
59	风雷机电门市部	东中市118号			
60	徐梅英钢笔修理店	东中市128-1号			
61	传记水果摊	东中市225号			
62	虹桥豆浆摊	东中市234号			
63	虹桥馄饨摊	东中市264号			
64	朱记点心店	东中市272号			
65	邹记车木店	东中市360号			

以上参考文献：苏州市地方志工作办公室、苏州市档案馆相关档案资料
注：新中国成立后，因人民路拓宽，在东口（坐北朝南）先后拆去德大昌烟纸店、大发祥烟纸店、镶牙店、新大南货店。而东口（坐南朝北）则拆去了吴三珍肉店、大饼店等。之后，门牌号重新编排。表中第58—66项具体朝向不详，留待学界研讨。

近阊门的西中市区域（孙士杰摄）

后　记

　　为了系统挖掘和呈现阊门历史文化街区深厚的历史文化底蕴,更好地传承和讲好历史街区的文化故事,2024年,苏州名城保护集团决定组织编写《五龙汇阊》一书。在苏州名城保护集团各级领导的关心支持及编纂委员会工作人员的辛勤努力下,数易其稿,如今付梓。本书的编纂和出版过程得到以下领导和社会各界专家学者的关心、指导和支持(排名不分先后):平龙根、徐刚毅、夏冰、徐苏君、袁凡、赵承骏、沈慧瑛、潘振亮、倪浩文。特别感谢苏州市地方志工作办公室、苏州市档案馆、苏州图书馆、姑苏区档案馆为编撰本书查阅档案提供帮助。此外,本书在编纂中亦得到许多阊门老居民如余志正、郑凤鸣、赵宽仁、束渊等人及老苏州人秦云龙、金华森、姚轶群、姚红兰等人的支持。古吴轩出版社也为本书的出版做了大量的工作。在此,谨向为本书付出辛劳的社会各界人士表示衷心的感谢!

苏州名城保护集团《五龙汇阊》编纂委员会

2025年5月